本を弾く

来るべき音楽のための読書ノート

小沼純一［著］　Jun'ichi Konuma

東京大学出版会

Improvisations on Books
Jun'ichi Konuma
University of Tokyo Press, 2019
ISBN 978-4-13-083078-2

多様性を知る、その人たちにあったもろもろの出会いの歴史的体験のうちで。

——ルイジ・ノーノ

本を弾く／目次

［からだ］

プレリュード

文字を介さない思惟がある。どんなものかよくわからない。すくなくとも、浮かんでは散らばってゆくのをことばそのものは描けない。目で文字を、文字のならびを確かめ、たどりながら、はじめてつながりがわかってくる。声だけだとたどりにくく、聞き間違え、戻れず、確かめられないし、声音に気がいってしまったりして、つぎつぎ忘れてしまう。まなざしと手、指は、混沌をことばに変換し整序し、文字とする。こぼれおちるものはたくさんあるが、かろうじて書きとどめて文字となるものがある。わたしはこれを読む。読むのだが、そのときどきの読み方をしている。年齢や年代、環境、気分、体調、ふれたもの・ふれなかったもの、人と交わしたことば、数えきれない要因が陰に陽にはたらく。二十世紀、十代、二十代、三十代で出会ったものがあり、ときに読みかえし、ときに何度も読みかえしたものがあり、二十一世紀も二十年ちかく経ってもまだ、まだ、また、読みかえすものがある。そのあいだにもわたしのさまざまは変化し、読み方が変わっている。変わりつつある。変わりつつあるなかで、それじたいは変わらないもの、変わらずにこちらに刺激を与え、揺さぶり、勝手にべつなところへと誘ってくれることばたちをあらためてそばに寄せ、いまのところから語ってみようと試みる。

本書でつかわれたことばを先取りするなら、ひとの書いた文章、本という作曲されたもの《コンポジション》、楽譜を手にし、視線をおとし、読む。演奏＝解釈をおこない、共鳴を生じさせ、ときどき、自由気ままな即興に戯れる。こうしたことばたちを収めて。

ことば

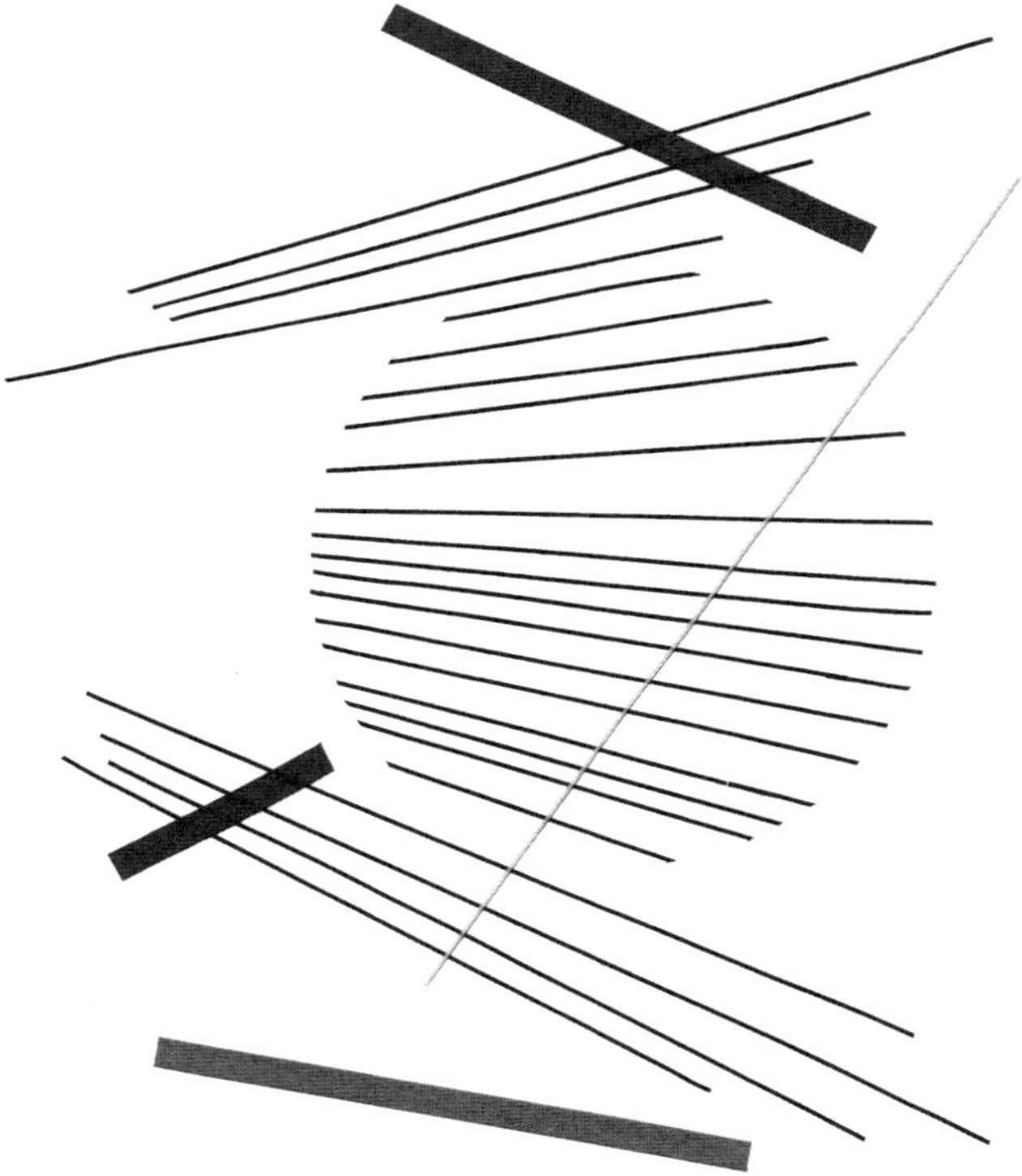

鷲田清一『「聴く」ことの力——臨床哲学試論』

聴くということが選択的な行為であるかぎり、それは何かを選んで聴くということであって、相手が伝えたいことをそっくりそのまま受け取るというのは、なかなかむずかしいものだ。そしてそこにじぶんが出る。何を聴くかというところに。——「聴くということ」（鷲田清一『まなざしの記憶——だれかの傍らで』阪急コミュニケーションズ、二〇〇〇年、一三九頁）

フルート奏者が楽器を手にし、息を吹きこむ。ひとつの音がのばされる。のびていく。ある楽曲の一部、なのだろう。聴いているわたしは、その音がべつの音へと移行することを疑わない。この音について特に思い煩ったりはしない。のびてゆきながら震えたり揺れたり音程がずれても、楽譜にある指示なのだ。そう考える。演奏家の心身の変化はここで意識からはずれている。とはいえ、生身がこの音を発しているとき、息が吹きこまれてこそ、時間のなか、楽器を支え保っている身体がある。それはとても具体的な、文字どおりフィジカルなものだ。

おもいがちょっとでもべつのところに移ってしまい、たとえばそのフルート奏者が病みあがりの状態だったりかなりの高齢であったりということがふとよぎったりすれば、いつどう変化が訪れるかが意識され始める。不安が訪れる。楽曲の一部であるはずの持続するひとつの音は、音楽というよりも、吹いている身体の安定を示しつづける兆候のようにひびく。

ふと、気づく。聴いているわたしもまた安定していられるとはかぎらない。

喉の奥がいがいがし、咳がでる。とまる、か、とおもっていたのに、とまらない。とめようとし、ハンカチをだし口にあてても、まだつづく。まわりのひとの集中が乱れてきているのが肌でわかる。さらに、もし、このまま急に息が、あるいは、心臓がとまったら、とのおもいがわきあがる。

フルートの音はどうしただろう。まだ持続しているだろうか。べつの音へと移行し、こまかい音たちに装飾されたパッセージを奏でているだろうか。

ひとつの音を聴く。その音が持続する、持続してゆく安定。それを聴く、聴く側の安定。特に前景化することはないが、そのあいだにある、環境の、時間の、その他諸々の安定。

わたしは音楽なるものをみたり考えたりしている。聴くことも、そうしたなか、重要ないとなみであり、さらに聴くことを考えることも、また、試みようとしている。聴くと書き、聞くとも書く。しっかり聴こうとすることと、漫然と聞くこと。それらは対照されている。音楽作品にむきあうときには「聴く」、部屋のなかでながしている音楽が耳にはいってくるのは「聞く」だろう。ことばの場合もこれと重なる。相手が何かを話しているのに耳をかたむけ、言われていることをそのことばごとに理解する。対して、言われていることは耳にはいっていても、そのまま特に違和感もなく過ぎていってしまうような。ここで聴くと聞くはひとつの対照としてある。

鷲田清一は『「聴く」ことの力——臨床哲学試論』のなか、聴くことについてこんなふうに書く。

主張するのではなく〈聴く〉ということ、普遍化が不可能であるということ、そして最後に〈臨床〉が「哲学する」者として臨床の場面にのぞむ者の経験の変容を引き起こすひとつの出来事でもあるということ、その意味で〈臨床〉が時間のなかにあるということ、この三重の意味において《臨床哲学》は非-哲学的であろうとする。（文庫版一〇七頁。以下本書からの引用は全て文庫版から）

「哲学はこれまでしゃべりすぎてきた……。」そんなふうにも、ある。つづいて、「味もそっけもない言い方が許されるとしたら、これがわたしがこれまでのアカデミックな哲学というものに漠然と感じてきたひっかかりである」（一六頁、強調は原文、以下同じ）とも。そして喚起されるのは、多分に省略的ではあるが、話すに対しての聴くであり、「ことばを交わすこと、ロゴスを分かちもつ」ダイアローグであり、「エッセイ」という形式への接近だ。

哲学がしゃべりすぎてきたとおなじように、音楽もまたその語り、表現にこそ重心があった。いつ、誰が、どんなふうに、語ろうとしてきたか。その語りの背後には何があったか。発音してもそのたびごとに消えさってゆく音を、べつのとき、べつのところにどのように伝えることができるか。さまざまな伝承も、楽器や楽譜の発明や発展もこうした欲望と、意志とつながっている。どう聞かれどう聴かれたかについて報告や考察はないわけではないものの、それはやはりつくる・語る・奏する主体に沿ったものがほとんどであった——あったはずだ。そしてそのような、聴く・聞くことが思考されるようになったのはそれほど以前からではない。

『「聴く」ことの力』まで、鷲田清一の著書を何冊も読んできて、教えられたこと、示唆されたことは多い。ファッションのこと。身体のこと。感覚のこと。もちろん現象学を中心とする哲学についても、だ。そうした個々のこととともに、ことばの、ことばへの、またことばを探るしぐさが、ところどころで、わたしを立ちどまらせた。外来語を翻訳してつくられた漢語ではなく、この列島におそらくは昔からあり、ごくごくふつうの生活のなかで用いられてきた語が、特に動詞が、である。漢字からひらがなへとひらかれて、語の意味をもともとのところへと遡行しつつ、またべつの語に結びつけてイメージをひらいてゆく。正確な語源へと至ろうとするのではない。さかのぼるしぐさをとおして、ひとつの語が生まれて来る時間と空間の広がりを解きほぐし、ことばの背後にあるものの歴史を、紡がれてきた文化そのものをひらく。眼がかち合う、声がとどく、間合い、のように、この本でも随所にそうしたことばを、しぐさを見出すことができる。この本のなかではおそらく故意に「聴く」と「聞く」の対照しかでてこないけれども、たとえば訊くや効く、利くといった語も「きく」として呼ぶこともありえたかもしれない。

副題「臨床哲学試論」は、先にも記したような、従来の「しゃべりすぎ」の哲学への距離として読むことができる。ただしゃべりすぎるのではなく、しゃべる相手を感じること。そして逆に相手に語らせて聴くという受動的な側にたつ。そこにシンパシー、sym-pathy、共感との語がでてくるのはごく自然だ。相手に、相手の時間に、相手の時間のなかでくりだされてくることばによりそってゆく。

ここでの「聴く」において、その動詞の目的語にあたる中心となっているのはことばだ。ことばを聴く。ことばを聴く、は意味を理解することでもある。言われていることがわからない、は問題になっていないかにみえる。しかしことばにならないこと、声としてあらわれていない音も聴かれる対象としてある。また、ときにメタフォリックに、ときには感覚的に、聴くことは応用されている。わたしは、さまざまなところに、音・音楽の場へと敷衍できるもの、できるかもしれないと感じる萌芽をみいだしてゆく。

たとえば「第四章　迎え入れるということ」で引かれるカラハリのグウィ族の会話。誰かが話し、誰かが聴き、また誰かが話す、ではない。そうではなくて、「むしろ相手の発話に同時にじぶんの発話を重ねるというようなコミュニケーションの形態」。

人称の差異を溶解させて無人称の共同性のなかにじぶんを浸すのではなく、あくまで「だれ」として固有な存在が別の「だれ」にふれてゆくような経験、ここではことばがことばとして遊離することなく身体に深く根ざしたまま、別の身体と交わっている。その存在じたいが楽器（しゃべる身体、うめく身体、鳴る身体……）のように震えながら、別の存在がおなじようにおのれの身体を震わせながら、とんとんと〈わたし〉を叩いてくる。（一二一頁）

たとえば「第六章 〈ふれる〉と〈さわる〉」のなか、中井久夫が記している例、掛け時計と少女の同期しているときに突発的に訪れる轟音、その苦痛そのものとしての例（一六七頁）。ディディエ・アンジュー『皮膚-自我』（福田素子訳、言叢社、一九九六年）に記されている「母胎の環境と胎児自身とが交互に発する音からなりたつ音の皮膚」としての「音響的外被」と、「その音声的なフィードバック」としての「音響浴」（一七三頁）。

たとえばおなじ第六章には、幸田文『台所のおと』を丁寧にたどりながら、声や音が「ふれる」「さわる」ことについて記される。

齢のはなれた小料理屋の夫婦がいて、夫が病にふせって、つれあいのあきが店に立っている。だが、その夫の病、快癒しがたい病であるらしいことを隠そうとするのだが、佐吉にはあきの「台所の音」が「冴えない」

「いやな音」「遠慮っぽい音」と感じられる。「あれじゃ、味も立っちゃいまい、と思ってた。」（一七八頁）

鷲田清一は書く――「音が「さわる」ときには、このように、声に「ふれる」ときとは逆のことが起こっている。ことばが送られてくるが声はとどいていないということがあるが、台所のあきと居間の佐吉とのあいだでは逆に、ことばはないが音がちゃんと届いていた。ただそれが、「さわる」というかたちで、つまり共鳴や共振を受け入れがたいかたちで届いていたということである。」（一八三―八四頁）

さらにもう少し後、この節はこう締めくくられる。

> 佐吉とあきのあいだでのように、その変調、そのきめの微かな変化に、「ふれる」こととしての「さわる」もあるのである。そして、自―他の溶解としての「ふれあい」よりもむしろ、このような異質さそのものに「ふれる」こととしての「さわる」こと、つまり距離を置いたままの接触のなかにこそ、より深い自―他の交感が訪れることがあるのである。このように、ひととひとのあいだでの音の交換には、幾重にも折りたたまれた構造がある。（一八四頁）

いや、こうして書きうつした文章にあるのはあくまで音であり、音楽などではない。音楽という語などでてこない。そう言われそうだ。あるとしても比喩だ、と。だが、そうだろうか。「音の交換」、「幾重にも折りたたまれた構造」との語はどうなのか。さまざまな音楽の試みを経て、音楽の概念の変容を経て、いまわたし、わたしたちのいるところでも、か。

さらに、転調やテクストとテクスチュア、声の感触といった言い方には、モーリス・メルロ＝ポンティやロラン・バルトといった人たちが踏まえられていて、そうしたところからあらためて先人のことばへと誘われてゆく。

哲学でもいいし、文学でもいい。あるいは、美術でも音楽でもいい。ひとが何かを思考＝志向し、みずからの外へと何らかのかたちでつくりだすものは、しばしば作品となる。どこからどこまでを作品と呼ぶかは議論のわかれるところだろうが、作品があるからこそ、それをめぐってまたことばが紡ぎだされるし、他者にはたらきかけてべつの何かを生みだす契機となる。作品もしくはいとなみなるものの優位。

それはしかし、作品中心主義、ひいては、人間中心主義ではなかったろうか。そこにある何か、作品という営為と、それをつくりだしたヒトをつねに磁場としてもつがゆえに。

美術作品でも文学作品でも、それらは何かを発している。わたしがそれにふれれば、それなりの仕方で発されていることを感じる。それらから顔をそむければ、黙ってしまう。よりそえば何かがみえる。かならずしも、わかる、理解する、理解できる、とは感じていない。理解などおそらく傲慢のそしりを免れないだろう。すくなくとも、作品とともにいること、身を沿わせることで、わたしの何かがうごくなら。そうしたところで、作品中心ではあろうけれども、しかし、それが作品にとっての他者たるわたしにはたらきかけてくるのであれば。

ジョン・ケージは、そうしたところに、作品として問いをひらいた。一九五二年の《四分三三秒》。もう六十年以上前の作品だ。初演の情景はこうだ。ピアニストがステージにでてきて、座る。そしてピアノの蓋を閉め、何もせずにいる。しばらく経って、蓋をあけ、また閉じる。この作業を三度くりかえし、最後にはステージから去ってゆく。演奏者は何の音も発することのない「作品」。その演奏＝経過時間がそのままタイトルとなった作品。

わたしはこの高名な作品について、何度も言及もしてきた。そして長いこと、この作品を「聴く」、と書いてきた。それはそれで間違ってはいないとはおもう。それでいながら、ある居心地のわるさを感じている。

《四分三三秒》を聴く、のはいい。それが演奏されている、その作品がいまそこにある、あるひとつの空間のなか、その時間が経過しているあいだ、そこにあり、そこで耳にはいってくるすべての音を、作品を構成する要素として、聴く。だが、それは通常の音楽作品を聴くのとは違う。ステージにむかい、耳は、そして眼は、そっちにむいている。耳を動かすことはできない。ほぼ、固定されている、と言っていい。だとしたら、うしろからの、上からの、下からの音はどうなのか。そしてまた、《四分三三秒》という作品に、身体が、身体のむきが固定されてしまうとしたら、どうだろう。身体に、顔についている耳の位置は変わらない。そこから逆に、「きく」ことがよりひらかれることをめざすとするなら、とりあえず顔の右と左にある耳に収斂されるのではなく、全身が耳につながる肌として振動を感知するところだったとするなら、むしろ、「聴く」より「聞く」のほうがふさわしいのではないか。作品という透視図法をなしにして、ぼんやりと、意識を集中させずに、集中することなく集中する。何かを考えたりすることなくあくまでもまわりにある音に、振動にむけてひらき、受け身であるように。

そういうことがもし可能であれば、可能であるように心身をしむけてゆくことができるなら、聴くが聞くに、聞くが聴くに反転するのではないか。いや、むしろ聴くと聞くのあいだが、ことばが追いついていないところがひらかれるのではないか。

ケージのひらいた地平から、一九六〇年代後半になると、影響をうけたマリー＝シェーファーが「サウンドスケープ」という語を用いるようになる。作曲家であると同時にエズラ・パウンドを研究してもいたこの人物は、大著『世界の調律——サウンドスケープとは何か』（鳥越けい子他訳、平凡社ライブラリー、二〇〇六年）を著して環境・音・ヒトのあいだにある問題を提起し、サウンドスケープ研究を理系的なもの、文系的なもの、芸術的なものが交差するものとして位置づけた。そして周囲にある音の環境を意識する・させるための百の課題を集めた『サウンド・エデュケーション』（鳥越けい子他訳、春秋社、二〇〇九年）で、より具体的で身近な音について、示唆してくれたこともつけ加えておかねばならない。わたしの「聴く／聞く」はこうした文脈を、背景を持っている。

書店の棚で平積みになった本の『「聴く」ことの力』というタイトルをはじめてみたとき、この「力」をいくつかの異なった意味で想像していた。いわく、文字どおりの力、権力というようなニュアンス。いわく、何かを発している相手に対してしっかりむきあうだけの力。いわく、時間のなかで持続してゆく、刻々と更新されてゆく力。おそらく「力」が「聴く」よりも前景しているように感じられていたのは、わたし自身が、このうちの後者のニュアンス、特に、作品がつよいものを持っているときには、それに対峙するだけの力を持っていなければ、とその当時考えていたからだったろう。これについて鷲田清一はのちに『哲学の使い方』（岩波新書、二〇一四年）のなかで「肺活量」と呼ぶことになるのだが、前世紀の本の中での重心は、しかし、いうまでもなく「聴く」にあり、「聴く」の一語でありながら、聴覚にかぎられることなく、全身的な姿勢が探究されていたのだった。

わたしは音楽を聴く。音楽を、のみならず、音を聴くことを考えようとする。冒頭でフルートに息を吹きこみ、ひとつの音を発しつづける演奏家のことを、それを聴くひとのことを記した。あらためて、ここで戻ってみるなら、『「聴く」ことの力』にふれた後では、音を発している、音楽を奏でている心身を思考するとは、それ以前よりはるかに厚みをもった、言い換えれば、いくつもの層をもったものになっている。わたしはすでに読んでおり、そのうえで先のような文章を書いてはいる。だが、それをさらにまた深化させるためにも、あらためてこの本にむかい、そこに記されていることの背後にある思考に、ことばに、またひびきに、声にふれなくてはならないと感じている。ときどき、ところどころで、そう感じさせられる。音楽を、音楽という行為を、ひとつの症候としてみる。音楽がたちあがる場によりそう。

『「聴く」ことの力』が出版されたのは一九九九年。二十世紀はじきに二十一世紀に変わろうとしており、いわゆる「二〇〇〇年問題」が喧しく語られてはいたものの、まだ「九・一一」は起こっていない。イラク戦争もましてや「三・一一」も予感されていなかった。本書のなかで言及されるのは阪神・淡路大震災である。こちらは一九九五年だったから、刊行時まだ四年しか経っていない。鷲田清一の拠点は関西であり、まだその傷跡も記憶も生々しく残っていた。そのなかでこそ、本書にはそのときの思考がさまざまなかたちで刻印されている。いやむしろ、その時期に刊行されたいくつもの書籍とともに、阪神・淡路大震災といった大きな災害後に思考されるべきことを模索したものとしてとらえられることもあったのではないか。特に具体的に名指されてはいないけれども、同年の地下鉄サリン事件もまた、おなじ圏域にあるともみえる。しかし、先に記したように、二十一世紀になって十年もするうち、二十世紀に予感されてきたことを大きく裏切るように、世界で、この列島で、大きな事件が起こってきた。人知を越えることも越えないことも、だ。そうした意味では、本書が提起する問いは、出版時よりさらにさらに切迫した問いになっていないか。より多くの人たちが読み、身体化されるべきものとなっているのではないか。日々店頭にならぶ多くの出版点数のなか、見えにくくなっているかもしれないし、新しさをより顕揚《けんよう》するジャーナリズム的風潮があるなか、より端的に必要とされていないか。

この本に先だつこと二年、講談社の「現代思想の冒険者たち」シリーズの一冊として、メルロ＝ポンティをめぐって鷲田清一は書いていた。その最後のほうに以下のような文章がある。いま読みかえすと、ほぼ半世紀前に亡くなっていたフランスの哲学者の足跡をたどりながら、その反射のようにして、またキアスムといった思考へのひとつの試み、エセーとして、『「聴く」ことの力』への思考が育まれていたのではないか、とおもわせられる。

> メルロ＝ポンティの最晩年にパリに留学していたドイツの現象学者ベルンハルト・ヴァルデンフェルスがその他者論のなかで書きつけていた言いまわしを借りるならば、他者の経験をわがことのように理解する（他者の自己化＝Aneignung des Fremden）というのは、同時に、自分が自分にとってよそよそしいものに転化すること（自己の異他化＝Fremdwerden des Eigenen）でもあるということ——、メルロ＝ポンティ自身の言葉ではこうである。「われわれ自身のものを異邦のもののように見、われわれにとって異邦であったものをわれわれのものであるかのように見ることを学ぶこと」——、そのことの例を、その著述のいろいろな場所に挿入し、注意を喚起している。たとえば、「病者の行為やさらには動物・幼児ないし『未開人』の行為が、成人や健康者や文明人の行動からのたんなる〈解体〉として理解されうるものではないこと」に注意を促していたし、精神分析学を神話あるいは巫術《ふじゅつ》として、精神分析家を魔術師やシャーマンとして見る可能性を示唆していたし、他者とは西欧的問題だと断言したこともある。（鷲田清一『メルロ＝ポンティ——可逆性』講談社、一九九七年、

二九七頁）

聴く、とは感覚をとおしてのものだ。それでいながら、五感ならどれでもだろうが、感覚だけで完結してしまうわけではない。聴く以前に思考があり、聴いているときに思考があり、聴いた後に思考がある。思考は聴くことによりそい、聴くことの層をかたちづくっている。柔軟にして堅固であるその層こそが、聴くことの力をかたちづくっており、それはひとりひとりの個人の存立とともに、他者への、いや、他者とともにありうるさまざまな声、さまざまな音へとおくりかえされる。それは、もしかすると、宇宙が調和をなしていると考えられていたヨーロッパ中世や、世界は音だと考えた古代インドの思考とも反響しあうことかもしれない。

鷲田清一（わしだ・きよかず）、一九四九年生まれ。臨床哲学・倫理学。関西大学文学部教授、大阪大学総長などを歴任。『「聴く」ことの力——臨床哲学試論』は、一九九九年、TBSブリタニカ［現・CCCコミュニケーションズ］刊、二〇一五年ちくま学芸文庫。その他著書に『モードの迷宮』（中央公論社、一九八九年）、『「哲学」と「てつがく」のあいだ』（みすず書房、二〇〇一年）など多数。

西江雅之『アフリカのことば――アフリカ／言語ノート集成』

ランダムに開き、たまたま、以下の五つの例が挙げられているところに目がいったら、幸いだ。

(1) 私は　物理です。
(2) 父は　風呂です。
(3) 私たちは　新宿です。
(4) あの人は　タヌキです。
(5) あの奥さんは　男の子です。

（「科学を語る言語――言語による表現能力をめぐって」五三頁）

たとえ声をあげなかったとしても、心身のどこかでくすくすと笑みが洩れてしまう人は少なくなかろう。どれも「A〈は〉B〈です〉」とおなじかたち。ただ主語としてたてられている「A」と「B」は等号で結ばれはせず、これだけ読むと何とも不釣り合い、超現実的なものにみえてしまう。それでいながら、これらはどれも、日常においてごくごくふつうに用いられ、やりとりされており、誰でもが文字のならびをみた直後にはすぐ意味を、いや意味と同時にこのことばを発している人のいる姿を、その人がどういうところにいてどういう相手と面しどういう（広い意味での）文脈にいるのかを想像することができる。

例を挙げるに先だって著者はこう記す。「文のレベルで日本語が科学的表現に向かないとされる代表的な理由の一つは、主語に関するものである。その一例、「AはBです」の文型について言えば、「は」が、日本語では必ずしも「主語を表す助詞」ではないことに注意しなければならない」（「科学を語る言語」五二頁）。そして「英語やフランス語のような言語では、"This is a book." という文は、「主語・述語」から成るが、日本語の「……は／……だ」では、「主題（何々に関しては）」／解説（こんなことである）」という形が基本文をなす」（五二頁「科学を語る言語」）とされ、右に示した五つの例文が掲げられる。つづく文章はこうだ。

一旦、机の前で構えて、英語のみが人間の言語であると思い込む立場から眺めると、普段、当たり前のこととして使っているこれらの文は意味をなさないことになる。しかし、それは日本語に英語の考え方を当てはめているからである。日本語は英語とは仕組みが異なることを忘れてはならない。（「科学を語る言語」五三頁）

19　西江雅之『アフリカのことば——アフリカ／言語ノート集成』

「日本語と英語とは仕組みが異なる」。こんなことは誰だってわかっている。わかっていながら、忘れている、いや、言い方を変えれば、仕組みが異なることをなおざりにしてしまう。いま引いた文章は「科学を語る言語」と題のついている文章で、冒頭には、「科学的な内容を持つ文章表現に、日本語は適しているか否か」（四三頁）との一文が置かれている。この一文につづいて「こうした議論においては、話題の対象とされる「科学」と「それについて語る人々」という異質なものの関係が、混然としたまま語られることが多い」（四三頁）と指摘される。

十四頁ほどの文章の最後のほうではこんなふうにある。「ある言語の形式はこうなっているということと、その言語では何が表現できるか、ということは大いに異なる」（五五頁）と、さらに「人間に表現可能なことであれば、如何なる言語でもそれを表現することはできる。問題は、ある事物——ここの場合は現代科学——を語る際に主に使用されている言語が英語であるという現状において、英語と自分の言語（日本語）との二言語間での表現形式を如何に調整すればよいのかということになる」（五五頁）と。

何らかのことばについて、しばしば、これはべつのことばでは表すことができない、と言われることがある。フランス語ではいえるけど英語ではね、などと言う。たしかに一語や言い回しについては表せないかもしれない。一対一での対応は成りたたない。ならば、だ。一対一でないなら、補うことばを加えていき、文字どおり「ことばを尽くす」ならどうなのか。ことばで言われていることはことばで言い換えることが可能なのではないか。ことばで表されていないことは無理だったとしても。著者は「翻訳」などという語はここでつかっていない。それに、翻訳については、おなじ文章のべつのところでこのように語っている。

この種の話題で、しばしば混乱を生じさせる原因には、「翻訳」と「置き換え」の混同がある。この二つの話題を区別することは、非常に重要である。そもそも翻訳という語は、様々な分野において多様な意味で使われる。たとえば文化人類学では、「文化の説明者とされる人びとが、その分野の専門家ではない人びとのために為し遂げるはずの説明」とでも言えるものである。しかし、ここで言う翻訳は、一般的な用法に従う。つまり、与えられた言語aを別の言語bで表現する場合、言語aに見られる話題の展開の順序、空間的な広がり、持続時間などを極力保持しつつ、構造の面でも意味の面でも、元の素材（原文）に沿う形を保ちながら、様々な制約内で個人的な表現をするということである。それは、訳者による制約の中での「演奏」であるとも言えよう。

［……］翻訳は制約のなかで如何に個人的な演奏をするのかが問題となっている。（「科学を語る言語」四五―四六頁）

もうひとつ、右で説かれている置き換えについての部分も引く。

しかし、ここで考慮すべきことは、翻訳ではなくて言語の「置き換え」である。ここで言う「置き換え」とは、形式上の制約は二の次にして、意味内容が可能な限り原語に近くなるようにと意図したものを言う。「納豆」や「くさや」を、そういった食べ物の存在をまったく知らない人々が話す言葉に置き換えるとすれば、数単語、時には数行が必要となるのは仕方がない。他方、日本語では数単語を必要としても、他の多くの言語では一単語で置き換えられる例も数々見られる。（「科学を語る言語」四六頁）

翻訳と置き換えという区別。シンプルでありながらも、おなじことを異なったことばでというと、つい、翻訳と安易に口にしてしまうことへの、やさしく、さりげない警告。なんでもかんでもべつのことばにするのを、人はしばしば自動的に翻訳と呼んではいないか。翻訳という語がそもそも意識されずに安易に使われてはいないか。翻訳との語を用いいつつ事実上それは置き換えだったことはないか。もっともこれはわたし自身にむけて反省を促される文面でもあるのだが。

二〇〇九年に刊行された西江雅之『アフリカのことば』は副題に「アフリカ／言語ノート集成」を持つ。二十一世紀になってからの文章も収録されているけれど、多いのは一九八〇年代から一九九〇年代に執筆された文章だ。わたし自身、雑誌や事典で読んだものがいくつもはいっている。タイトルからだけでは、アフリカあるいはアフリカのことばに興味がなければ手にとる機会を逸してしまうかもしれない。だがアフリカにかかわる部分はたしかに多くの部分を占めるにしても、ことばというものをみるときのより広い視野、知見が提示されていることを忘れてはなるまい。

全体は「Ⅰ ことば――その音と形」「Ⅱ アフリカ――言語の死と誕生」「Ⅲ 口承伝承――詩の世界へ」の三つの部分に分かれ、それぞれにいろいろな文章が収められている。ひとつ、もしくはいくつかのかぎられた「テーマ」で統一された本ではかならずしもない。ただ、どれも「ことば」にかかわっている。個々の文章を読んでいけば、ときに重複する内容もあるだろう。その重複がまた、読み手の知識や理解を上書きすることもある。

本書の前に、西江雅之は『「ことば」の課外授業』（洋泉社新書、二〇〇三年／増補版は『新「ことば」の課外授業』、白水社、二〇一二年）を出版している。これは聴き手を前にしての「です・ます調」をとったもの。さらに前、一九八〇年代には『ことばを追って』（大修館書店、一九八九年）もある。これらはタイトルからもわかるとおり「ことば」をめぐっての本だ。だが、おそらく、西江雅之については、ことばについての文章以前に、人類学の、いや、それ以上に旅行記、紀行文が多くの人にとっては馴染みがあっただろう。『花のある遠景』（せりか書房、一九七五年）は単行本から文庫本、また旅行記のアンソロジーへとどれだけ版を重ねてきたことか。事実、わたし自身そうしたところからこの人物の文章にふれる機会があった、たとえばこんなふうに導かれて。金井美恵子のエッセイから引く。

幼児のままで成熟してしまう人間というのがたまにいる。わたしたちのしっているあらゆる文化論や芸術論のほとんどは、青年と老人の対立の場でおこなわれてきていて、その両者を対立させ、かつ対立すべき共通の場であったのが、けだし、思想なり政治というものであったのだろう。あるいは、時代の現実そのものといってもいいけれど。その間をぬって、敏捷な山猫の眼と歯と脚を持った子供が、何百万年の時と空間の中での哺乳類の人間について、手品のような断片をひらひらさせながら、わたしの前を駆けぬけて行く。それが、西江雅之だ。(『添寝の悪夢　午睡の夢』講談社文庫、一九七九年、一七一頁)

金井美恵子が記すいくつものエピソードだけ読んでもこの人物に関心を持たずにいることは難しいし、『花のある遠景』に手をのばさないでいることはさらに難しい。作家の文章が単行本に収録されたのは一九七六年。以後、どこかでここで言及されている人物の名、西江雅之の名を見掛けると、手にとって読むようになった。

だが一方、わたしとほぼ同世代からもっと若い人たちのなかには、大学で西江雅之に接した人たち、そして大きなショックを受けた人たちがたくさんいたのである。履習している授業のほとんどが退屈だったのに、あの講義だけはかならず出席した、と、どれだけ耳にしたことだろう。最初、あの人は大嘘つきだ、とおもった、と語った人もいる。わたしがそうした話を友人・知人から耳にし、西江雅之に個人的にも接するようになったのはかなり後だったから、端的に、大学その他での講義や講演にふれ、その感想を述べる人たちに、嫉妬した。いや、いまでも、している、ようにおもう。

『アフリカのことば』はことばをめぐっての本。とはいえ、狭義の言語学の本ではない。二十世紀は言語と言語をめぐり、言語から出発する思考が多くのことどもにつながり、またつなげられた。ソシュール、ヤコブソン、チョムスキー、時枝誠記、等など、こうした固有名やそれぞれの思考方法はただ言語のみならず、他の分野にも影響を与えた。ひとつのパラダイムとなっていたと言っていい。ところがことばの本でありながら、『アフリカのことば』にはこうした名や流派はでてこない。専門的なところもないわけではないのだが、ほとんどは誰でもすっと理解できることが書いてある。もっと日常的で、あたりまえにおもえることが、そう言われてみればそうだなと、そうでしかないなということが書いてある。言語の学ではなく、ことばの学へ、か。

そもそも「ことば」と「言語」とは、この本において、おなじではない。

〝言語（langue）〟とは、実際に話されている〝ことば〟から話者を除き、その肉声、現場での脈絡などを排除してとらえたものである。それは個々の人間集団が長い歴史を通じて形成してきた、社会慣習としての音声伝達のあり方であり、人びとが相互伝達の共通基盤とするものである。〝言語〟とは、今あなたが話している〝ことば〟、今わたしが言った〝ことば〟ではなくて、日本語、英語、ロシア語といった一つの抽象体である。

25　西江雅之『アフリカのことば——アフリカ／言語ノート集成』

（「ことばと言語」二〇頁）

本書は基本的にことばに目をむける。そして、ことばはまず音声としてある。だから、そんなことはわざわざいっていないが、ここにあるのは、ことば学、なのかもしれない。

〝ことば〟は、人の口から出る声を使って発せられる。

それは実際には一度限りの行為である。その場に生み出された〝ことば〟の一例は、基本的には波のような声の連なりとしてあるのみで、多くの場合その内部に切れ目はない。また、声として聞こえる部分と、声としては聞こえない部分との間に明確な仕切りが見出せるものでもない。その〝ことば〟の一例が何かを意味しているとしても、その意味の領域とそうでないものとの間に明確な境界線が引けるものでもない。〝ことば〟は、のっぺらぼうの表面の上に形成された起伏のようなものなのである。（「言語の基盤」二三頁）

たしかに高名な言語学者たちも文字ではなく音声を扱う。音声中心主義と呼ばれることになるかもしれないが、まずはここからがことばだ、音としてあらわれているものがことばなのだ、という。言語学者たちも、声として発されることばこそを扱いたいとおもっている。そこにこそ何かがある。それは生であり、生であるかぎり、生まれては消えてゆく。他方、もちろん、文字が重要ではないと言っているわけではない。ただ、〝人類最古の文字〟などと称されるものでも、それはたかだか紀元前六〇〇〇年頃のものである。それ以前のものは、未だに解読されておらず、文字であると断定できるものではない。しかし歴史を辿ってみれば、この地上のいくつかの地域で少なくとも数万年以上も前から、人々は声によることばを、何か別のものに置き換えることを目論んできたことは確かである。（「言語の基盤」二三―二四頁）

本書での西江雅之の文章は、もともと掲載された単行本や雑誌の性格もあるのだろう、エッセイや旅行記とはおよそ隔たったとても乾いた文体をとる。それでいて、ときとして、こんなイマジネーションを飛翔させた文章もあらわれる。

本当は、文字の起源は、やはり文字であったということなのではないだろうか。その進化史は、絵から絵文字、そして文字へと求められるものではなく、むしろ、現在のわたしたちが思い浮かべる絵は文字の進化の途上で、文字から分かれたものなのではないだろうかとさえ思えてくる。〈どのように〉であるかを印すことは、〈何〉を印すことから展開してきたのではないだろうか。それとは別に、初めから〈絵〉そのものであり続けた図形も確かにあっただろう。この関係は微妙である。猫の図形を見て、「猫」だと思えば、受け取り方は文字的だ。しかし、〈どういう〉猫であるかが先行したら、その受け取り方は絵画的なものであると言えるからである。（「文字の姿」六二―六三頁）

一冊の本の組成とはどういうものだろう。一冊の本を想起するとき、人はその全体を想いうかべたつもりにはなる。それでも、実際には、せいぜい断片的にしか記憶できなかったりすることも多々ある。また、一冊の本といいながら、著書や論考以外のいろんなかたちで、その本の著者にふれていることもありうる。論のみならず、声や翻訳、講義、エッセイあるいは、新聞や雑誌の紹介、あるいは、ときに人柄にふれることもありえよう。たまたま飲み屋でとなりあわせ、ことばを交わすことだってある、かもしれない。

『アフリカのことば』には、文字をことばとしてよりも、もっとべつのものとしてとらえようとする姿があるようにみえる。文字を文字としてみるのは人が文字を知ってしまっているからだ、との憤りや諦念もないまぜになったかのようなものまでも。

いくつもの文章を読みながら浮かびあがってくるのは、西江雅之という人物がみることばへの関心は、何よりも動くもの、生きているもの、ナマモノへの関心であることだ。けっしてひとつところに留まることなく、時のながれとともに変化してゆくもの。それはことばだけではない。ことばはそのひとつのあらわれだ。著者が記すものはどれも、人のこと、社会のこと、食べもののこと、どれも変化してゆくもの。そして、変化してゆくことやものをみている自らももちろん変化するのだが、そこにはたとえば『花のある遠景』では「過ぎ去れば、すべては無か思い出かだ。／目の前で人がうごめき、そして消えてしまう。それを人々は日常と呼ぶのかも知れない」（『花のある遠景』「あとがき」、旺文社文庫版、一九八三年、二四四頁）と、多くの写真を集めた『異郷　西江雅之の世界』では「写真に残されているのは、カリブ海域、インド洋の一部を除いては、すべてこの世にはいなくなってしまった人びとの姿となった」（『異郷　西江雅之の世界』「あとがき」、美術出版社、二〇一二年、一九六―一九七頁）と。

だから、とつなげることができるだろうか、この、生きているものにこそ、目をむける。それは生きているからこそ、変わってゆく。いつかは、老いるし、死ぬ。そのさまを西江雅之はみる。追ってゆく。生きたものが変わってゆき失われてゆくのはあたりまえにしても、おそらくは西江雅之自身が生を享けていた二十世紀から二十一世紀にかけて、失われてゆくものを文化人類学者として、言語学者として、人として、いくつもいくつもみてしまった、みてきてしまったことがそのまなざしに、ことばに、写真に、あるいは自らの生に刻印されている。どこかしら達観したような、超越論的なと呼んでいいものかどうかわからないけれど、かならずしも客観的というのではない、もっとさらに距離のある、それでいてその距離は突き放したものではない、あるとてつもないかなしみをたたえたような距離を文章に感じてしまう――そんなことはないか。

『アフリカのことば』に戻ろう。

コミュニケーションという語が声高にいわれることはないが、人がほかの人にむけて何かを伝えようとする、何かという目的語は欠落することがあったとしても、ただ伝えるという行為そのものがある、そうした意味でのコミュニケーションのひとつとしてことばがあって、そのことばはさまざまなかたちをとる。

> ことばが置き換えられる場合、注意すべきことがある。
>
> その一つは、ことばが記述されることによって〝……語〟なるものがもともと存在するという思い込みを、人びとの中に植えつけることである。〔……〕
>
> また、次に注意すべきことは、話者の声の質、癖、スピード、強弱、優しさ、恐ろしさ、声の男らしさ女らしさなど、話されることばでは実際に非常に大きな役割を果たしているパラ・ランゲージが、記述からはすべて除外されてしまうということである。この欠落部分の考察は、現在、現場で話されている〝ことば〟やことばの機械処理（話しことば自動翻訳機、コンピュータの音声入力など）を考える場合、ますます重要な課題となっている。（「言語の基盤」二七頁）

「何々語」となってしまわない、もっと生なかたち、生なことばのありよう、それをコミュニケーションと呼ぶことができる。そしてそれは、ときにことばの置き換えや翻訳というかたちにもなるし、ときには、演奏という語でも「翻訳」できることもある。「翻訳は制約のなかで如何に個人的な演奏をするのかが問題となっている」（四六頁）というふうに。

見方によってはなかなかに唐突であるかもしれない。音楽について用いられる演奏という語が、ことばの本のなかにあらわれることが、だ。本書においては、しかし、はじめのほうでふとあらわれたこの語が、後半になってもっと大きくあらわれる。それは口承伝承についての部分で、まさにそのとき・その場における発話と聴取があるコミュニケーション、いや、さらに言い換えるなら表現ということにもなってくるだろうが、大事なのは、ここで演奏という語が敢えて用いられることで、ぐっと生きものとしてのことば、ことば性がクロースアップされるからにほかならない。遅ればせながら註釈をほどこせば、口承伝承は、文字を介さずに、人から人へと何代も伝えられてゆくことそのものを指す。おなじアフリカをフィールドワークとする川田順造にも、この土地の無文字社会をめぐってのいくつもの論考があることを想いおこすことができるし、特に大著『口頭伝承論』（河出書房新社、一九九二年）があることは忘れずにいたい。そのうえで、『アフリカの言葉』から西江雅之の口承伝承についての文章の一部を引く。

> 実際の口承伝承をとらえるということを考えた場合、最も基本的な条件は、それが一回限りの演奏であるという点である。
>
> たとえば同じ話が語りつがれてきたという場合、その同じという部分は作品の分類基準ではあったとしても、演奏についてのものではない。口承伝承は実際に演じられてのみ成立してきたものなので、一つひとつの作品は無限の演奏バリエーションとしてのみ存在するものなのである。したがって、その演奏を現場で採集する者は、複数の演奏を同じ一つの作品としてとらえるよりは、同じ作品を一つひとつの異なった演奏としてとらえることのほうが、口承伝承の本来の姿を摑む態度としては一層理想的であると思われる。基本となるオリジナル・テキストを持ち、そのバリエーションを正しくないものとする通常の口承文芸研究とは、この点でも異なるものなのである。（「口承伝承の記述」二七六頁、強調は原文）

「口承伝承の基本的背景」として、「演じ手」と「記録」があり、あいだに「参加者」がいる。口承伝承作品については、「ことば・伴奏附加物・身体の動き・演じ手の特徴・空間と時間・環境・社会背景・生理的反応・予期せぬ効果・間違い」が挙げられる（二七七頁）。たしかにアフリカにおける口承伝承が中心になってはいる。それはだが、けっして局所的な事例として済ますわけにはいかない。どこにおいてもこのことの根本は変わらない。音楽の側に引きつけるなら、楽譜のある音楽であってさえ、こうしたさまざまなファクターをひとつの場、文脈として重層的にみてこそそのものだろうし、もっと縛りの少ないもの、即興性の高いものならなおのことだ。いや、さらに日常的に音楽する行為を想定したときにこそ、人は特に意識することなどなくとも、こうしたことに心身が気づいていると言ってもいいはずだ。口承伝承から音楽する心身、さらにはオースティンからデリダ、バトラーへと受け渡されていったパフォーマティヴをここに投射することだってできるかもしれない。扱うべき領域について、とか、学問的思想的領域とか、そういうことではなく、人が生きているなかで瞬間瞬間におこなうこととそのはかなさ、その消えゆくさま、一過性と痕跡をみるということ。それは、とてもとても飛躍であることを承知のうえで、音楽が生起するのにふれることとおなじ、なのではないか。西江雅之はそのことを意識しているからこそ、演奏という語を用いたのではないか——。これはほとんど妄想でしかないのかもしれないが。だから、山下洋輔やてん・仁智といった音楽家、トマツタカヒロのような「肉態表現」者などとの西江雅之の交流は、この「演奏」にたちあうことの意味を間接的に伝えてくれるようにおもう。

今後、特定の言語が次第に広がっていく過程は、現在にも増して空間や時間のつながりをあまり感じさせないものとなるだろう。道や電線の時代とは異なり、現在、ある土地が別の土地と道路や電線でつながっている必要はなくなった。線的なつながりの末端にある未開地というあり方は、言語に関する限りは消えかけている。急速に開発される新しい情報機器とシステムによって、言語は地理上、政治上の難所を瞬時に飛び越えて伝達されている。言うならば〝ワイヤレスの時代〟の到来である。インターネットは、その始まりであ

33　西江雅之『アフリカのことば——アフリカ／言語ノート集成』

ったと言われるようになるだろう。近い将来、新しい情報伝達力を持つ機器が普及し、ある言語は予想もしなかった速さで広範囲の地域を覆うことが可能になる。その影響は、最大の場合は地球規模で現われるだろう。（「抗争から併存へ」一七四頁）

この「抗争から並存へ」と題された文章が書かれたのは二〇〇〇年。インターネットはまだ現在ほど広まってはいなかった。いまこれを予言的ということもさして意味はない。そうではなくて、こうしたなかで変化してゆくことに、消えてゆくことに、だからこそ、繊細であるべきだと、人それぞれが奏でている音楽に、演奏そのものに、耳をかたむける、全身で感受することも大切なあり方なのだと言われているようにおもうのだ。ここであらためて、聴き手がそこにいて、その場で西江雅之自身が語ったことを本のかたちにした『「ことば」の課外授業』（洋泉社、二〇〇三年）を想いおこしてみよう。旅行をめぐるエッセイでも、『アフリカのことば』のような論文集でもなく、目の前にいる人にむけて語る『「ことば」の課外授業』、あるいは『「食」の課外授業』（平凡社、二〇〇五年／増補新版『食べる』青土社、二〇一三年）は、まさにひとりで思考しながら書くのとはべつの語りのあり方をこそ体現し、それはやはり「課外授業」ではあるかもしれないが、相手がいるなかでこその「演奏」なのでは。また、こうした「演奏」をこそ残しておこうという意図があったのではなかったか。それは、音楽のフィールドにすこし重心を移すなら、塚田健一の近年のしごと、『文化人類学の冒険——人間・社会・音楽』（春秋社、二〇一四年）、『アフリカ音楽学の挑戦――伝統と変容の音楽民族誌』（世界思想社、二〇一四年）、『アフリカ音楽の正体』（音楽之友社、二〇一六年）、とつながってゆくことになる。

本書のⅢ、「口承伝承――詩の世界へ」にある五つの章のなか、最後の二つはほかのものと違って、翻訳の実践である。ひとつは「ムワナ・クポナの詩――スワヒリの詩」、もうひとつは「ロシア・シベリア見聞記――アフリカ人サリム・ビン・アバカリの見た〝暗黒大陸〟」。前者には多くの註釈がほどこされているが中心にあるのは詩の翻訳であり、後者は見聞記の翻訳に序（「まえがき」）がつけられている。注意しておきたいのは、こうしてただ無愛想に「翻訳」と「註釈」などと要約してしまうことの暴力であり空しさだ。たしかにそのとおりではあるし、あまりふれられることのないことばの翻訳ではあるから稀有なものという事実はある。前者は、本来は声によるものを文字化したものを翻訳したもの、後者はアフリカ人によるシベリア見聞記との、北から南へとむかって記されることが多いのを逆にたどって記されている例を扱っている点も強調できるだろう。この部分は本書のなかでもある意味もっとも読みにくく、ともすればそのままにしてしまいがちなものでもある。しかしそれはまた西江雅之自身のことばの実践をもっとも間近でみられる経験でもあるのだ。多くの言語につうじている人物が、なかでも珍しいことばで書かれたものを翻訳する、それだけではなく、否応なしに文字というスタティックな場で扱うことは「記録」するための不可避的なありようであろうけれども、これはまた、先の演奏とい

35　西江雅之『アフリカのことば——アフリカ／言語ノート集成』

う語とじかに結びついてくる翻訳ということをしかと確認しておきたい。翻訳は演奏である——このごろはつよくそのことをわたし自身が考えているからなおのこと。

『アフリカのことば』は、だから、ことばについて、人が声を発する、発語する、何かを伝えようとする、そこのところからあらためて考えなおすために、同時に、声から音へと移行して、音を発して、それが人に伝わる、その「あいだ」のさまざまなありようをも重ねてみるために、さらには、生あるものが消えてゆくそのどうしようもなさをそっと暗示する、ふしぎな本、ふしぎな学問の本、になる。

西江雅之（にしえ・まさゆき）、一九三七年生まれ、二〇一五年逝去、文化人類学・言語学。東京外国語大学助教授、早稲田大学文学部教授などを歴任。『アフリカのことば——アフリカ／言語ノート集成』は、河出書房新社刊、二〇〇九年。その他の著書に『花のある遠景』（せりか書房、一九七五年、その後複数の出版社から文庫化）、『ことばだけでは伝わらない——コミュニケーションの文化人類学』（幻戯書房、二〇一七年）など多数。

白川　静『漢字——生い立ちとその背景』

文字は、神話と歴史との接点に立つ。文字は神話を背景とし、神話を承けついで、これを歴史の世界に定着させてゆくという役割をになうものであった。したがって、原始の文字は、神のことばであり、神とともにあることばを、形態化し、現在化するために生まれたのである。（三頁）

白川静『漢字——生い立ちとその背景』が刊行されたのは一九七〇年四月。大阪万国博覧会が始まってからほどなく、という時期。わたしが実際に手にとったのはそれから何年か後だが、読み始めて三分の一もいかないところで投げだした。中学の終わりか高校のはじめだったとおもう。以後、何度か手にし、何度か放棄し、をくりかえし、やっと通読できるようになったのはそれなりに齢がいってから。はじめ予想していたことと内容がかなり違っていた。入り口はおなじでも、ちょっと進むとおもいがけないところに連れて行かれる。もっとシンプルに、つくり、とか、へん、とかがどうのということなのかと義務教育のレヴェルで手にとったのが誤っていた。

手にとって、あらためて読み始める。躓く。ゆっくり読んでいけばわからないわけではない。古い字体と古代の中国における思考をつきあわせてゆく作業は、少なからぬ疑問を抱かせもする。自分たちがふつうにつかっている漢字のへんやつくりについて、学校や親が教えてくれるシンプルな説明に慣れている身には、この古代の風習や思考がわずらわしい。どうしてそんなものを知る必要があるのかとおもってしまう。いや、そうした学問があることはわかるし必要だということはわかっている、そのうえで、自分がそれに関心が持てるか、自分のやっていることにつながってくるのか。読んでいくのに労多くしてただの物知り、あたまでっかちになるだけではないか。そんな性急さもないわけではない。

この本のなかにあるのは象形文字や中国の古代についてのことだけではないと、おもいのほか音や音楽にかかわる文字と来歴があることに気づくようになったのは、いつのころからだったか。それはわたし自身の関心が、だんだんと広がっていったり、考え方が変わっていったりしたことによっているのだろう。音や音楽を、人はこの世においてどのようにとらえていたのか、それがどの時代、どの地域でということも広くみたいと考えるようになってこそ、だったかもしれない。

音である、音楽である、と特に集中的に扱われているわけではない。かならずしも直接に名指されているわけでもない。だが、ある程度の幅をもってぽつりぽつりとそれらしきもの、それらしき兆候があらわれている、あらわれているように読み手は感じる。読み手のなかにある関心やアンテナにふれるかどうかではあろうが。そうか、こうしたものがところどころにあるのかと気づく、と、それに注意をし

39　白川　静『漢字——生い立ちとその背景』

て読んでいくということもおこってくる。

> 楽には邪霊を祓う力があり、病気もこれでなおすことができるとされていた。治療の療は、古くは疒《やまいだれ》に樂をかいた形であった。（一四四頁）

音楽という言い方などされているわけではない。だが、現在においてもしばしば病いに効いたり、リラックスさせたりという音楽の効果＝意味が、音・音楽の環境化へとつながってくるありよう（の始原）が想起され、また音楽なる語に「楽」の字が含まれているもともとの含みを透視しえるようにさえ感じる。いうまでもなくその奇妙な広がりと弊害もではあるのだが。そして、数ページ進むとこのようにある。ここに具体的なモノがあらわれてくる。

> しかし療はもと疒と樂（楽）とに従う字形であり、楽は神楽《かぐら》に使う鈴の形である。治療には一般にシャーマン的な方法がとられていた。（一四八頁）

具体性はさらにべつの次元を持ってくる。

喜は饎《し》の初文。喜はもと農耕儀礼を示す字であった。その形は、鼓の前に祝告の㘝がおかれている。鼓の音は、穀神の生産力を鼓舞する力があるものとされた。

喜が農耕儀礼に関する字であることは、その鼓上に禾《か》を加えた字形があることからも知られるが、また嘉の字形によっても確かめられる。嘉は喜に力、すなわち耒《すき》を加えた形である。耒はスキを執《と》る形。それに喜、すなわち鼓の音を加えるのは、耒に対する修祓の儀礼である。その儀礼は、また静ともいう。（一五三頁）

神楽の鈴がたてる金属的な音から、大きな太鼓に記された文字、「喜」または「囍」。さらに太鼓にばちが一打ちされ、音が大気のなかを伝わってゆく音が。太鼓の革は余韻にぶるぶるとふるえている。そんなことをおもっていると、はたして、あらわれるのだ、こういう一節が。

楽は神にいのり、病を治療するときにかざして振る鈴であるが、その音をかえて喜楽の意となり、ねがう意となる。喜は鼓をうって祈り、神を喜ばせる意である。慶は神判に勝利をえた解廌《かいたい》の象であるが、それらの字義はいずれもやがて人事の上に移された。憂…は神に哀訴する舞踊を意味し、その人を優といった。これらもやがて人の感情や態度をいう字となる。（一七七頁）

鈴や太鼓というモノが、想像のうちに、みえてくる。そこに手が加わる。鈴がふるえ、太鼓にばちがふりおろされる。こうした楽器、楽の器にふれている人たちの全身の姿が、そばには舞っている人たちがあらわれる（おもいおこせば、たとえば銅鼓なるものを、それに蛙の装飾が施されているのを文字とともに現実の写真としてみせてくれたのは杉浦康平『宇宙を叩く――火焔太鼓・曼荼羅・アジアの響き』（工作舎、二〇〇四年）だった）。

『漢字』にあるのはたしかにひとつらなりの音をめぐっての文字の物語＝歴史だが、その物語は視覚像を、身体像をともなわずにはいない。だが同時に、ここに「人の感情や態度をいう字となる」とさりげなく書かれているけれど、これは「字である」ではないことに注意しなくてはならない。「ある」ではなく「なる」。その生成のさま。この一段落前にはこうあった――

『説文』の心部には、心に従う字二六三字を収めている。心的状態を示す語の多いことが知られるが、その大部分は形声の字である。すなわち本来的にあった字でなく、人の感情生活が豊かになるにつれて、のちに次第に加えられてきた字である。古くから用いられていた字でも、その初義を改めたものが多い。正義や道徳が、その原義から離れて、語の意義内容を変化したのと同様のことが、他にもみられる。（一七七頁）

それはこの文章のあるページから十一ページ後に『漢字』の本文が終わりとなること、そしてこの文章があるのが「人の一生」という章であることと、それまではむしろ人というよりも神につながってひとつひとつの文字が解読されていたのがだんだんと人の側にシフトしていることを示す符牒だ。ときに恐ろしげな刑罰や事実を引例しつつ（童謡が「奴隷である童の労働歌」（一〇八頁）であるというような）。

羽化登仙、永生不死の仙の世界は、『荘子』においては精神の絶対自由を説く世界としてかかれたが、そこにはもはや、鬼神に対するおそれの感情がない。神の世界は終わり、現実の世界がそれに優位する。文字が神の世界から遠ざかり、思想の手段となったとき、古代文字の世界は終わったといえよう。文字は、その成立の当初においては、神とともにあり、神と交通するためのものであったからである。（一八八頁）

『漢字』、最後の文章である。

『ヨハネによる伝福音書』からの引用から始められたこの本は、いまは古代文字の世界ではないと、もうとうにそんな時代は終わり、著者が記しているのはべつの時代でありべつの段階にいるのだということを告げる。

『漢字』は象形文字の論理、神話と呪術、神聖王朝の構造、秩序の原理、社会と生活、人の一生、という六つの章からなっている。そこには象形文字が、漢字なるものがどのようにできてきたかから始まって、神と交通するところからだんだんと「人」へと重心が移動してゆくさまが記される。こうしたながれ、時間の相の明瞭さが、白川静のライフワークといわれる数冊の字書とも、あるいはほかのいくつかの漢字を直接に扱った本とも、『漢字』の位置を違えているところではないか。

読んでいるときに、『漢字』は、そこに記されていることは現在であった。現在であり、現在のこととして読んでいた。いまも漢字がここに記されているようにもともとのかたちと意味をしっかり内奥に秘め、たまたま休んでいる、眠っているかもしれないけれど、もしかするといつかまた機会があれば、きっかけがあれば、不死鳥のように蘇りその力をおよぼしてくるかもしれない、とさえそのさなかにいるときには、読んでいる最中にはおもいさえした。あたかもフィクションを現実のことと読むように。いや、そもそも過去のものだとわかってはいたはずなのだ。だからこそ飽きるし、関心が薄れたりもした。著者は、『漢字』を神話の時代のものとして語っていた。神話を語っていたのではなかった。そのことをあらためておもう。

音をめぐって、このような記述もある。「苗族」が南人と呼ばれていたのは、独自の楽器たる南任に由来し、南はそもそも鼓のかたちであり、のちに銅鼓へとつながってゆくという。あわせて鼓や磬、雅といった名も挙げられる。

人間としての理想態とされる聖《せい》…は、もと耳さとき人という意味であった。それは神の声を聴きうる人である。楽官もまた耳さとき人として、その職は師とよばれた。師は春秋期の晋の師曠《しこう》に代表されるように、当時最も教養の高い知識人であった。楽官は神瞽《しんこ》ともよばれ、語部《かたりべ》の瞽史とともに、多くは盲目の人であった。神につかえる人としては、異常な人が尊ばれていたようである。耳目を失った人はもとより、身体の障害者、ときにはギリシャのように、性的不能者が、神意によって世につかわされたとされることもあった。（七一頁）

ちなみに、これにつづいて挙げられるのは目にかかわる語で、臣や望、監、臨といった字が引かれる。「きく」ことをめぐっては、『文字逍遥』（平凡社、一九八七年）に収められた「漢字古訓抄」中、「きく　聞・聴・聆」でも扱われることになるだろう。ほとんどおなじ内容ではある、あるのだが、「きく」についてのみもっと詳しく語られている（わたしはといえば、もし漢字をみると、ほぼ同時に平仮名を、その音のひびきを、おなじ音によるべつの漢字や意味を考える。特に「きく」のような場合には）。

感覚であると同時に人の受動的でありつつ能動的な行為について述べるつぎのような一節は、中国という地域にとどまらぬ、もっと広い世界、複数の「世界たち」の原始の時代、それぞれのところで生じていたことが示唆される。そしてそれは、特にいわれてはいないけれども、進化論的にみれば、猿人がヒトになる、ことばを持つようになったときに、またすぐことばなるものがあること、ことばなるものをつかってしまっていることの不思議さに戸惑っているさまを、切断面として、あぶりだしているようにみえる。

45 白川 静『漢字――生い立ちとその背景』

> 古代の人々にとって、聞くこと、見ることは、言うことともに、深い意味のある行為であった。見ることは、相手の霊と交渉をもつことであり、ことばとしてあらわされたものは、相手にはたらきかけ、そのままに実現されるべきものであった。ことだまの信仰は、原始の時代には普遍的なものであった。聖や聡のように、耳さときものが神聖な人とされたのは、このような時代のことである。(三四頁)

こうしてみると『漢字』は、はじめのうち――わたしのようにぼんやりとした読み手――はなかなか気づかない、気づけないかもしれないけれど、扱う字そのものの数は最小限にとどめて、漢字の成立した古代の人びと――猿人とも、神話の時代からべつのところへと移行してしまった人たちとも違った、特定の神話の時代の人たちの精神性、いやむしろマインドスケープを、描きだそうとした試みとしてみえてくる。

奇妙な四角形の(枠の)なかにまとめられる、線が左右斜めに交差する「文字」、漢字は、しばしば他の文化圏に奇異な関心を抱かれてきた。それがいまでは知識として、互いに存在が認められ、かつてのような驚異=脅威は薄まっている(かにみえる)。地球のさまざまな文化のなかのひとつとしてみれば、存在そのものは認めることができる。ただそれは、しばしばエクゾティスムをそのまま視覚化しているかのよう。

野間秀樹『ハングルの誕生――音から文字を創る』(平凡社新書、二〇一〇年)が丁寧に教えてくれるように、漢字文化圏内の朝鮮半島において、十五世紀には表音文字ハングルが意図的につくられる。他方、十六世紀から十七世紀にかけ、宗教改革に対抗する方策として、イエズス会士がヨーロッパ外に積極的にでてゆき、ヨーロッパに伝えることになった漢字は、武田雅哉『蒼頡たちの宴──漢字の神話とユートピア』（筑摩書房、一九九四年／ちくま学芸文庫、一九九八年）が詳述するように、一種の完全な言語としてとらえられる。キルヒャーが、ライプニッツが、漢字について思考する。ときをより現在に近づけるなら、二十世紀には、詩人・作家といった人たちが漢字に違和を、異化をみいだすだろう。ヴィクトル・セガレンからエズラ・パウンドの詩篇、そして第二次世界大戦後にはフィリップ・ソレルスが小説のなかに漢字を持ちこんでくる。わたしたちはそうしたことも知識として知っているし、手にとって読んだ（見た？）こともある。そしてそうした漢字に親しんでいない文化の人たちの感覚を、いま、ときには逆に疑似体験できることさえできたりするのではないか。アルファベットの文字のなかにいきなり置かれた漢字は、どちらに慣れていたとしても、瞬間、ではあるにせよ、何か感じるものがある。

──と書いてみて、なのだが、あらためて、はたしてそうか？ との疑問もわかずにはいない。ノートでも論文でもいい、平仮名とカタカナと漢字を混ぜながら文章を書いているなかにアルファベットなりギリシャ文字なりキリル文字がはいっていても、特に何かを感じることはない。それはごくあたりまえの光景だ。ならば、なぜ、セガレンの『碑』の、ソレルスの『数』の漢字／アルファベットの違和が感じられるのか。

私事にわたるが、かつてフランス滞在中、場末の映画館のロビーでホールへの入場を待っていた。ロビーには（当時としては）珍しくいくつかのモニターが天井からさげられていて、何らかの映像がながされていた。わたしはぼんやりしていた。ふと目をやった先にながれていたのはアニメーション。子どもの頃から馴染んだアニメーションのタッチだと、この国にもそういうものがあるのだとナイーヴにしばらくみとれていた。するとどうだ、キャラクターたちが歩いている背景に、つぎつぎと店のならぶ風景があらわれてくる。店々には看板があって、何か文字らしきものが、いや漢字が、記されていた。漢字？　いや、ごくあたりまえのようにそれを「読め」はした。何なのかもすぐわかった。わかる、と気づく前にわかっていた。それでいて、わたしのなかにはひじょうな違和感がごくわずか、一瞬だけおこっていた。このキャラクターたちはどこにいるのか、このアニメーションはどこのものなのか。何のことはない、『めぞん一刻』なのだ。身をおいている土地で偶然によく知ったタッチの画像があらわれたことにアタマが、感覚がついていっていなかっただけにすぎない。母語と外国語が器用にスウィッチできないときがあることを、視覚映像でもそうしたことがおきることをそのときあらためて気づかされた。

ただ、漢字（も平仮名もカタカナも）をごくふつうに使いこなしている文化圏の者たちは、もしかしたら、もうすでにつねに、ひじょうに文字文化において混血的なのである。異なった文字を使い分け、併走させるのがふつうになっている。アルファベットに平仮名のルビをつけたりすることだってあたりまえであるなか、視覚的な文字の混血状態を生きているであろうことは無理なくいえよう。

また、こういうことはないか。意味としては、たとえば、接頭辞や接尾辞などのようなものがつけば、それは表音文字、たとえばアルファベットで記された単語も、ひとつの文字のようにみえてしまう、と。否定をあらわす接頭辞があり、名詞をつくる接尾辞がある。その文字のならびはまちがいなく音をあらわすだけの文字のならびでしかないが、それらを一瞬にしてグルーピングし、視覚的に「みて」、つまり接頭辞や接尾辞やなかに含まれる語源的なニュアンスを、「みて」いないかどうか。それがもともと音を転写したものにすぎないのに、逆に漢字のように「みて（よんで）」いるところがあったりするのではないか。

閑話休題。

ワープロではほとんど音《おん》として、文字をタイプしている。あいうえおのかなでキーボードをタイプするカナ入力の人も、アルファベットでタイプするローマ字入力の人もいる。平仮名一文字に対してしばしば二つのキーをタイプしなくてはならないのは非効率的でありながら、そのことじたいを云々されることはいまもうほとんどない。

音としてタイプし、意味を画面上で視覚的に選択・確認して漢字を確定する。文脈でほぼ自動的に字が確定してしまうことがあり、幾つかの選択肢から選ばなければならないことがあり、あらためて字を探したり組み合わせなければならないことがある（事実、この原稿のように、白川静の文章を引用するのはなかなかに手間がかかる）。

文章を手書きしているときにはあらわれてくる文字は書いたときそのまま確定されている。そうでないこともあるが、アタマのなかにある漢字が正しく記憶されていればそのまま正しい文字があらわれるのがほとんどだ。正しいかどうかを眼が見、判断する。たとえ視覚は伴わなくとも、暗闇のなかでもメモをとることはできる。あたまのなかにその字はあり、手はなぞる。こう考えてくると、文字やかたちということだけではなく、脳のなかの上下左右といった空間認識についてまで調べなくてはならなくなってしまうのだけれども。

白川静が文章を書いているさまを想像してみる。一文字一文字を記しながら、脳内には書いている文章の意味だけでなく、個々の字の来歴が浮かんでは消えてゆく。それはしばしば現代からすればおよそ隔たった別の意味を持っていたものが変異し風化した複数の姿をあらわして、であったりもしよう。いやけっして白川静だけではないのだ。漢字を書く身体はそれぞれの文字の来歴を、知ろうと知るまいと、反復する。それは音としてあり、耳をとおしてはたらく音霊とはべつの、眼をとおしてはたらく文字霊として。

しかし、漢字が生まれた古代からはもちろんのこと、ずっと漢字がからだと書字行為と結びついてきたことからも含め、二重に、いま、漢字をつかっているというこの文化圏もはなれているのではないか。

『漢字』の奥付は初版一九七〇年四月とある。同年『詩経――中国の古代歌謡』が、また『金文の世界』『甲骨文の世界』を経て『孔子伝』が一九七二年十一月に刊行される。『漢字』のなかに音・音楽についての語や背景が散種されていたこととつながりつつ、『詩経』は音楽と結びついたことばが前面にだされ、また『孔子伝』には何か所か、この古代中国の思想家が「楽」を重視していたこととあわせて、記されている。この思想家についての本のなかでは、何度かクーデターとの語が、またイデオロギーとの語があらわれる。そこに一九六〇年代後半から七〇年代に至るこの列島の状況を重ねることも可能かもしれない。また、『漢字』にはこんな言い方がある。すなわち、「いままで、呪的な神秘な力に支配されると考えられていたものが、すべて道徳的な、内から支えられたものとして、天意にかなうかどうかによって意味づけられ、評価されるようになった」（一一七―一一八頁）と、また、「徳」を引きながら、もともとこの語は目の呪力を意味していて、「徳の字に心が加えられるのには、帝から天への転換、人間の内面性への自覚を必要とした」（一一八頁）と。そして、「革命的」という語がこういうかたちで用いられるのを読むことになる。

周はすでに帝の直系者たる神話をもたず、帝を至上神とすることはできなかった。それで周人は、帝を非人格化した一つの理念としての天を、究極のものとした。これによって、周は古い神話と断絶した。神話の世界は滅んだ。そして理性的な天がこれに代わった。それは中国の精神史の上でも、最初の革命的な転換であ

った。（一一七頁）

いうまでもなく、白川静は第二次世界大戦後、一九四六年の当用漢字や中華人民共和国における一九五〇年代の簡体字（簡化字）の制定に対して批判的だった。そして、もしかするとこうした文章を著しているとき、体制が変わり街が変わり、学生運動があり、大阪万国博覧会などというものが開催されようとする、世を騒がせている多くのことどもの外、あるいはその奥底に、もっとほかの変化を、より深い変化の兆しをみていたのではなかったか。それは現在のこの列島のありようをも暗に予感していたのかどうか。

白川静の記したことについては多くが語られている。批判も多いし、短からぬ歳月のなかで真偽が正されていることもある。とはいえ、すくなくともひとつの読みものとして、ある思考を刺激するものとして、わたしは読むのであり、そうした意味では史実としての正確さ、学問的な正否、真偽といったものはあまり気にしていない。わたしとしては、この漢字に一生を捧げた学者の、古代につうじる資質のさま、その表現をこそ、読んでいる。そこがまさに、『漢字』を退屈な、飽きるところからべつのところに本書が飛躍させた自身の読み変化なのだと言ってはすぎるにしても。

古代のことと言いつつ、『漢字』を読めばあらためて自らが書いている文字のことを意識せざるをえない。たとえまたすぐ、それがただの道具になりさがってしまったとしても、だ。そしてまた、象形文字なるもののこと、意味や背景のことを考える。

漆原友紀の『蟲師』というマンガを手にとったときのこと。その第一巻、はじめに収められた「緑の座」、山のなかの一軒家で着流しの少年か青年が、右手を怪我したせいで、左手で手紙を書いている。拝啓と書き、日差しもと書いたところで、日の字が動きはじめて、中央の横線は点に、外のかこいは卵のようになる。筆は鳥という字を書き始めているのだが、その字がよく知られた象形文字の鳥の字に変形し、書き／描き終えた紙から「ピーッ　チチチチッ」と鳴き声をたてながら宙に飛びだしてゆく。少年は一瞬呆然として後、ひとりごちる――「しまった／／そうだったか／／これらの字は／元々は「絵」なのだ／／象形《しょうけい》文字と／いうやつ」（『蟲師』（単行本）、講談社、二〇〇〇年十一月）。

マンガにある「蟲」の定義が正しいかどうか、白川静の記していることと符合しているかどうか、は問題ではない。マンガ――いや、マンガはまだペンで描くのが主流だろうか――のような表現媒体において、漢字にある、漢字のなかに生きている（生きていた）ものがべつのかたちで転生しているのを確認できるところに、表現というものが持つ輻輳性、多声性をみる。そして、白川静『漢字』に内在し潜勢している力をおもう。

53　白川　静『漢字——生い立ちとその背景』

白川　静（しらかわ・しずか）、一九一〇年生まれ、二〇〇六年逝去。漢文学・東洋学、立命館大学教授、同大学文字文化研究所所長）などを歴任。『漢字——生い立ちとその背景』は、岩波書店（岩波新書）、一九七〇年。その他の著書に、『甲骨文の世界——古代殷王朝の構造』（平凡社〈東洋文庫〉、一九七二年）、『白川静文字講話』（平凡社、二〇〇二年—、新版・平凡社ライブラリー版、二〇一六年）など多数。

井筒俊彦『意識と本質――精神的東洋を索めて』

哲学・思想を語るときの独特な語彙につまずくことがあったとしても、漢字ひとつひとつが持つ意味やニュアンスを想像してゆくなら、けっしてややこしいことが言われているわけではない。語彙に慣れているならむしろ噛んで含めるようにわかりやすい文章である。

意識とは本来的に「……の意識」だというが、この意識本来の志向性なるものは、意識が脱自的に向っていく「……」（X）の「本質」をなんらかの形で把捉していなければ現成しない。たとえその「本質」把捉が、どれほど漠然とした、取りとめのない、いわば気分的な了解のようなものであるにすぎないにしても、である。意識を「……の意識」として成立させる基底としての原初的存在分節の意味論的構造そのものがそういうふうに出来ているのだ。

Xを「花」と呼ぶ、あるいは「花」という語をそれに適用する。それができるためには、何はともあれ、Xがなんであるかということ、すなわちXの「本質」が捉えられていなければならない。Xを花という語で指示し、Yを石という語で指示して、XをYとを言語的に、つまり意識現象として、区別することができるためには、初次的に、少くとも素朴な形で、花と石それぞれの「本質」が了解されていなければならない。そうでなければ、花はあくまで花、石はどこまでも石、というふうに同一律的にXとYとを同定することはできない。（井筒俊彦『意識と本質』岩波文庫、一九九一年、九頁。強調は原文。以下本書からの出典は頁数のみで示す。）

「意識」と「本質」、それぞれの語の意味合いをこのうえなく簡明に伝えつつ、一著作の重心を見定める。この「意識」と「本質」が、じつはそれほどシンプルには結びつかないし、意識も本質もともにどうとらえるかで大きく異なってくるそのさまを描きだしてゆく作業が、本書全体の四分の三強を占め、十二の節からなる井筒俊彦「意識と本質――東洋哲学の共時的構造化のために」である。

本書には「本質直観――イスラーム哲学断章」「禅における言語的意味の問題」「対話と非対話――禅問答についての一考察」の三篇が、冒頭におかれた「意識と本質」で扱われたことを、タイトルやサブタイトルからもみてとれるように、部分的に掘り下げた補論として収められている。「意識と本質」が、サブタイトルのとおり、ひじょうに大きなくくりで東洋的思考を概観してゆくなか、概観はけっして上っ面なものではないにもかかわらず、それが概観であるがゆえにわかっていてもとりこぼしたり、故意に大雑把にくくったりしなくてはならないところを、部分的に補うとでもいったらいいだろうか。

57　井筒俊彦『意識と本質――精神的東洋を索めて』

「東洋哲学全体を、その諸伝統にまつわる複雑な歴史的聯関から引き離して、共時的思考の次元に移し、そこで新しく構造化しなおしてみたい」（七頁）と本書の冒頭には記されている。東洋における「意識」と「本質」をめぐり縦横無尽に論じる、そうしたことを目指すものであると紹介できはしよう。しかしこの一言でまとめてしまう暴力を、本書を読んだ直後であるなら、なおのことつよく抱かずにはおれない。いや、それはまたすぐに日常のなかで薄れ、忘れてしまうのかもしれないけれども、だからこそこの本にはときに立ち戻り、ところどころではあっても読みかえすことが必要になってくる、未来へと投企されることになってくる――のだけれども。

こうしたことばをつらねてゆく、あたまのなかでぼんやりとしていることをことばという格子で切ってならべてゆく。ゆかざるをえない。しかしこのことばもまたさまざまな制約を受けている。文化によって異なった背景があり、そこでの本質も異なっている。そしてそもそも、ぼんやりとしている何か、漠然としているものを、しばしば、忘れている。忘れているのではないか。そうしたことはたしかに日常的に言われもする。はっきりと言い表せないけれどぼんやりとは云々などというふうにも常套的には言う。だが、ほんとうにそうか。あたまのなかでことばにならない状態だって、これまた幾層にもなっていて、ぼんやりとしているなどと言っているのはそのうちでももっとも表層の部分にすぎないのではないか。いや層などという言い方そのものもまたある図式化にすぎない。そんなことはわかっているはずなのだが。

ヨーロッパの哲学・思想にはわずかにふれている。一方で東洋思想は気になっている。わたし、わたしたちが身をおいているのはそうした地域であり、そうした文化的な風土であるからだ。しかし、その東洋なるもののとっかかりがつかめない。そのひとつの通路として井筒俊彦の本書があった。

とはいえ、この場合の「東洋」とは何なのか。しかもアジアという言い方ではなく東洋なのである。西洋に対して東洋というのを掲げているのだろう。そのうえで、東洋というその大雑把なくりは、とおもわないではない。西洋の思想家を十把一絡げにすることができないように、ましてや時間的にも空間的にも広大な東洋をひとつになどとは、と。それでいて、本書を読み進んでゆくことによって、意味するところは浮かびあがってくる。わからなさの霧がだんだんと晴れてゆく。ときには、さっと眺望がひらくような錯覚がある。しかも井筒俊彦は西洋的思考を織りこみながら語る。サルトルがありメルロ＝ポンティが、マラルメがありリルケが、招かれて、こちらの見ているものをより広く、より明るく、部分的かもしれないし、その明るさゆえに影もまたはっきりするのだが、照らしだす。

井筒俊彦自身は東洋の思想をどう考えているのか。補助線として『叡智の台座　井筒俊彦対談集』（岩波書店、一九八六年）から引いておこう。著者は「思想伝統という点から見ても東洋は無秩序状態（同書「文学と思想の深層」、五九頁）と、「いろいろ素晴らしいものがある。しかしそれがバラバラに散在していて、一つの有機的なまとまりというものがない。東洋、東洋というけれども、そのまま西洋と並べることのできるような状態ではありません」（同書、五九頁）と遠藤周作との対談のなかで述べる。

おなじ本のなかではさらに、今道友信との対談で「共時的構造化された東洋哲学の諸伝統を、どうやって自分自身の思想的エネルギーに転換できるか、それが現時点でのぼくの主たる関心事なんです。それだけです。要するに、今までに自分の中に堆積されてきたものをここでサンクロニー的に平面に開いてみようというわけです。ディアクロニーでなしに」（同書「東西の哲学」、一三三―一三四頁）とも述べる。また、今道友信が「比較哲学」について問い掛けたときには、こんなふうに「東洋」なる語のありようを提示している。

それは自己の問題を主にするというか、中心に立てるということに根本的なところがあると思うんです。つまり自分を解釈する、解決するということですね。これは宗教的でもあり、同時に哲学的でもあると思います。宗教的であることは明らかですね。自己が極められなければもちろん安心立命もないわけで、あたりまえですけれども、哲学的意味があるというのは、自己を極めるということは、日常経験的な自我の働きというものがなくなって、消えて、ほかの次元の自我といいますか、自己といいますか、そういうものが働きだすことなんですね。そうすると、そういう主体が見る世界というのは普通の意味の主体が見る世界とはちがってくる。経験的な世界の事物でも、ぜんぜん違った意義を帯びて現成してくる。存在現象のそういう現成形態をとらえて、その構造なり、またそれを見る認識主体のあり方なりを理性的に整理していけば、そこにおのずから独自の哲学が出来上ってくるのじゃないかと思います。そういうことを、だいたい東洋ではずっとやってきているんじゃないでしょうか。また、ぼくにとっては、さっきも申しましたように、非常に主観的な勝手な解釈ですけれども、そういうことをやってきた哲学伝統を、だいたい「東洋」というふうに考える。（同書「東西の哲学」、一三二頁、強調は原文、以下同じ）

対談集『叡智の台座』の刊行は一九八六年の一月。収録された六つの対談は七〇年代後半から八〇年代半ばに及んでいるので、『意識と本質』の作業と重なっている。それゆえに、『意識と本質』を補うようなかたちで読むこともできるだろうし、著者が『意識と本質』を手掛けた背景、動機をより生なかたちで触知することができる。

「意識と本質」は一九八〇年から雑誌『思想』に連載、一九八三年に単行本化、一九九一年に文庫となった。井筒俊彦が亡くなったのはその二年後、九三年である。ついでにみておくなら、蓮實重彦の『表層批評宣言』の刊行は一九七九年。蓮實重彦は、文字や映像の表層にこだわることを示したのだったが、そこにはけっして深層が厭われたり否定されていたわけではない。深層への敬意を払いながら、むしろ表層がなおざりになっていること、表層そのものへの無頓着さを告発するものとしてあった。背景には、フーコー、ドゥルーズ、デリダといったフランス思想におけるロゴス中心主義批判の変奏、転用をみることもできるだろう。

時代状況をさらに加えてみるなら、井筒俊彦がイラン革命によってテヘランをはなれたのが一九七九年。この年の二月、「革命の勃発で、私は帰国することを余儀なくされた。（中略）テヘランからアテネに向う私達の飛行機は、その途中の空中で、アテネからテヘランに向うホメイニーの一向《ママ》を乗せたフランス機とすれ違った。そんな噂だった」（井筒俊彦『意味の深みへ――東洋哲学の水位』岩波書店、一九八五年、「あとがき」、三〇三頁）。ここに七〇年代終わりから八〇年代にかけての極東の島国でおこっていた知的流行と重ねたり、あるいは、いやみとしてとる必要はない。ただここでその時代性をみるのもひとつだということにすぎない。あわせて想いおこせば、井筒俊彦がデリダについて書いた「デリダにおける「ユダヤ人」」を掲載したのは『思想』の一九八三年九月号だったし、まさに『意識と本質』の単行本化と並行していた。

本書にはまた、「国際化」という語がみえたりする。「いわゆる国際化の現象が、哲学の領域でも急速に進んで、日本語をもってする日本人の哲学的思考が、その内容においても表現形態においても、ほとんど完全に西洋化し国際化している現代的状況においては」（『意識と本質』、六二頁）といった物言いは、二〇世紀末から現在に至るまで用いられている世界化、グローバリゼーションとは異なったニュアンスとして、七〇年代後半から八〇年代にかけて意識され始めたことを、およそ時代性とははなれたなかで思考されていながらも、その時代性を著者が意識していたのを気づかせる符牒として読める。いうまでもなく、グローバリゼーションが進行するなかで、「九・一一」が起こり、ＩＳＩＬが生まれてくることを、二十年、二十年以上の歳月の経過があるにしろ、井筒俊彦がテヘランを離れたこととまったく無縁なこととみることはできない。あとづけではあっても。

『意識と本質』ほど、先にも記したように、嚙み砕いて東洋思想を語ってくれる本はない。語り口はかぎりなく平易だし、ロジックをたどっていけば、すんなりと（その場・そのときは）理解できる、あるいは理解できた気になる。それでいながら、扱っていることは平面的ではなく、むしろ思想的な地理的広がりを持ち、その深度をも併せもつ、三次元・四次元的なディメンションを持つために、その語り口のわかりやすさにもかかわらず、読み手の咀嚼には時間を要する。というより、なかなか理解に達さない。著者はつねに、何度も重要なことをくりかえし、また復習さえしてくれる。前にも述べたけれども、といったように、丁寧にくりかえす。そのうえで、あらたな論が加えられてゆく。その意味では教育的と言ってもいい。

忘れてならないのは、そのフレーズのつくり方であり、体言止めなどを多用する文体である。論文の多くを席巻する、というより、そういう文体のみが無反省に目指される「である」調を、たしかに使ってはいるものの、随所で自由に変奏させる。ここに内容だけではない表現をも意識する著者の姿勢を、『コーラン』の翻訳者の文章に対する姿勢を、西脇順三郎の影響を受けたことばへの姿勢をみることができないか。

そのうえで、本書がそもそも語ろうとしているのは、人なるものがよくわからないもの、不気味なもの、底に何を秘めているかわからないもの、だということではなかったか。わかったようでわからないもの、それが人である、と。だが、人はつねにわかってしまうし、わかったようなふりをしてしまう。すくなくとも井筒俊彦はそれに与しない。

底の知れない沼のように、人間の意識は不気味なものだ。それは奇怪なものたちの棲息する世界。その深みに、一体、どんなものがひそみかくれているのか、本当は誰も知らない。そこから突然どんなものが立ち現われてくるか、誰にも予想できない。

人間のこの内的深淵に棲む怪物たちは、時として――大抵は思いもかけない時に――妖しい心象《イマージュ》を放出する。そのイマージュの性質によって、人間の意識は一時的に天国にもなり、地獄にもなる。ただ、怪物たちは、ふだんは表に姿を現わさない。ということは、彼らの働く場所が、もともと、表層意識ではないということだ。だから人間の、あるいは自分の、表層意識面だけ見ている人にとっては、それらの怪物は存在しないにひとしい。怪物たちの跳梁しない表層意識をこそ、人は正常な心と呼ぶ。平凡な常識的人間の平凡な意識は、まさに平穏無事。もし怪物たちが自由勝手に表層意識に現われてきて、その意識面を満たし支配するに至れば、世人はこれを狂人と呼ぶ。（一八〇―一八一頁）

著者はけっしてこの不気味なものを飼いならそうとはしないし、それが現れることを期待しまた怖れてもいる。それはどんな人にでもおこる可能性があるし、たとえそうしたことにまるで関心のない、想像したこともない人にも、突如として噴出してくることがある。

本書についてこまかいことを論じてゆくことは、わたし自身にとっては力不足ゆえに無謀であり、目指してもいない。いくつか気がついたところをクロースアップするとか、個人的な所感を書きこんでゆくばかり。

ある一節に目をむけてみる。禅をめぐって記される「Ⅵ」節から引く――「コトバにたいする禅の態度とそれの取扱い方にはまことに異常なものがある」（一三二頁）。そして「コトバ――ここではものの名――が、その名の意味するところに従って存在を分節し、こうして意味指示的に切り取られた存在断片を「本質」的に凝結させ固定してしまうというところに、この側面でのコトバの問題性の主眼点がある」（一三二頁）、と。そしてこういう一節で震撼する。

だが、いくら無「本質」的といっても、それが存在の分節である限りは、コトバを離れてしまうわけにはいかない。沈黙はものを分節しないからである。（一三八頁）

沈黙はものを分節しない。こう記されてはじめて気づく。沈黙については考えることが少なからずありはした。だが、このように考えたことはなかった、と。そして凡庸であることを承知のうえで記すが、そのときにすぐ想起されたのは、ジョン・ケージ《四分三三秒》であった。あらためて説明するまでもない。タイトルとなった時間、演奏家が何も演奏しない、一九五二年に作曲・初演された「沈黙」の作品である。この作品、出版された楽譜をみればわかるとおり、三つの部分に分かれている。ただずっとその時間、演奏家が何もしないのではない。三つの部分を、ピアニストは都合三回、ピアノの蓋を閉め、開ける。わたしが本書を読んだのは二十代半ばだが、それまでにケージの作品について少なからず考えていた。そして、初演の際のエピソードもいろいろなところで読んだ。一枚ペラの楽譜も持っていた。しかし、どうして三つの部分に分けられているのかは考えたことがなかったし、考えようとさえしなかった。せいぜい西洋芸術音楽における楽曲が少なからず三つの部分に分けられることがある、それを下敷きにしたのだろう程度におもっていた。『意識と本質』のこの部分、「Ⅵ」節の最後に遭遇したとき、鈴木大拙の教えを受けたケージが、のっぺりとただある一定の時間何も演奏家にさせないというのみならず、敢えて三つの部分に分けたことを、「沈黙はものを分節しない」と交差させずにはいられなかったのである。正しいかどうかはわからない。ケージが意識したかどうかもわからない。ただ、こうしたかたちでみると《四分三三秒》がまた異なった相貌をあらわしてくるのではないか。そんなふうに考える。

井筒俊彦は先の文章につづけてこう記す。

だから、何とか言わなくてはならない（「速やかに言え、速やかに言え」）。拄杖は「拄杖」という語の意味作用によって、はじめて拄杖として分節される。但し、それを「本質」ぬきで、「本質」を喚起せずに、やれというのだ。禅的状況において使われたコトバが、時として著しく不自然な、歪曲されたもののような印象を与えるのはこのためである。なぜなら、常識的な言語状況においては、原則として、語の意味作用はすなわち「本質」喚起作用にほかならないのだから。花を花として「本質」的に固定させずに、しかも花として分節することは、普通の人にはほとんど不可能事だ。この不可能事を、しかし、禅は厳として要求する。「這箇を喚んで拄杖と作さば、すなわち是れ礙。喚んで拄杖と作さざるもまたこれ礙。此を離れてほかに、畢竟、如何」と。（一三八頁）

また、節があらたまった後、このような文章を読むことができる。

全体的構造としての禅はもっと遥かに動的だ。少なくとも第一義的、第一次的には、禅は全体的に、一つのダイナミックな認識論的・存在論的過程《プロセス》、あるいは出来事《イヴェント》、として捉えられなくてはならない。そしてそのようなダイナミックな全体像の中に置いて見ると、禅体験の様々な部分的側面も決して静かな状態ではなくて、一つ一つが生々躍動する動的な「出来事」であることが明らかになってくるのである。（一四二頁）

ケージの思想、ケージの音楽（作品）が脳裡にのこっているうちにこの文章を読むと、避け難く

「過程《プロセス》」「出来事《イヴェント》」という語に引っ掛からずにはおれない。ケージがその著書や作品のなかで用いていた語が、まさにここにある。これを、こちらもまたケージの語を用いるなら、偶然、と呼べるのか。偶然というにはあまりにできすぎている。まさに磁石に吸い寄せられるようにして、集まってくるような語であり概念である。いや、だからこそケージの禅の影響、禅への傾倒を読みとるべきであるかもしれない。偶然などではなく、むしろ、ケージは意図的に、意志的にこうした語を使っていたのだ、と。しかし、こちらはケージをそうしたかたちで読み解くことを望んでいるわけではないし、そうした影響云々で何かをしたいわけではない。影響や照応はあるかもしれないが、むしろケージをとおして禅が、あるいは東洋思想が照らしだされるさまを、『意識と本質』で、『意識と本質』とともに見いだすだけで事足りる。

本書を読みながら音や音楽とからみあったかたちで考えたことは多くある。それについて、しかし、ここではこれ以上述べようとはおもわない。特に、「意識」が「本質」を見いだすなか、そこに音や音楽が不可避的にかかわらざるをえない時間の問題がどうなるのかを、わたしは「東洋思想」との関連のなかで思考することができないでいる。あるいは、わたしが通りに面した窓を開け放したまま自室でぼうっとしているとき、耳にはいってくる音をそのひとつひとつの生起し消えてゆく音たちを「意識」し、また忘却してゆくなかで、その瞬間の「意識」と本質とがどうなっているのかを素描することはまだ身にある。そして、音楽＝作品といったとき、その音のつらなりが時間軸に沿って展開されることと、同時並行的にさまざまに生じてくるべつの音とそのつらなりとがどうなっているのか、その意識のあり方がどうなのか、自らが腑に落ちるようにだけであっても、わかるところまでは至っていない。こうしたことは『意識と本質』とその圏域がわたし自身に課した宿題であるだろう。

こんなことも重ねてみたりする。

何らかの刺戟で意識が興奮し、あるいは逆に弛緩した時に、人は屢〻それを経験する。当然のことだが、そのような場合、現実の事態との関聯の切れたイマージュは、イマージュとしての自己を強引に押し出してくる。現実には木がないのに木が見える。粛条たる冬のさ中に春の花が咲く。現実的事態の裏付けのないそれらのイマージュは人の意識をいわゆる夢想の状態に引き入れる。（一八七頁）

引用のすこし後、著者は「古代中国のシャマニズム文学の最高峰をなす『楚辞』」を引き、このなかに現れる「シャマン的実存」における三つの層を検証してゆく。例として挙げられるのは『九歌』。ここでもまた、わたしは再読のなか、驚く。中国に生まれ、現在世界的に活躍している作曲家、譚盾《タンドゥン》の作品にこのタイトルの作品《九歌》（一九八九年）があるのだ。作曲家はそこで、作品を「舞踊と音楽とドラマによるパフォーマンス」として書いたこと、また、「自らの育った遠い田舎の生活の一部でもあったこと」が作曲者自身のライナーノートに記されている（河合拓治訳、FOCD3278）。古代的な儀礼、まだ神々がそばにいると信じられていた時代の芸能のあり方が、そこには現代の芸術作品として、本来のあり方ではないけれどもそれに取材したかたちで作品に仮託、あるいは仮構されていると言えなくないか。いわゆる近代的・西洋的な芸術概念とは異なったものとしての、芸術のあり方として。それはケージとはべつのかたちで、作品は聴き手に、いやむしろ演奏するものに、はたらきかける。はたらきかけをする場となる。つまり、『意識と本質』という本のなかの一部が、思想や哲学ではなく、べつのかたちでたちあがる場がつくられている、と。

何年かおきに本書を何度目か読みなおしてみる。と、そのたびごとに引っ掛かるところは異なってくる。当然のことだ。また引っ掛かる語についてのこちらの考え方も変わってくる。ひとつの例として「日常」という語がある。たとえば、このようなところを引いてみる──「こうして我々の日常的意識は、本当は、言語アラヤ識の深みから不断に現われてきてはまた消える、数限りないイマージュの点滅の場所であり、イマージュの充満する内部空間であるのだが、日常的意識が日常的に働いている限り、それの根源的イマージュ性は表面には現われてこない」（一八六─一八七頁）。あるいは、「深層意識とか深層意識的事態などというものにはおよそ関心をもたない日常的人間は、しかし、己れの内的機構を支配するイマージュのこの深層意識的側面に気付かない」（二一三頁）。

こうした語に、どこか、差別的な、あるいは特権的なとでも言ったらいいだろうか、そうしたものを感じたことがかつてあった。哲学や思想とは、語り方はたとえ難解であろうとも、解いていけば何とか日常的なところに達するのではないか、達するべきではないかとのおもいからであったかもしれない。それがたとえば、わからない奴はわからないとの言い方が許容されるのかどうか。一方で、宗教的な体験、身体訓練によって得られるものは、はたして学問として成りたつのかどうか、という疑問も浮かんだりし。偏狭なアカデミスムのなか、客観的に記述できないものに対して否定的に扱われてしまうことへのコンプレックスだと言い換えられようか。

著者はしかし差別などという語をけっして批判的なニュアンスでつかっていない。

もともと人がある対象に愛着し、あるいは嫌悪を感じるのは、さまざまな事物が差別されて意識に映るからであり、事物が差別されるのは実在がさまざまな存在者として分節されるからである。（一一三頁）

ただ、このようなコトバの呪術的力［引用者註「深層意識的言語観」、二二六頁］を信じる人たちが、多くの場合、深層意識を表層意識と混同し、意識のM領域［引用者註、著者の言いまわしを用いるなら「「元型」的イマージュの本当の住処《すみか》」、二一八頁］に出現する「想像的」イマージュを、そのままただちに外界の存在現象と同一視してしまうところに問題がある。というより、むしろ、深層意識的事態と表層意識的事態とをこの意味で混同、あるいは同一視することこそ、コトバの呪術的用法の根本的特徴なのであって、またそれだからこそ、理性的、合理的であることを誇りとする近代人の目には、言語呪術は一個の未開人的現象としてしか映らないのだ。しかし深層意識の本当の恐ろしさというものを知っている人々は、コトバの呪術的機能を、そう簡単に迷信として片付けることのできるようなものとは考えていない。（二二七頁）

『意識と本質』で井筒俊彦は自らの禅の経験については語っていない。ところどころに痕跡をみることができるばかりだ。先にもふれたように、『叡智の台座』を添わせてみるなら、そうしたことはよりはっきりと浮かびあがってもこよう。「日常」という語を用いるなら、先に引いたこの発言と照応できる――「自己を極めるということは、日常経験的な自我の働きというものがなくなって、消えて、ほかの次元の自我といいますか、自己といいますか、そういうものが働きだすことなんですね」（『叡智の台座』、一三一頁）。

先に差別的、というような言い方をした。だが、経験したことのないものにはわからないことがあり、日常的なことのみに専心しているかぎりは感じとれないものがある。そんなことはあたりまえだし、誰だってわかっている。それでいながら、日常性や日常的人間は、そんなことを意識しようとすることもなく、ありえないとかそんなことはないとか言うことさえある。

凡庸な一般化を避けるとでも言ってみようか。哲学的な、思想的な文章は、往々にして、語る者が一人称複数形をとる。本書もそうしたかたちをとってはいる。しかしすべての人を同列に扱うわけではない。いや、すべての人は同列だけれども、あることがらについて気づくか気づかないか、それによっておなじものの見え方は大きく変わってくるのだ、と井筒俊彦は言うし、それをいいかげんに脇に寄せて忘れたふりをしない。誰でもがおなじように曼荼羅をみるわけではない。表面的にみるのと、そうではないのとは大きく違う。あたりまえのことだ。だが、そこが重要だ。そしてそれは本論そのものと密接につながっている。

そこでさらに、差別とかではなく、もっとポジティヴにとらえかえし、反転できるのではないか。先にジョン・ケージを引いたけれども、たとえば芸術、アートといったもの、はそうした日常性を食い破るものとして、修行とか宗教的体験ではなく、たちあらわれてくる、そうしたものをかいま見せてくれるのではないか。それは言うまでもなく、先の不気味なものともつながってこよう。そこに「ほかの次元の自我」や「ほかの次元の自己」が働きだす契機がありうるのではないか。『意識と本質』には芸術とかアートといった語はついぞでてこない。だが、そうしたものをこそ交差させることができるのではないか。そんなふうに考える余地は充分にあるはずだ。きっと。

73　井筒俊彦『意識と本質——精神的東洋を索めて』

井筒俊彦（いづつ・としひこ）、一九一四年生まれ、一九九三年逝去。言語学、イスラーム学、東洋思想。慶應義塾大学文学部教授、言語文化研究所教授等を歴任。『意識と本質——精神的東洋を索めて』は、岩波書店、一九八三年刊、のちに岩波文庫収録、一九九一年。その他の著書に『イスラーム文化——その根底にあるもの』（岩波書店、一九八一年）、『意識の形而上学——「大乗起信論」の哲学』（中央公論社、一九九三年）など多数。

『余白とその余白　または　幹のない接木』

豊崎光一

そのような「テーゼ」をこのテクスト［デリダの Tympan(s) をさす――引用者］から分離抽出することは比較的易しい作業だ。（…）その過程において私たちには、いかにもデリダらしい、かなり俗耳に入りやすい新造語の饗応に与かる幸せさえ許されている――西欧文明を支配してきた「父」的ロゴスの屹立（勃起）の象徴たる「ファロス」を、すでにデリダ自身によって流布され、流行語の域にまで達した「ロゴサントリスム」に接木した「ファロゴサントリスム」がそれである……

けれども、そうやって、著者の意図（vouloir-dire）を拾い集めることは、このテクストの場合、ほとんどそれを読むことにならないだろう。そこにおいては、今見た意味での意味内容よりも、ページにおける活字の配置そのもの、デリダの「本文《テクスト》」が、その右側の余白に配されたミシェル・レリスのテクスト抜萃とのあいだにとり結ぶ関係こそが肝心なのである。（一三四―一三六頁、強調は原文、以下同じ）

二十一世紀にはいって二十年ちかく経ったところでこの文章を眼にしても、特に引っ掛かることはないはずだ。「デリダ」はジャック・デリダのことだとすぐわかるし、「ロゴサントリスム」も「ファロゴスサントリスム」も、わざわざフランス語で vouloir-dire と括弧で括られて示される「意図」も、同様だ。そして「Tympan(s)」というテクストが『余白　哲学の』というデリダの著作の冒頭に位置すること、さらに翻訳で読むことも、またそのレイアウトのかたちを見ることも容易になっている。

十代の後半、デリダなる人物がいるのは知っていた。読んだことはなかった。そんなあるとき、背表紙でタイトルを読むだけでは何の本か皆目わからない本に遭遇した。『余白とその余白　または幹のない接木』。これは何の本なのだろう、と。

こんなにわけのわからない本は出会ったことがなかった。あることを学べば、あることを知識として得られれば、あるいはその思考法に慣れさえすれば読めるようになる、理解できるようになる――そうした理解とは違っているようだった。そもそも理解というのがどういうことなのかが自分のなかで疑問符をつけられて、何か不思議な文学作品、強いて言うならジョイスとかパウンド、あるいは、当時翻訳されてともかくわからないと悲鳴をあげそうになったソレルスの『数《ノンブル》』とか、そんなものを想起させられていた。

本書に収められた文章はまず雑誌に分載された。中央公論社の『海』で、一九七三年の八月、九月、十一月号。単行本化は一九七四年九月、エディシオン・エパーヴ。発行者は、現在浮世絵の本などを執筆している白倉敬彦である。

刊行当時、デリダの翻訳は、雑誌掲載はべつにして、単行本は、『声と現象』（原著一九六七年／翻訳一九七〇年）のみである。このあと『グラマトロジーについて』（原著一九六七年／翻訳一九七六年）、『エクリチュールと差異』（原著一九六七年／翻訳は二分冊一九七九年・一九八三年）がつづいた――はずだ。だから、ろくにデリダの文章を読まない、読めない状況のなかに突然本書は抛りこまれたことになる。充分に意図的に、であったろう。本書が扱っているデリダのテクストは特に『余白』と『散種』だが、フランスでもまだこの時点で『弔鐘』の予告はあっても刊行はされていない。ましてや東浩紀が『郵便的』で注目をあび、多くのデリダ研究者があらわれてくるのは著者が五十代半ばで亡くなってずっと後のことである。

研究や批評は、「研究対象」や「批評対象」を知っていたうえで読まれるべきだ、との考えがある。一方で、そのような対象にあたっていなくても、その研究や批評から読みとれることはあり、そこからあらためて対象に遡行すればいい、あるいはしなくてもかまわない、という考えがある。おそらくどちらも間違ってはいないし、多くの場合、手にとり、まなざしをおとすものはどちらの場合もありうるし、そもそもそんなことなどいちいち考えたりはしない。目にはいってくるものが、文字たちが対象となるものなのかそうでないのかさえ、容易に判別できないことは往々にしてある。ただ、こんなふうにひらきなおって記せるのも、ほとんど経験則のようなものにすぎない。十代後半でこの本を古書店でその奇妙なタイトルから手にし、通常の理解をまったく越えたありさまにしばらくは呆然としたのち元の棚に戻す、そういうことを何度くりかえしたことか。いまわたしの手元にあるのは、意を決して入手をしたときのもので、実際に何はともあれ通読しえたのは、しばらくあとだった（本には入手の日付が律儀にも記されている）。

最初に文芸誌に分載されたというのが驚きだった。手にした人たちはどんな反応をしたのだったか。雑誌だから興味がなければそのまま通りすぎることができたにしても、もし読み始めたらどうだったのか。しかものっけから宣言されてしまうのだ、これはデリダの要約でも何でもないのだ、と。

以下に読まれるものは、その見かけの如何にかかわらず、デリダの「思想」の要約でも註釈でも批判でもない。

そもそも、「デリダ」という名を冠されたテクストは「デリダの」ものだろうか？　その「思想」なるものが存在するのだろうか？　その「テクスト」は何かを「意味する」（vouloir dire）ものだろうか？

この小文は、ひとつのミメシスによって、出来得べくんば、「デリダの」「テクスト」へのひとつの追補（supplément）たらんとするものにすぎない（その言わんとする——vouloir dire——ところだけならば、以上に尽きている）。（九頁）

すこし脱線するが、宮川淳は『現代思想』誌（一九七五年三月号）でこの『余白とその余白』の書評を書き、エピグラフに、また最初の「テクスト対ディスクール」の部分にミシェル・フーコーが引かれていることを指摘しながら、以下の文章で結んでいる――

いいかえれば、デリダの余白に書かれたこの本は同時にフーコーの余白に書かれている。この相互的な追補性だが、それは思想や影響の問題（それは作家の主体性という観念の系である）ではなく、言語の内的な空間の問題なのだ。そして、この本について主題を語ることが許されるとすれば、その真の主題は、見かけの如何にかかわらず、デリダである以上に、まさしくこの言語の空間にほかならないだろう。（宮川淳著作集Ⅰ、美術出版社、一九八〇年五月、四七四頁）

いまさっきみたところだからあらためて指摘するまでもないけれど、この文章は『余白とその余白』のはじめにおかれた文章の言いまわしを部分的に踏まえつつ、じつにみごとにその問題圏を描出している。そして宮川淳のことばを遂行するように豊崎光一の、翌一九七五年に刊行される二冊目の著書は『砂の顔』と題され、フーコー論が中心に据えられているのだった。

『余白とその余白』に戻ろう。

目次でみるかぎり、「Ⅰ」と「Ⅱ」の二つの部分に分けられているが、実際には、タイトルがフランス語で記され、その下にフーコーの一節（掲げられてはいないが『作者とは誰か』）が引かれ、ページをめくるとこの文章——先に引いた「以下に読まれるものは」がある。

よくみると、「Ⅰ」は四つ、「Ⅱ」は八つの章からできているのがわかる。前者「Ⅰ」はその二つが「何々と何々」のかたちをとり、何らかのかたちでカタカナ語（テクスト、ディスクール、シュプレマン、メタフォール）が含まれている。対して後者「Ⅱ」は六つと二つで文字の位置が異なって——一文字分下げられて——いる。そして、六つについてはやはり「Ⅰ」でとおなじように「何々と何々」のかたちをとりつつ、「Ⅰ」と違ってマル括弧やルビがつけられているのがわかる。さらに二つの「一字下げ」はそのところは、「Tympan(s) を読む」と「exergue」とつけられ、しかも「Tympan(s) を読む」は規模がもっとも長い章となり、かつ、独立性が高い。言い換えれば、この部分だけで成りたつ小論である。そして「exergue」はといえば、ブランショ、マラルメ、フロイト、デリダからの断片的な引用となっている。

「exergue」は本文のなかにどういうものなのかが記されているのだが、これもひとつのエピグラフといえる。それも故意に「遅れてきた」とされる「exergue」なのだ。それが、しかし、全体をとりあえずことばを追ってきたなか、いつもははじめにあるはずなのに、それを転倒することで浮かびあがってくる「exergue」なのだ。ここで、この位置にあることで、逆に、本来はあるまとまりのある文章のはじめにおかれる「exergue」なるものがどういう効果を持つかが浮きあがってくる。文字どおり「エルゴン（労働・行為・作品）」の外におかれるもの「exergue」、硬貨の浮き彫りのように。

著者ともっとも近しかった人物のひとり、宮川淳は本書の書評のなかで、全十一章というのがそもそもデリダの著書の二冊がおなじだけの章で出来ていることを指摘する。こうした数をめぐる感覚——という語が正しいかどうかはべつにしろ——を、豊崎光一はデリダにかぎらず、何人かの作家について指摘していることを想いおこしておいてもいい。

次のページから「I」が始まる——

わたしは右の、三頁前においた「以下に読まれるものは」からの七行の文章をキーボードを叩いていた。はじめは真ん中の段落を省略していた。正確にいえば「(……)」というふうにしていた。デリダのテクストへのひとつの追補で足りる、なかの段落はなくてもいい。そうおもっていたからだ。だが、全体を打ち終えてつぎの文章を始めようとして、あらためて読みなおし、さっき省略した文章をタイプしなおすことになった。意味は——意味とは何か？——とはとおるだろう。だが、「デリダという名を冠されたテクストはデリダのものだろうか？」という問い、これがあるからこそ、「デリダのテクストへの追補」へと接続されうる。打っていなければ、気づかなかったかもしれない。真ん中の段落にある三つの確認、いや、やはり問い、なのだろう、これらがあることで、「この小文」もまた「豊崎光一の」ものなのか、その「思想」なるものは存在するのか、それは何かを「意味する」のかとの問いの圏内におかれずにはいないからだ。

フーコーを、ロートレアモン－デュカスを、マラルメを、デリダのテクストと「ともに」読んでゆく。これら大きな部分を占める名とともに、註釈のなかではブランショ、バルト、ボードレール、ルーセル、レリス、ポンジュといった人たちの名がちらりと顔をだす。これらの名はデリダと豊崎光一の二人が織っているテクストの交差する、いや、交差するというよりもむしろ糸がたごまっている、よどみをつくる、こだまがかさなる、二人の名の「あいだ」に浮かびあがってくるものだ。ここにこんな引用をしてもまんざらはずれてはいないだろう。

ここで問題なのは、「のあいだ」(entre) という前置詞だ。二項のあいだにあるということは、そのどちらにも（一方にも、他方にも——ni……ni……）属さないということ、二項の中間に宙吊りになって、本来の意味からすればどこに在るとも言えない状態のことである。言い換えれば、hymen は「entre において」、「欲望と成就、犯行とその思い出のあいだに」起る（場を持つ——avoir lieu）のだ……（九二—九三頁）

また――

無償《グラチユイ》の「遊び《ジユ》」と見えかねないこの作業をデリダにとって正当化する重要な根拠のひとつは、すでに見たように、それが「最小限の消費」によって「最大の利潤」をもたらすという経済性である。だがまた、この利潤はほとんど無限に自己増殖せずにはいず、それがデリダにおけるテクストの長大さをもたらす本質的な理由であるだろう。(一三二頁)

ここであらためて冒頭の引用のなか無造作に用いられていた「読む」という語に戻ってもいい。特に説明がなされていないにもかかわらず、それこそ「Tympan(s) を読む」といったように章の小見出しにもなっていることばではあるが、それは「著者の意図 (vouloir-dire) を拾い集めること」や「思想」化や解釈とは異なったおこないであるはずだ。そのうえで「Tympan(s) を読む」の最後の部分をみる。

「意味」を拒絶する (つまり字面の「背後」にある、「単一」な「一方向《サンス》(直線) 的」な「意味《サンス》」を拒絶すると同時に、「意識的」に「言わんとする」「意味」vouloir-dire を拒絶する) この「ただの機能《はたらき》(pur fonctionnement) においてのみ定義される機械」の「意味」を問い、それを要約によって還元しようとする企て、要するにそれを「思想」化しようとする企ては、私たちがいまだに住んでいる風土においては、たぶん避け難いものであろう。

だが、「テクスト」はそのような企てに抵抗し、「残留」し続ける。（一五六―一五七頁）

わたし自身はといえば、『余白とその余白』という本をそれなりにむきあって読もうとおもったとき、音や音楽についての関心からもっとも遠ざかっていた。だから、différence/différanceの「e/a」の文字上の差異と「聞こえない音」、あるいは、tympan(s)という語への関心も鈍かったし、当然、「Tympan(s)」で同時並行する二つのテクストが、これまたひとつのtympan(s)――鼓膜や太鼓や、といったいろいろな意味を持つ、またそれらが「ふたつ」（以上）であることなどまったく気づけていなかった。はたしてそのあたりも含め、デリダにおける音、あるいは、音にならないもの（こと）といったテーマが気になるようになったのは、いつだっただろう。デリダ自身がまたわずかなりとも聴覚的な不調を持っているらしいことをいつ知ってだったろうか。

デリダを読んでも「わかる」などとはとても言えない。ただ『余白とその余白』は、そうしたこととはべつに、デリダのテクストを読むことを許容してくれるとのおもいを抱かせてくれた。そして、デリダを哲学者として以上に「作家」として読んでもいいとしたなら、なおのことだった。『現代思想』誌で『デリダ読本』が編集されたとき、豊崎光一はこんな文章を書いていた。

デリダを初めて読んでから十五年以上たった。いつも同じことを言い続けているとも言える一方、その書きぶりはいちじるしく変わってきた。『グラマトロジーについて』、『エクリチュールと差異』（共に一九六七年刊）のころのデリダは、極めてラディカルな哲学者（「哲学」の歴史全体を転覆しかねない爆薬を仕掛けつつあるかに見えた哲学者）、さらには犀利な文学批評家でさえあったにせよ、われわれにとってまだ「作家」ではなかった（『エクリチュールと差異』の数篇にその萌芽は認められたけれども）。（『ファミリー・ロマンス』、一九八八年、所収、一五六頁、初出は『デリダ読本』）

「十五年以上たった」の部分に註がつけられ、「本稿の執筆は一九八一年」とある。つまり十五年遡行すると六六年となるから、上に引かれているデリダの単著はいずれも刊行されておらず、おそらく豊崎光一は雑誌掲載の時点でこれらを読んでいたとみていい。

デリダの「作家」としての側面は、中途から見えにくくなってきた、いや、これはわたし自身がデリダの膨大な著作を追っていないからにすぎないだけかもしれない。豊崎光一が亡くなることなく、デリダのつぎつぎに刊行されるテクストを読んでいったなら、どういうところにその「作家」をみいだしていっただろう。「読む」ことにおいて、やはり、精神分析とのかかわりにおいてだったろうか。

ところで、右に引用したどの部分でもそうであったように、『余白とその余白』にはフランス語、またドイツ語やギリシャ語が引かれている。多くのカギ括弧が用いられ、引用もしくは強調され、ときには傍点がふられる。視覚的にも煩わしいことこのうえない。ときにはもとのテクストからの引用であり、ときに語源にあたってのものであり、ときに何らかの確認である。もしこの文章がもともとフランス語で発表されていたなら、こうした煩わしさはなかったのだろうか？

　こう問いをひらいたうえでのことだが、この百七十ページに満たない小著を読み終えたとき、わたしは言語観が変わったのだった。問いのこたえとなっているかどうかはわからないけれども。わたしがこう書き、こうはなしているひとつひとつの語がひとつの言語から「引用」していること、ことばをそこから知らず知らずのうちに借りていることに自覚できるようになったのだから。それだけではない。ひとつのことばが、けっしてひとつの「国語」「言語体系」にのみ属しているわけではなく、ときにほかのところから借りられ、適宜翻訳されていること、また気づかないうちに外国語の語やフレーズをつかってきていること、に気づいたのだ。ひとつの純粋無垢な言語体系、国語などありえない。それはつねにすでにほかのことばを吸収し放出し、部分的に入れ替わりさえしている。それはまた、あらためて言う必要もなかろうが、この列島のことばが隅々までわかる、あるいは、英語やフランス語や中国語、タイ語がわかる・わからないではない。

『余白とその余白』は、宮川淳が先の書評で指摘したように「ミメティック批評」と呼べるものだ。デリダを扱いながらデリダのやり方をもってする。デリダがほかのテクストを扱うように、『余白とその余白』はデリダを扱う。

すこし遠回り、というより、前に戻るようにみえるかもしれないが、記しておきたいことがある。この本の主部——とは何か？　とすぐ問いたくなってしまうのだが——となる最初の文章は「テクスト対ディスクール——デリダとフーコー」と題されている。ここではミシェル・フーコーの『古典主義時代における狂気の歴史』の一部をデリダが分析した文章「コギトと狂気の歴史」が言及され、さらにフーコーが反論した文章、のちに『狂気の歴史』新版の巻末付録に収められたものについて紹介がなされる。豊崎光一は二者について「二人の論争のあらゆる局面を、その嚙み合いも嚙み合わなさも含めて、仔細に跡づけ、あるいは、その結果、しかじかの点についてどちらかに軍配をあげたりすることは、拙文の目的ではあり得ない」（二六—二七頁）と書きつつ、フーコーの反論は「いくつかの極めて「デリダ的」な語彙を、巧妙に逆手にとりつつデリダに投げ返しているのが見てとれよう」（二八頁）と指摘する。

わたしはなぜこの文章、フーコーとデリダのやりとりがこの本の冒頭になぜおかれているのかが長いことわからなかった。疑問さえ抱かなかった、といったほうが正確かもしれない。副題にあるとおり、「テクスト」と「ディスクール」が俎上にあげられていることはわかったし、それが「機能」や「水準」の問題（二九頁）と指摘されていることもわかった。だが、以後、この本のなかでフーコーについての言及はないし、テクスト／ディスクールについて直接に論じられることはない。たしかにつぎの章では

「本（ないしテクスト）とその外」では「テクスト」が論じられはする。その導入、呼び水のようなものとしてなのだろうか、と。

そうした点もあるかもしれない。と同時に、ずっと経ってから気づいたのはこういうことだ、つまり、フーコーがデリダ的な語彙を「投げ返している」、それを『余白とその余白』で反復しているということなのではないか、と。この本のなかで、豊崎光一は、まさにデリダ的な語彙をそれもけっして定義するのではなくむしろずらしつつそのずらしの広がりのなかで、「散種」しつづける。フーコーのやり方を反復するかのようにして。「ミメティック批評」であることを、まずここで実践している——そんなふうに、たとえ誤読であっても、気づかせられたのだ。


ミメティック批評のかたちをとるために、ごくあたりまえのこととして、デリダの文章をどう翻訳したらいいのか、との問いが生じる。フランス語で全文を書くわけではない。日本語で書かれ、日本語をふつうにつかっている人たちにむけて書かれるからだ。そのとき、フランス語の一単語が持っている意味を最大限生かそうとするがゆえに、一単語と一単語が結びつけられるだけでも多くの註釈が必要になる。「「最小限の消費」によって「最大の利潤」をもたらす」ようなことばをべつのことばでおこなおうとする困難さ。そんなときどんな翻訳をしていったらいいのか。

列挙する。ルビをふる。「＝」でつなげる。註をつける。

原文がわからなくてもこうした翻訳のかたちをとおして、すこしでも垣間みることができる原文の姿、いや、影。これは独特だったかもしれない。詩や小説をこのように訳して江湖に問うことはなかなかに難しい（ブランショ『期待　忘却』での試みというのもあったけれども）。たとえば「集英社版世界の文学」（集英社、一九七八年）の第三八巻「現代評論集」に収められた「白けた神話」（『余白　哲学の』の、つまり「Tympan(s)」から始まった、最後の章）ではこんな文章をみいだすことができる。

哲学素一般を形成するものである「観念化的」暗喩はフォンタニエの『文彩』（*Les figures du discours*）の冒頭部をなし、ただちにその理論的《テオリック》＝視覚的空間の最大の一般性を彼に提供している。（四七四頁、豊崎光一訳）

こうした文章がありえるということ。まさに文字でこそなされる、視覚性を活かしてこその翻訳がある。たしかに読みにくいし、この列島のことばになってはいるけれど、ともかく読んでいくには集中力を要する。実際にはなかなか読めない。それでも、翻訳の実践としてこうした試みがなされることを、たとえば明治以来のさまざまな翻訳の苦労があるのを充分に追ってこなかった身には、同時代のものとしてリアリティ、いや、アクチュアリティを持ったのだ。

これはまた、のちに刊行される本のなかではこう表明される。

翻訳というものは引用の極めて特異なケース、極限ケースと見做され得ます。理念的には、翻訳は一個の作品の全面的引用であり、それは引用者、この場合翻訳者の全面的消滅を内包するものです。このような「引用」は極限的には一個の同じ国語の内部でも考えられるものです（「翻訳と／あるいは引用」『他者と［しての］忘却』二一九頁）

こういう文章も引いておきたい。

あらゆる翻訳が一個の引用であるばかりではありません。およそあらゆる言語活動は一個の翻訳ないし引用と見做すこともできます。すべての語が結局は他者の用いた語であるからには。（「翻訳と／あるいは引用」『他者と［しての］忘却』二二二頁）

『余白とその余白』から十年も経過しないうちに、豊崎光一にとって翻訳はそれじたいで重要なテーマとなっていた。それはル・クレジオからロートレアモン、フーコーからドゥルーズ、デリダ、セガレンといった人たちのテクストを扱うにあたって実践的に試行＝思考されたものだったわけだが、『余白とその余白』のなかではまだ「翻訳」は顕在化していないかにみえる。ところが、よくみると、最後におかれた「exergue」の冒頭、ブランショの引用に「翻訳」がでていることもわかってくる。つまりそれとはっきり名指さなくとも、「翻訳」が投げかけるその後の残響がここにこっそりと隠されていると もみえる。右に引いた「翻訳と／あるいは引用」は、ジャック・デリダがまさに俎上にのせられたスリ ジー・ラ・サルでのコロックで発されたことばによるもの（の翻訳）である。

『他者と［しての］忘却』（筑摩書房、一九八六年）というタイトルは、一見して、不思議な括弧がつけられ、意味が二重化されている。この本とほぼ同時に『文　手　箱』（書肆風の薔薇、一九八六年）が刊行されたとき、恐れ多くもわたしは二冊あわせて、小さなフリーペーパーに紹介文を書いたことがある。著者本人は喜んでくれ、できるかぎりたくさんの部数を送ってくれるようにと言われたものだったが、そのときひとつ指摘されたのが、後者の本のタイトル、その配置についてだった。「あれは、それぞれの漢字のあいだにすこしあきがあるんですよ」と。たしかにあきはあったし、わたしもそれに気づいてはいた。だが、それほど意識していたわけではない。おもしろいタイトルだな、と、漢字一字ずつの意味が強調されているんだな、程度のものだった。だが、著者自らのことばにしたがうなら、「文　手　箱」と三文字がつなげられた一単語であるとともに、「文　手　箱」とひとつずつの漢字が独立した意味をもってあらわれてくる並列したものとしてあり、それはまたタイトルとしては「同時に」読まれるべきだった。そしてそれは音声としては成りたたない、とはいえずとも、成りたちにくいものだった。「ふみてばこ」「ぶん・て・はこ」どちらとも確定することができない……。豊崎光一自身の多くはない著書は、すべてではないにしろ、ごくごくふつうのタイトル、書名からすこしはずれている。もしかしたら書名だけではないのかもしれないけれど。

ジャック・デリダと豊崎光一、対話者ふたりが亡くなってからずっと経って、『翻訳そして／あるいはパフォーマティヴ』（法政大学出版局、二〇一六年）が刊行された。一九八〇年代には仮題「デリダとの対話」として準備されていた三つの対話から、未発見・未発表の一篇をのぞいた二篇で組まれたものである。実際の対話がなされたのは一九八〇年と八三年だから、三五年以上経過している。それでいながら、そこにはデリダのことばが多く発されまた翻訳されてきたなかにはないものをみいだすことが可能だ。豊崎光一の早世は一九八九年、デリダは二〇〇四年に世を去っている。

さいごに。

『余白とその余白 または 幹のない接木』は「福永武彦先生に」とある。豊崎光一は福永武彦の著書が文庫化された何冊か――『海市』『死の島』『ボードレールの世界』――に解説を記している。

福永武彦は一九七九年に、豊崎光一はその十年後の一九八九年に世を去っている。わたしはといえば、七九年に作家が亡くなった日にはたちの誕生日を迎え、そのあとで豊崎光一に大学二年生の基礎演習（ボードレールの入門的な本）と三年生のゼミ（デリダの『絵画における真理』の「パス＝パルトゥー」と「＋R」）で身近に接した。残念ながら四年生のときは研究休暇をとられていて、卒業論文の指導を受けることはできなかったのだったが。

豊崎光一（とよさき・こういち）、一九三五年生まれ、一九八九年逝去。仏文学者・翻訳者で、学習院大学教授在職中に急逝。『余白とその余白 または 幹のない接木』は小沢書店「叢書エパーヴ」の一冊として、一九七四年刊行。『他者と［しての］忘却』は筑摩書房から一九八六年刊行。そのほか『砂の顔』（小沢書店、一九七五年）、『クロニック』『ホロニック』（いずれも書肆風の薔薇、一九八九年）の著書のほか、ドゥルーズ＝ガタリ（『リゾーム…序』［エピステーメー臨時増刊］一九七七年、のちに朝日出版社、一九八七年）や、ル・クレジオ、モーリス・ブランショ、ミシェル・フーコーの翻訳でも知られる。

大森荘蔵『物と心』

ソファのうえで何もせずにいる。眠りこむのはなんとか耐えて、からだの部分部分に集中してゆく。左の上膊から手のひら、指先、今度は右手で逆に。ソファにあたっている背から腰、脚。あるいは鼻を中心にして左右の頬全体から、それぞれの頬へとうつす。そのときの部屋の温度やちょっとした風のむき、あたっている背にある自分自身の体重の一部。重力も意識して。表面は何かにふれている。感じやすいところがありそれほどでもないところがある。手の甲、手の平、それぞれに何にもふれていないにもかかわらず、何かを感じている。空気だろうか、室温だろうか。あるいは、そこをとおってゆく体温、血のめぐりだろうか。他方、背中は、腹部は、下着を感じているだろうか。

自分はいま、モノなのだな、とおもう。何もしていない。生命は維持されている。感覚ははたらいている。何か、ことがおこれば感じられるし、反応する。何か、が感覚できるためにはある強度、強度の幅を必要とする。気づけない微小・微細な刺激があり、錯覚かなとおもうような刺激があり、はっきりこれといった刺激がある。

モノだな、とおもうとき、じゃあ、そばにあるモノたちはどうなんだろう、とふと考える。モノたちもまた感じているのだろうか。人の手でつくられたモノは、つくられたものだからその外形は恣意的な、仮の姿かもしれなくて、だとしたら、まぁいわゆるモノとはいわず、観葉植物とかなら、外に表明することはないにしても、感じていることは充分ありうる、人が感じているのとは異なったかたちかもしれないけれどありうるだろうと考えてみたり。人はそれを聞きとる能力をまだ持っていないだけなのだ、とか。

このからだなら、外界に接している皮膚はいつも何かを感じている。それでも感じているその状態があたりまえになっていて、特に意識しないと、接している、ふれていることを忘れている。眼や耳はどうか。眼や耳がふつうに、「正常」にはたらいているとき、そちらもまた眼にはいってくるものや耳に届いてくるもののことを特に意識するわけではない。見えるものは見え、聞こえるものが聞こえる。それだけだ。急に何かがあらわれるとき、その出来事について驚いたり焦ったりするにしろ、眼にはいった、耳に聞こえた、そのことはあまり意識されない。

五感、という。視覚・聴覚・触覚・味覚・嗅覚。どれも、何かがからだの部分にふれて、のものだ。味覚はじかに舌にふれ、だから触覚と重なる。嗅覚も、見えないかもしれないが、物質が鼻孔にはいって、だから触覚の拡大版。聴覚と視覚は対象に距離がある――けれども、あいだに振動・波動があって、これまたやはりふれてくるのだから、触覚か。つまり五感といいつつ、どれも広い意味での触覚こそが、この心身の外界とのつながりを持っている、と。だとしたら、五感と分けている、そしてほかの感覚よりも視覚が優位であるとか、触覚は低いであるとか、そういったおもいこみは誤っている。あらためて共感覚とか共通感覚とか――よく似た語で重なるところもありつつ、区別を弁えなくてはならないが――を想起してみてもいい。いまここにあるからだが感じているもの・ことは、五感それぞれが感じ、刺激は個々に異なっているが、かならずひとつの感覚器だけではなく、もっと感覚器は広い領域を持っていて、ときに重なったりもしながら、「わたし」の全身をつくっている。表面にある感覚器だけではなく、皮膚の内側の、さらに内臓の、神経はもしかするとないかもしれないが、どこかにふれていたり、動いていたり、というようなことも含めて、知覚されないでも「わたし」であったりする。あらためてことばにするほうが奇妙で、ことばにしなくても、「わたし」は、わたしのからだは、ふん、いまさら、と知っている。

このあたりまえ、あたりまえさとでもいうべきものを、疑いたい。そんなようにおもっている。それでこそ自分のまわりの何かが「わかる」、あるいは、「深められる」とおもっている。それはいまも変わらない。だが、たとえば、こんなことばを読むとき、どうか。

たとえばオーケストラの作曲する時に、「頭の中でオーケストラが鳴ってる」という言い方をなさりたい、と思うんですね。けれども、オーケストラの作曲家が事実考えてる音は、観客席のある場所から聴いたオーケストラの音だと思うんです。つまり音がするのは目の後じゃない。前です。［……］少なくとも自分の頭の中じゃない。体の前で鳴っている。音源は体の外にある。ただその鳴り方が知覚的ではなく想像的にです。（『音を視る、時を聴く』、九六頁）

こんなところでもいいかもしれない。

哲学をやるというのは極端にいえば一種の病気で、健康な人間がちょっと気にするだけのことがどうしてもとことん気になる病気だとおとり下さっていいんじゃないかと思うんです。（『音を視る、時を聴く』、二一四頁）

引いたのは大森荘蔵が坂本龍一と対話している『音を視る、時を聴く――哲学講義』（朝日出版社、一九八二年）から。この本を大学のキャンパスで、ヴィトゲンシュタインを読みこんでいる友人からみせてもらったときのことはよくおぼえている。哲学者の名は知っていた。だが、著作を読んだことはなく、新刊書をところどころ開いたページだけでも、それまで親しんできた、ある程度は積み重ねてきたことが、揺さぶられるおもいだった。

「哲学」におもいいれがあるわけではない。気になってはいても、学問領域としての哲学をやろうとおもったことはない。ただ長い哲学の歴史のなかで語られてきたことを、生きていることとか、関わっていることどもと結びつけることで、それなりに腑に落ちたり、何かを語るときにひと言でまとめられるようになったりしたりはする。だが、こんなことばがつぎつぎと繰りだされる本に出会うと、どうか。いくつかランダムに引いてみよう。

「物理的〈本当に〉と知覚的〈本当に〉と。そしてこの二つの〈本当に〉に優劣はないと思います。」（六〇頁）

「心に秘めるというのは何かというと、しゃべらないだけです。」（一六三頁）

「動作の他にその動作を意志する意志があるのではなく、その動作そのものが機械的自働的ではなくて意志的なのです。」（一六九頁）

「われわれの体験は、現在という場所をはずすことはできないわけですね。」（一七七頁）

「坂本さんが目の前に見えている。そこにおいでになる。立ち現われている。この状況のすべてが、私が生きているということそのものなんですね。あるいは坂本さんが私に見えているということ、それで尽きているのであって、このセンテンスから〈私〉にという、〈私〉という名詞形を引っこ抜くのは私は間違いだと思う。それが私が時どき、項目的な〈私〉はいないと言っていることの意味です。一つの名詞ではなくて生きてる状況そのものなんです。」（一九四頁）

『物と心』を読んだのは何年か経った後だ。

この人の文章を読みながら、その言い切り、断言の力に魅惑されずにいることは難しい。それはただの平叙文である。あるはずだ。なのに、そこには真理がある、それこそが真である、と感じてしまう。ひとかけらの神秘もない、とか、何々だけである、なんていわれると、うんうん、とこちらが大きく頷いていたりする。そうした反応のしかたそのものがこの哲学者の文章を誤読しているんじゃないかとのつよい疑念を抱きながらも。

賀茂川は幾度となくわたしに立ち現われてきた。或るときはそのほとりに立つわたしに知覚的に立ち現われたし、今は想起的に（思い的に）立ち現われている。また昨日もそれは想起的に立ち現われ、その立ち現われが今また想起的に立ち現われている（想起の想起）。つまり、⑴「先月、知覚的に立ち現われた」という消印をもった賀茂川、⑵「先月、知覚的に立ち現われた」という消印をもって立ち現われた」という消印をもった賀茂川、また、⑶「子供の頃、知覚的に立ち現われた」という消印をもった賀茂川、……こういう賀茂川が今、わたしに想起的に立ち現われている。それらはそれぞれ相貌を異にし明度を異にし様々に異なる消印をもった「立ち現われ」である。しかし、それぞれ異なるその幾つかの「立ち現われ」は、「同じもの」「同じ賀茂川」という「同一体制の下に」立ち現われている。繰り返すようであるが、事実そのように立ち現われている、というだけである。（「ことだま論」二〇〇頁）

『物と心』はいくつもの論文からなる。とてもではないけれどついていけない文章があり、すっとはいっていける文章がある。何が違うのかは、中心的に扱われるものが哲学史の特定のところとか科学思想とかの背景によっているのであり、それはまたもともとの雑誌などの媒体、それを読む人たち、つまりはそれぞれの文章が目指す方向が異なっているからだ。

大森荘蔵は人が見たり聞いたりすることをそのままに受けとろうとする。ひとつひとつ、見たり聞いたりといった知覚について、これはほんとうに見ているのだろうか聞いているのだろうか、見るとは聞くとは何なのか、などと問うたりしない。いや、こうした文章が書かれるに至るまで、どれだけこの人物が見るとか聞くとかを考えてきたのか、かつての哲学者たちが考えてきたことを再考してきたのかをここであらためて検証するなどおこがましい。必要などない。とてもそんな力量などないし、そんなことをして意味があるのかともおもう。そうしたことより、細かく細かく、文字どおり、分けて分けて検証してゆくより、むしろあることどもを、ことどもの連鎖を積分的にとらえるとでも言ったらいいか、さまざまな組み合わせ、さまざまな要素の総体、そもそも諸々のことを分けて考えることが疑問に付されているのかもしれないが、そうしたことよりまずひとつのつらなり、全体としてとらえるべきなのではないか。そんなところに注目したいのだ。

だから、この哲学者の書いているものを冷静に、興奮せずに読むことはなかなか難しい。先にもふれたように、自分が浸されてきた思考法、間違っているかもしれないのだけれども、ある種の二元論的認識とでもいうべきものが、べつのロジックによって揺り動かされ、組み替えられるから。かといって、では、大森荘蔵のような思考法ができるか、一元論的な見方ができるかといわれると、ほとんどできやしない。部分的にはそれらしい見方、言い方はするかもしれない。もの言いをすこしはできるかもしれない。想いうかべている音楽は、大抵の場合、顔の前からひびいてくる、というような。幽霊がいないということはできない、というような。だが、これはあくまでひとつの文章、いや、さまざまな背景や奥ゆきを欠いたことば、ディスクールにすぎない。ほかのもろもろの見方を持ってこその一部には到底なっていない。かといって、では、まるで無意味な、ことばの遊び、戯れだけでしかわたしには機能しないのかといえば、そんなことはない。けっして。むしろそのちょっとした一節が、ほかの思考、思考の枠組を揺るがしている。揺るがしきれなかったとしても、そうした震源があることは意識できるし、その方向に引っ張られることで浮かびあがってくるものがある、あるとおもいたい事態にはなっている。

「哲学、あるいは文学というものは、そういう意味で生き生きとした、その人間にとって的確なものの姿を立ち現わせるということのために表現を探すんだと思います」（『音を視る、時を聴く』、二一二頁）というような一節は、もしかすると、大森荘蔵の思考そのものを自分がすることはできなくても、その「立ち現われ」をことばでどうにかしたいというところにおいては、交差できるところがあるのではないか。いささかの甘えがあるかもしれないにしろ。

「「立ち現われ」には真偽がない」（二〇九頁）し、「同一体制の変化再編には終りというものはありえない」（二〇九頁）、そして、

知覚的立ち現われの優位は、人間生活の必要からである。それとは別ないわば「認識論的優位」は見当たらぬと思う。あるいは「実践的優位」である。われわれは想像的に立ち現われた山海の珍味を「食べる」ことはできず、夢に立ち現われた車に「乗る」ことはできない。そして、食べ、乗る、のはまさに知覚的に食べ、乗る、のである。生きる、とは、知覚的に生きる、ことなのである。だから、知覚の優位の中でも、見る、聞く、よりは、味わい、触れることがさらに優位に立つのである。味わい、触れること、それがさまざまな立ち現われの「正しさ」を最も強く「強化」する。したがって、見ること、聞くことにおいても、「身近」なほど「正しい」のである。簡単に言い切ってしまうならば、「正しさ」（通常の「真」）とは「知覚に導きうること」、特に「食べ、触れることに導きうること」なのである。幻は見えるが、触れない、つまりわたしの生命生活に触れないから「誤り」なのである。「正しさ」の核はいわばわたしの生活、わたしの身辺にある。わたしの食べ、触れることにある。（「ことだま論」、二一五頁）

およそまとまりのない、わさわさした日々の生活のなか、何がどう「立ち現われ」ているのか、何にどうふれているのか、をそのときどきでとらえていきたい、できるだけ的確にとらえていきたい、との

おもいはある。一方で、的確にではなく、曖昧なままで大きくこんなふうにととらえていきたい、ともっているところもあって、しかし、大森荘蔵は、そうしたことも了解していたのではないかと、どこかでおもっている。

ときに大森荘蔵は音楽を例にだす。だからこそ、『音を視る、時を聴く』というレクチュア・ブックスが企画されたのかもしれない。つぎの引用にでてくる「共変変化」についても「メロディの一小節を変えるとメロディ全体の相貌が変る」（「科学の罠」、七四頁）というように。いまさっきの文章につづけて、こういう説明がなされる。上の文章も加えて再度引いてみよう。

メロディの一小節を変えるとメロディ全体の相貌が変る。将棋の一駒を動かすとその全局面が一変する。絵の一部を変えるとその絵の全貌が変る。口もとのかすかなゆがみが顔全体の相貌を変える。木一本、本箱一つ動かしても庭や部屋の相貌が変る。この種の変化は科学の伝播的近接作用的因果変化とも全く違うし、遠隔作用的変化とも異なる。科学的変化のない所で起る変化である。この型の変化を「共変変化」と呼ぼう。

（「科学の罠」、七四頁）

また、アウグスティヌスの経過時間についての一節を引きながら、こんな例がだされる。

しかし、第九交響曲の記憶印象というものがあって、それが一時間の余も続くとでもいうのだろうか。いや単に、さきほど一時間ばかり続いた第九の演奏、あの既に終了した演奏が今想起されているだけなのである。それを計りなおそうとして口笛で、あるいは想像において、その全曲を再演してみて時計で計る、という人があるかもしれない。しかしその第九はさきほどの第九の演奏に倣ってなされる今一つの個人的演奏なのである。そのおり、その個人的独演のテンポのお手本となるものはさきほどのオーケストラであり、お手本となるがためにもそれは「じかに」その想像の中に登場しておらねばならない（そして、過ぎ去った一時間が今また一時間かけて想起的に立ち現われるのではないように、アダジオ、たとえば「海行かば」が今アダジオ的にゆっくり想起されるのではない。いわば一挙に、一瞬のうちに、立ち現われるのである）。（「無心の言葉」、一一三頁、強調は原文、以下同じ）

あるいは、

たとえば、一つのピアノコンチェルトの演奏は聞き手にとっては一連の音波であり一連の空気振動であることにまちがいはない。しかし、それを単に一連の空気振動にすぎない、といえばそれはまちがいではないにしても、重要なことをいい落とした言及不足である。音楽である空気振動は、単に空気振動にすぎない空気振動ではない。それは、力強い、清純な、感動的ななどと叙される「相貌」をもった空気振動なのである。

単なる空気振動といえる音はまた、「単なる空気振動」と述べられる一つの「相貌」をもった空気振動なのである。（「ロボットと意識」、一三六―三七頁）

こうしたところはすっとはいってくる。むしろ、あたりまえじゃないか、とさえおもう。それはきっと間違ってはいない。ただ、このあたりまえさがこのように言われたことがないことに驚きをおぼえる。そうか、こういうことなんだ、これでいいのだ、と。ピアニストがピアノを弾くのと猫がピアノの鍵盤の上を歩くのと、でてくる音に変わりはない。そう喝破した人物がいたことも想いおこせるかもしれない。そしてあわせて、《第九交響曲》と《海行かば》が挙げられていることにどこかしらおかしみをおぼえて。

ところで、イタリアにサルヴァトーレ・シャリーノという作曲家がいる。第二次世界大戦が終わった二年後、一九四七年の生まれで、この列島でなら作曲家・近藤譲とおない齢。戦前に生まれて戦争をくぐって戦後にいわゆる「前衛」と呼ばれるようになった人たちにはすこし遅れ、一九六〇年代から七〇年代、八〇年代にかけて前衛がなしくずしになってゆく時代を全身に受けとめた。

この作曲家のソロ・フルートのための作品をまとめて演奏するという演奏家、若林かをりのリサイタルでプレ・レクチャーをおこなうため、しばらくのあいだ、断続的に考えていたことがある。すこしそのはなしをしたい。

シャリーノのフルート作品は五線譜に書かれている。しかし、楽譜を目の前にしても、その音は想像することは、ほぼ、できない。いわゆる「特殊奏法」ばかりで、ドならドの音、レならレの音を想いうかべても、その楽曲のことはわからないからだ。

作曲家は、多くの場合、知っている音を記す。知っていること、知っている音を、つまり既知の、既存の音をさまざまに組みあわせて音楽作品をつくる。だから com-position（位置を同じくする、総合的に配置する）と呼ぶのは理にかなっていよう。人は楽譜を読むことができるし、音の、楽曲の輪郭をつかむことができる。おなじ既知の音を共有しているときには。ゆえに、だ、既知の、既存の音ではない音は想像しにくいし、できない、そうした音は新しい記号で楽譜に記さなくてはならない。

シャリーノの楽譜は特殊奏法が多い――というか、ほとんどがそうした奏法で出来ている――ので、通常の読譜ができない。知っている記号がつかわれていても、音・音楽の「イメージ」が浮かばない。現実の音と記号とがずれてしまい、両者の対応がとれない。すくなくとも、まだ、とれていない（将来的に誰もがこの記号／音を共有したならまた状況は変わってくるだろう）。それでいて、シャリーノが要求している音は、けっして不可能な音ではない。もともとは現実にあった、現実に存在した音だ。演奏家が実際にだせ、作曲家を前にしてだしてみて、これは再現性があり、特定の誰かのみが出来るのではなく、他の人にも出来ることを確認・再確認したうえで、採用している。しているはずだ。

特殊奏法、といった。奇妙な言い方だ。通常の、スタンダードな、アカデミックな場で教えられる奏法がある。ヨーロッパ由来の音楽を演奏するのにいいとされる、何百年も練りあげられ、美しいとされてきた奏法だ。二十世紀になって、こうした音に対して、もっとノイズィな音、従来はオミットされてきた音が作曲家によって作品にとりいれられるようになった。それは、通常の奏法・ひびきが多数を占めるなかにおかれるからこそ特殊であり、特殊なひびきとして聴取される。一種の効果になっている、と言い換えてもいい。だが、それは「通常のひびき」があるがゆえにすぎない。シャリーノの作品においては通常のひびきがほとんどないために、特殊奏法はその楽曲のなかでの特殊奏法のひびきとして発されるわけでなく、もし特殊奏法という判断をするとしたなら、通常のひびきに満ちているフルートの音楽、フルート作品の音楽世界という文脈を知っているがゆえ、ではないか――。

シャリーノ作品では、演奏不可能な音域とかパッセージがつかわれているわけではない。ソロ・フルートの作品についてなら、作曲家はよく知っているフルート奏者とやりとりしながらつくっている。作曲家はしばしばアタマのなかで音域やパッセージを想像的につくることがあり、無理な要求をしてしまったりもするのだけれども。もちろん、テクニックが進歩・発展して、いつか不可能が可能になることもありうるにしろ。

作曲家が楽譜を書く。もともとは実際の音、実際の演奏を記録・記憶するためのメモが楽譜だった。だがそれが、作曲家の手を離れ、独立したものとなって流通する。作曲家個人がこの世からいなくなってしまえば、確認のとりようもない。楽譜が正典のようになる。ほとんど唯一の参照項となる。それは「正しい」もの、準拠すべきものとなる。一方で、現実の音の「うつし」であることも忘れるべきではない。

ここで、こんな引用をしてみようか。

「一つ」の歌、例えば「命短し」は様々多様に歌われる。高く低く、様々な音量、様々な声、様々なリズムで歌われ、全く同じ二つの歌い方はまずあるまい。このときもし、それは同一不変な「命短し」のメロディがあり、それが様々な歌われ方で歌われるのだ、と思う人がいれば、その人にその同一不変な「命短し」を歌って戴きたい。いや、同一不変なのは歌ではなく、楽譜だと言われるならば、楽譜は歌い方の仕様書きであり、歌ではないことに注意されたい。楽譜や破いたり燃したり書き直したり消したりできるが、歌にはそのようなことはできない。同じように、「一つ」の振付けに従って無数の踊りが踊られる。そこでも、振付自体は踊り方の指示であって、踊りではない。（ことだま論、一五三―五四頁）

いわれているのはあたりまえだ。あたりまえなのに、おそらくは「同一不変な」と楽曲、音楽のあらわれを言う人がいないではないことを、想いおこしてしまうからだ。ここではいわれているのは音楽や踊り。でも、それだけではない。もっといろいろなところでそうしたことは言われ、繰りかえされている。こんな文章には、一種の敷衍そして普遍化がうかがえようか。

造形美術は、絵、彫刻、建物、等の物を作る。実在する物を作る。その物がたまたま他の何ごとかを「思わせ」、立ち現わすこともある。だが、それはたまたまである。しかし、声は、声振りという実在によって人に振れ、そうして何ごとかをじかに立ち現わしめることがその本来の働きなのである（音楽はその中間にあると言えよう）。／それが「ことだま」の働きなのである。（「ことだま論」一八九頁）

また、

スクリーンの上の色斑は、一つの同一体制の下に現われ動き色を変えるのである。それは、花が赤く現われ、柳が緑に現われると同様、「同じもの」として現われる。或る音はただ「同じ音」として現われ、他の音は「別な音」として現われる。どうしてそれらが「同じ」として、また「別な」として現われるのかという問いに対しては、「どうして」という理由も根拠もない。ただ事実そう現われるのであって、その現われ方を「同一」と呼び「同一体制の下」と名付けただけだと答える。二つの赤色がどうして似ているか（同類体制）に理由も根拠もないように、「説明が底につくと、固い基盤があらわれる」とヴィトゲンシュタインは言うが、今の場合は初めから基盤が露頭しているのである。だから、「説明がつかない」のではなく、「説明することがない」のである（それと同様、自然科学的説明が底をつくと、基礎方程式の基盤に達する。そこで説明は終って、事実その通り、ということになる）。（「ことだま論」一九八―九九頁）

いつも以上に引用が多くなってしまったかもしれない。ただ、大森荘蔵の文章は、他の人以上に、わたしは要約することができない。ロジックのはこび、文体、そのなかにどこか含まれているユーモア――ほんとうにユーモアなのかどうかはわからない。わからないけれど、ルイス・キャロルについての文章も本書には収録されているから、けっして無縁ではないはずだ――、もちろんその奥にある甚大な知、が。

絵があって、感動する。じゃあ、その感動は、その絵からひきはがすことができるか。できない。そう大森荘蔵はいう。そしてこんなふうに語るのだ――「その感動は絵にくっついて離れない、だからそれが感動的な絵なんですよ、私にとっては。」（『音を視る、時を聴く』、一〇八頁）。「わたし」と「感動」と「絵」を分離しないこと、できないこと。それらがひとつになっていること。全体としてこそ、であること。この全体的なありようを、わたしは、あらためて考えなおす、なおしたい、いや、考える以上に生きてみられたら。

大森荘蔵（おおもり・しょうぞう）、一九二一年生まれ、一九九七年逝去。哲学者。東京大学教養学部教授（科学史・科学哲学科）、放送大学学園教授等を歴任。『物と心』の初版は東京大学出版会から一九七六年に刊行（ちくま学芸文庫に収録、二〇一五年）。その他主要著書に『言語・知覚・世界』（岩波書店、一九七一年）、『新視覚新論』（東京大学出版会、一九八二年）ほか。岩波書店から『大森荘蔵著作集』（全一〇巻、一九九八—九九年）が刊行されている。

串田孫一『随想集　光と翳の領域』

『随想集　光と翳の領域』は、一九四〇年から一九六八年に書かれた文章を著者みずからがまとめ、一九七三年に講談社文庫として刊行された。

串田孫一の本を一冊、どれか一冊、それもできるだけこの人物の広がりがみえるようなものを、と考えていた。だが、容易に選ぶことができない。本の数が、文章の数がとても多いせいである。内容も、対象も、書き方もそれぞれに異なっていて、あるひとつ重心をとるとべつのものがおち、べつの重心をとると、またべつのものものがこぼれおちる。あっちがいいかとおもってしばらく読み、いやこっちだとまた読み、さらにべつの、いや、もとの、と行ったり来たりする。どれも何度か読んでいて、それぞれの全体像はおおよそ把握しているというのに、だ。

誰もがこの人物の多彩さにふれる。串田孫一本人も自覚している。そのことをまたもやくりかえすことにたぶんにうんざりさせられるのだけれど、このうんざりというのこそ、串田孫一自身さまざまな場面において感じていながらことばとして記すことを禁じるもの、こういうことについてはふれない、書かないというものだったようにもおもえる。一冊を選ぶことのむずかしさとは、どのようなことを記した文章でも串田孫一がいる、どれかを選ぶとしたらどこかの何かがこぼれてしまう、このどうにもならない足りなさを感じてしまうからだ。たぶん文章だけではないのだろう。人としての活動、もっと平たくいえば、生きているあいだにしていたことがある一篇や一冊ではすくいきれないとでも言ったらいいか。

ひとりの書き手を一冊でどうにかできるわけがない。ある一冊のみで充分なんていうことは、なかなか、ない。串田孫一にかぎったことではない。そんなことはわかりきっている。それでいながら、である。

本を読む。文章を読む。考える。

歩く。山に行く。雲のかたちを、うごきをみる。草木や花を、昆虫をみる。観察する。絵を描く。ハープをつまびき、ブロックフレーテを吹く。

人はこうしたことをごくふつうにやっている、かもしれない。多趣味、ともし言ったとしたなら、それはそうなのかもしれない。だが、ひとつひとつがどれも考えることに結びついている、としたなら、どうか。考えることと切り離されているものがほとんどない、いや、あったとしてもそれは、それについてはむしろあらわれてこない、隠されている、としたら。考えることの範疇にはいってこないときは敢えてふれることがない、むしろふれてはいけないとの線引きがあるとしたら。そもそもこんなふうに串田孫一はほぼ同時期に出版された本のなかで書いていたのではなかったか。

私は、考える仕事などという特別なことがある訳はないのですから、考えることを哲学者などの専売にしてしまうことは止めた方がよいと思います。そして考える人の新しいポーズを創りたいと思います。八の字などは寄せずに、にこやかに笑い、じっと腰かけているのではなしに、せっせと自分の仕事にいそしんでいる人、注意深く、慎重に、しかも堂々と迷うことなく自分のなすべきことをして行く人にこそ、その考える人の名を与えたいと思います。なぜならば、ただ考えることを私たちは憧れるべきではなく、よく考えることをこそ憧れ、そのためにはどうしても健康に動ける体を持たなければなりませんから、結局、よく考える人は立派に行動出来る人にちがいないということになります。（「考えることについて」『考えることについて』、旺文社文庫、一九七九年、一三頁）

こうしたことがごくあたりまえのように書け、違和感なく読めてしまうというが、いま、いささか遠くなっていないか。考えることが誰か特定の人に委ねられ、その他の人たちは考えなくてもかまわない、考えても無駄である、ということになっていないかどうか。時事的なことからテクノロジーや倫理までもないまぜになって、生命や死についても、考えなくていい、考えたとしてもどうせよくはわからないし、答えのでることではないのだから、との共通了解があるかのように。串田孫一の一冊を選ぼうとするときの困難さとは、まさにそうした「専門」性を、本そのものが、文章そのものが、するりとかわそうとするかに感じるからではないか。くりかえしになるが、似たような本はたくさんある。この本、あの本、どちらを選んでもあまり変わらない、というのだってある。それでいながら、異なったタイプの本もまたたくさんある。考えることを専門化しないがゆえに、その広がりは、多彩さはある。そこから、しかたなく、とりあえず、仮に、一冊を選んでみる。

『光と翳の領域』でも、こういう文章を読むことができる。

私は、自分の領域を持ち、そこで小ぢんまりと身辺を整えようとは思わない。人はそれを願い、実現もしているだろうが、この大地のひろがりには誰の領域でもない土地がある。

そこに降りそそぐ日光は、音にはならない、しかも優れた音楽のようである。あらゆる美の懐胎の静けさが漲り、陶酔の持続が可能であり、それが常に約束されている。

そこはまた時には翳の領域ともなる。所詮は限度のある人間の眼にも、極めて微細なものの息づかいが見えはじめ、万物がそれとは知らずに所有する知恵が絶えず何かを予感しているのである。穏やかな笑顔のような躍動の中で、爽快な憩いを必要とするものは、明るい紫色を帯びて眠る。（「光と翳の領域」、四頁）

断っておくべきだろうか。串田孫一の文章を引こうとすると、長くなる。一パラグラフすべてというのはごくふつう、いまのように短いパラグラフをいくつかつづけてということも起ってくる。書き手は、ひと言で、短い一節で言ってのけたり、断言したりはしない。接続詞を多用し、くっきり、と、くっきり、と、一文ごとに結節しながらロジックを組んでいったりするのは多くない。語ろうとするなにごとかは、なにごとかの生まれ育ち、陽を浴び、水を吸いあげる環境とともに提示される。そんなふうに言ったらどうだろう。比喩も多い。だから読んではいても、どこか、古びた感触を、性急な時代には迂遠さを、感じさせているのだ。そうおもっていた。だが、そこにこそことばをたどってゆく感覚をみいだせるようになったのは、文章をゆっくり読む、とか、ことばの表情をみてゆく、とか、ができるようになったから、なのかもしれない。言いたいこと、要約できること、を性急に追わなくなってから、と言い換えてもいい。あるいは、むしろこちらのほうだろうか、ぼんやりしたりよそ見をしたり、否応なく休まなくてはならなくなったり、住み慣れた都会の片隅でふと空をみあげてしまったり、というようになってから、と。

もしも雲のない国があって、そこへ送られて行くようなことがあったら、私にはそこでの生き方が考えられない。ほんの僅かのあいだに、私を砂漠の砂のようなものにしてしまうだろう。思考を奪われ、すべての意欲を失い、からからに乾いた心を抱いて、ぬけ殻のようにころがっているのだろう。

それも時にはいいような気のすることがある。

だが、雲がのどかに浮かび、雲が荒々しく流れることのない青い空は、生命の終りを告げる闇である。風景をある枠に入れて所有しようとする私の眼も、雲を欲しがっているが、それ以上に雲がなければいられないのは心である。（「雲のある日」、二八四―八五頁）

もうひとつ引く。

秋が来る。夜になっても蟬が啼きやまなかったような、烈しい夏の、私が気儘に取りちらかしたような映像を抱いて秋を迎えることが懸命であるかどうか分らない。

人間は沢山のことをする。遊び、働き、学び、忘れ、悦び、歎く。それは一つ一つの意味を持っていたにはちがいないが、いつまでも同じ意味を同じように持ち続けているものではない。私の周辺には、もう何の役にも立たない残骸が一日一日とたまり、また私たち全体の生活にも、目には見えにくい廃墟がある。その残骸や廃墟のうちには、自然に壊れて、やがては砂にすぎないようなものになってしまうものもあろうけれど、取り片附けない限り、そのままになっていて、それが大きな障碍物となるようなものも沢山ある。

整頓することは、一切をきちんと溜め込むことではない。棄てるべきものとその時期とを正しく見極めることである。無用なものの蒐集家になることはよくない。

それは時々取り出しては秘かに楽しむようなものに対する忠告だけではない。自分に残忍を強制するような離別を考えているのでもない。不変なものを正しく見分けることが出来る筈なのに、それを敢てしない怠惰を悲しむのである。

秋が深くなったら、色づく木々の葉を見て、不要になったものの棄て方を覚えよう。（「初秋の断想」、一三〇―一三一頁）

後者、引用のはじめとおわりのパラグラフに、「秋が来る」と「秋が深くなったら」と、タイトルの「初秋の断想」にある季節のエコーが、木々が葉をおとすことと「棄てる」こととを呼び寄せ、反響する。

ほんとうなら、ずっとずっと若いときから、はじめてこの本を手にしたときから、こういうことができていたら良かった、こういうことが考えられたら良かった、とおもう。それができなかった、そういうふうに心身を持てなかったことを悔やむ。もし『光と翳の領域』にあるそれぞれの文章をゆっくりと呼吸するようにして読めていたなら、わたしのいまは違っただろう。わたしはどこかが「こう」ではなかったろう。それがいいかどうかはわからないし、この三、四十年の、この列島のなかで、わたし、にかぎらず、そんな生活がありえたのかどうかもわからない。逆にいえば、串田孫一の文章のような「考える」から遠ざかってしまったのがいまの、この列島でのありようなのかもしれない。

エッセイといい、随筆といい、コラムといい、それぞれについてわたし自身はその特質をぼんやりと考えている。エッセイはフランス語のessayer、試みるに由来する、試論だろうし、随筆はこの列島で徒然草や方丈記から綿々と伝わる「よしなしごと」をつづるもの、コラムは英語の「柱」からきているとおり、雑誌において、記事のあいた部分に穴埋め的に書かれた文章が発展したもの、と考える。それが多くの人と共有できるかどうかわからない。これに随想が加わるならさらにややこしくなってこよう。

串田孫一の文章はといえば、みずからが記しているように「随想」ということになるのだろう。フランス語のエッセイ＝試論と日本語の随筆のあいだにあって、個々の文章ごとにどちらかに偏ってといったスタイルか。

試みに素描してみるなら、こんなふうか。

自然、という。自然のなか、「自然」と「わたし」がいる。「わたし」は「自然」をみているし、その「なか」にいる「わたし」を感じながら、また、みてもいる。けっして「自然」と一体化しているのではない。しようともしていないし、しようとしてもできないと知っているし、この隔たりこそが「みる」ことを、「考える」ことを生んでいる。ひとり、で。考えることがあり、文字として記すことがある、そのときはひとりだ。いや、もちろん他者とことばを交わしているなかで生まれてくるものがあり、本を読みながらでこそのおもいがあったりもして。ことばなく対面しているなか、「わたし」のなかで生じてくるおもいもある。その様態、「わたし」が、「わたし」のなかでことばがふっと浮かんでは消え、消えては浮かんで、ときにあることばとことばが結びつき、といったことを、できることなら、その時とその場とともにとらえたい、その環境としてことばにしたい。そんなことがこの本のなかの文章にはあるのではないか。

串田孫一には哲学エッセイと呼ばれる文章がある。この人物がまだ若い時分、第二次世界大戦の頃から戦後にかけて、だろうか、哲学者を論じたものが、また、ある行為をめぐって、が。前者としてはモンテーニュやパスカル、アミエルなど（『哲学散歩』第一巻「懐疑」、第二巻「永遠の沈黙」、第三巻『孤独な思想家』、筑摩書房）について――戦争中には「懐疑」というような語のせいで、ときに発禁になるような事態があったらしい――があり、後者は「快楽と苦悩」（『哲学散歩』第四巻、筑摩書房）や『考えることについて』（旺文社文庫）といったようなものが。これらには、どちらかというと、自然があまりでてこない。後景に退いている。山を歩き、山小屋に滞在し、木々を見る。霜を踏みしだき、枝を折り、ちょっと転びそうになったりもしながら、歩いてゆく串田孫一の姿よりは、本を読み、メモをとり、タバコを吸いながら黙考している姿、か。フランスの哲学者たちについてなら、この人の本を読んで何かを教えてもらうというよりは、モンテーニュなりパスカルなり、人を、思想を、串田孫一といっしょに、知っていく、読んでいく、たどっていく、がふさわしい。

もっとあと、『光と翳の領域』をここでは挙げているが、ほかの本でも、自然のなかに身をおいている文章のなかには、そんなことをはっきりとは言わずとも、さまざまなかたちでの「考える」が縫いこまれている。そんなところに身をおいている、生きているなかで、問いが、ことばが、思考が分泌されている。そうした姿からは、木田元だったろうか、カント以降の哲学が難解になったのは彼らが大学の先生になったからだということばが浮かんでくる。串田孫一も先生をしていたことはある。あるのだが、たぶん、あまり気質としてはあわなかったのだろう。教室で学生と顔をつきあわすより、街から外にでていって、天候や地理のなかに身をおき、みずからのなかで対話する、たまたま通りがかったり声を交わしたりした相手とことばをかわすと、それがまたひとつの種子を蒔くことになったのではなかったか。そこには大事な孤独さもあった。

孤独と距離が、よくもわるくも、『光と翳の領域』の終わり、「苹果の木」から「霙の降る林」に至る五篇は、一九六八年の日付とともに浮かびあがってくる。すでにそんな年代の記憶など霧散してしまっているかもしれないが、パリの五月革命があり、極東の列島へも波及があった年。そのほぼ二年前、一九六六年四月に、この人物はこんな一節を「波」という文章に書きつけている――「波とは何だろう。」（二七〇頁）と、「物は争わない。作用し合うだけである。」（二七四頁）と。

年代順に文章が収められている『光と翳の領域』は、文字どおりのエッセイがあり、たぶん随筆と呼ぶほうが相応しい文章があり、行分けの詩があり、散文詩がある。ほかの単行本にとらなかったもの、依頼があってもなくても、みずからが書こうとしたものが多い、という。収録が年代順になっているだけでなく、それぞれの文章の多くが、時間の進行とともにある。一篇一篇のなかで天気が変わり、気候が変わり、まわりが、まわりのさまが変わり、自分が変わっていっている。串田孫一は時間などとの語をつかったりしない。わざわざ言わずに、この時間の経過を文章のなかに、読み手のなかに、置く、体験させる。

たとえば「ヘンデルと林檎」。

ヘンデルの作品がラジオで放送されるから聴きたい。でも妹がやってくる（妹？　串田孫一に姉妹がいただろうか？　べつの「弟」という文章には、弟も妹もいなくて「一人だけだから」とある。「随想集」の「私」はときに串田孫一自身かもしれないが、ときにフィクショナルな串田孫一である）。放送を聴きながら林檎が剝かれ、おもいが変わり、「妹がさくさくと林檎をかんでいる音」がきこえ、ヘンデルは終わっている。

たとえば「絵本」。

ある人が絵を描いてみせてくれた時期があった。だが、結婚してそうした機会もなくなった。ただ、水彩絵の具とスケッチブックを贈った。何年もしてばったり再会すると、子供に絵本を、「世界に一冊しかない絵本」を描いている。

たとえば「古い詩集」。

「私」がある女性に署名を入れて贈った「現代仏蘭西詩集」と、「私」自身とのふしぎな物語。

このような時間の経過、時間のながれを織りこんだ文章には、また、音についての記述もある。先にも記したが、すくなからぬ文筆家が音楽を聴く趣味を持っているが、串田孫一にとってはただ聴くにとどまらず、楽器を弾いてみる、音をだすことによろこびをみいだす人だった。聴くことでいうなら、ながいことラジオで音楽番組を担当していた。『音楽の絵本』（平凡社）はそうした番組で読まれるために書かれた文章を集めたものだが、音楽「について」ではなく、音楽「とともに」であり、かけられるレコードの解説や作曲家のはなしではない。もちろん、音楽についてのエッセイもある。音楽のありようにふれる文章もある。『分教場のバッハ』（音楽鑑賞教育振興会、一九七八年）でのように。

音楽にふれる、のとはべつに、串田孫一は自然の、環境のなかでの音にも耳をそばだてる。山小屋でのことを綴った「炎と音」では、「ストーブの燃える音」が精神を解放させる力を持っていると書く。ただ音として聴くべきという。

人の魂を自由にさせるものには、必ず深い美しさが含まれている。僕のそばにはもう一つそれと同じ、精神を開放させる力をもったものがある。それはストーブの燃える音だ。薪を入れ、火かき棒で少しいじると、ストーブはすばらしい音を立て始める。これは音として聴かなければならない。この音も実に美しい。燃える音として聴いていても、無論快いけれど、ただ音として聴いていると尚更に音の尊さが感じられて来る。

細かにちぎられて消えて行くその音の一つ一つは多分、はかなく淋しいものなのであろうが、その連続のたくましい綜合の音の連続は、時たま、ここへ来てからもとげとげしくなる僕の苛立つ心を愛撫するように響いている。

この音を聴きながら、無論ストーブのほてりも頰に感じて、もう一度ランプの炎を見ていると、炎も燃えながら一つの世界の中で踊っているのが分る。（「炎と音」一五一―五二頁）

「光と水の戯れ」では、人の耳の不完全さ、「聴き分ける幅のせまさ」を指摘し、あるまとまりとして滝の音を聴いてしまう危うさを語る。そう語りながらも、楽音による音楽を、楽音が奏でる音楽作品を、音楽＝作品とする、音楽作品となることを否定するわけではない。自然の音のあり方とはべつの、そうした創作家の試みは肯定されてしかるべきであり、またそれを聴き、楽しむことも肯定される。

ある程度整理されたその滝の付近の音を、人間が心に受け取る手段としてはどうすればいいのだろう。多くの、朧ろげにも耳に残っている管や弦のさまざまの楽器の音色にそれをあてはめてみることが、どれほど見当違いの試みであるかに気がつくまでは、かたまって滝壺に落ち込む最も多量の水から管の低音を、はねて飛び散る水からは高音の弦など考えるかも知れないが、自然の音の中でも、とりわけこういう水音は、人の作り出す音とは異質のものである。

水の音から離れて後の、表現の技巧の中でならば、どんなことでも、しかも無理やりにも、人間は音をそれらしく構成してよろこぶであろう。トゥルニエが「泉」という曲を作り、サルセドが「水の戯れ」を作曲したように。そしてそれを聴く人たちは、かなり忠実に、自由な心を以って、泉だの、水の戯れている流れを想い出す。音楽の世界はそのように独自のものであり、そしてそれを誇らなければならない。（「光と水の戯れ」二五八―五九頁）

こうした音、そのままの音を「聴く」について、わたしはやはり、都会からはなれたところで、山小屋でひとり過ごしながら、耳がまわりに開いている状態、をおもう。それが「聴く」なのか「聞く」なのかは、とりあえず問わない。それもまたひとつの大切な問いだとはおもいつつ、串田孫一の文章でそのことをとやかくいう愚は避けていたい。それにしても――この人物がこんな頃、「光と水の戯れ」が描かれたのは一九六六年、にマルセル・トゥルニエやカルロス・サルセド（サルセード、サルツェード、サルゼドなどの表記がある）といったハープ奏者にして作曲家の名を引いてくる、とは。

この「考える人」をいろいろ考えながら、十年、二十年くらい前のことだが、あるとき、ふと、気づいて調べ、とても驚くと同時に妙に納得したことがある。串田孫一の生年月日は一九一五年十一月十二日。そして、おもいたって調べた人物も、おなじ生年月日だったのである。その人物とはロラン・バルトだった。

生年月日がおなじだからといって何かがつながるわけではない。それでいながら、そこには何かしらつうじるものがあるような「気がする」のだ。わたしの勝手なおもいこみが介入する余地がある、とでもいったらいいか。東と西で、おなじ日付ではあっても時差がある。時刻によってはもうべつの日なのかもしれない。それでも、かさなるところはあるし、それに、生まれた日以上に、過ごした歳月の、生きた時代の空気のつながりをおもってしまう。おなじ日に生まれ、西と東とおなじ時代を、おなじ書くと考えるを中心に生きたふたりの人物が、どんなふうに異なったあらわれをするか。ひとりだったらみえてこないことが、もうひとりを置くことでみえてくるものがあるかもしれない。学生時代にどんなふうに暮したのかをひとりの場合で知ったところで、もうひとりのほうをあらためてみて対照させてみる、とかも可能だ。

ともにことばの人だが、それだけにとどまらぬところはどうか。串田孫一は絵を描き、楽器を弾き、山にのぼった。ロラン・バルトは芝居に携わり、絵といえるかいえないかわからないけれど色とかたちを紙のうえにのこし、ピアノを弾いた。しろうと、というよりも、そのことばのもともとの意味である「愛する人」たるアマチュアでありつづけたことも、また書くのはひとり、書いている人はそのときひとりであり、考えることのひとりであったこともまた。

串田孫一（くしだ・まごいち）、一九一五年生まれ、二〇〇五年逝去。哲学者、詩人。東京外国語大学教授等を歴任、文芸誌『アルプ』（一九五八年―八三年）責任編集者。『光と翳の領域随想集』は講談社（講談社文庫）から一九七三年刊行。多数の著作は『串田孫一著作集』（全六巻、大和書房、一九六七―六八年）、『自選串田孫一詩集』（彌生書房、一九九七年）、『串田孫一集』（全八巻、筑摩書房、一九九八年）などに度々まとめられている。レイモン・ペイネなどの翻訳も知られる。

場

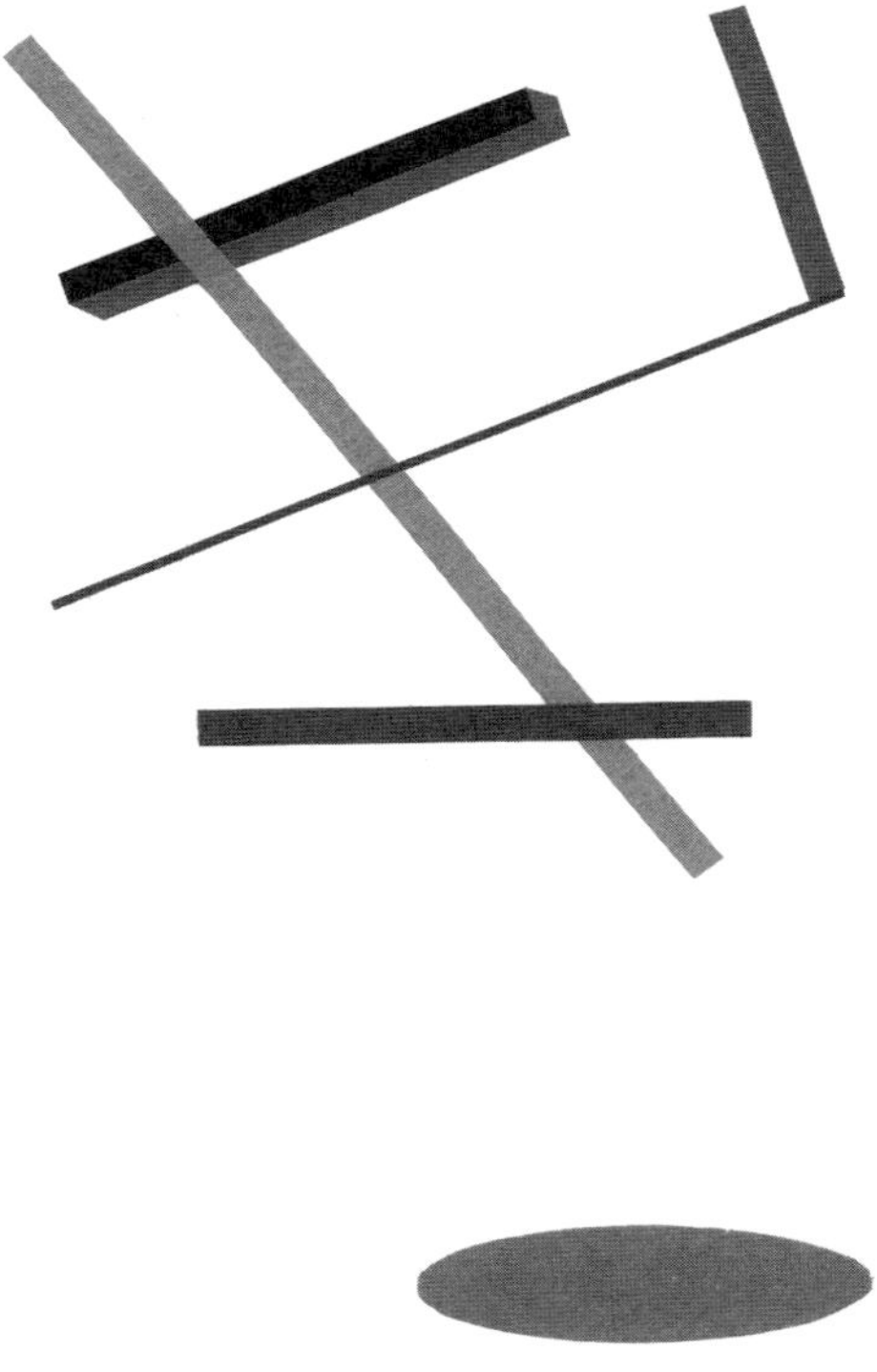

下村寅太郎『数理哲学・科学史の哲学』

哲学は哲学。数学・科学は数学であり科学。義務教育を終えると、文系と理系に分かれる。技術や芸術も選択肢としてはあるにせよ、これらも含め文系・理系の二分法は選択した者の性格や気質、しごとにまで陰に陽に作用しつづける。かつて哲学と数学・科学はひとつであったという知識はあるし、それらが分化するのは比較的あとのこととわかってはいる。それでいながら、容易に哲学と数理系は結びつかず、どうしてそれらがかつて結びつきまたのちに分かれたかはいまひとつぴんとこないままである――あることが多い。まして哲学の領域と数理系の領域それぞれ最先端とまではいかなくも、分化することで成し遂げてきた固有領域の専門化は、門外漢を寄せつけようとしない。たとえしばしば戦争や災害が起こったとき、科学に哲学をという呼び声がなされたとしても、だ。

哲学が数学と内面的本質的な関係をもっていたことは、ギリシャ哲学の伝統を延く西洋哲学の――特に東洋の哲学に対する――最も根本的な特色をなすものである。しかしこのことは西洋の哲学史における特色ある、しかしそれ自身としては単に偶然的な事件たるに止まるものでなく、むしろ本質を形成し、その性格を決定するものであった。（「二　精神史における数学の位置」「1　文化体系における学問の位置」一九五頁）

『科学史の哲学』のなか、下村寅太郎は何度か数学の成立は「精神史の問題」だと記す。このことばに導かれながら、ヨーロッパにおける哲学と科学の切り離しがたかった時代の思考をたどってゆく。重心がおかれているのは古代ギリシャ。そこで数を数えることと数学が成り立つことの分化をみることができるから。人は数学に慣れているけれど、数学の成立はひとつの歴史的事件であって、精神史的意義を持つ。しかし数学史なるものでは数学の「成立」は扱われない。「しかし数学史において数学の歴史と数学への歴史とは区別さるべきである」（「序」一四四頁、強調は原文、以下同じ）と序にはある。

いま、二十一世紀に数学の成立を問うことは目新しく見えない。二十世紀の後半、さまざまな起源の探索が、アルケオロジーが、あたりまえになってしまったところから遡行してその始まりをとらえることが、あまたおこなわれてきた。が、いま手にしている文章には「昭和十六年八月」の日付がはいっている。西暦になおせば一九四一年。この時期、極東の列島がどんな局面にあったかを想起しておこう。

ここでは、とりあえず数学をめぐって記されているところを読み進んでみたい。

たとえばプラトンのアカデメイア。このころ、数学はどういうものであったか。こんな一節を読む。

このアカデメイアの数学は、あくまで算数測量の技術としての数学ではない。かかる「計算術（logistike）」は商人のものとして区別され、哲人の教養としての数学はまさにこれとは区別された学問としての「数論（arithmetike）」である。ここに要求されるものは技能でなく、よって以て人間形成たるべき教養としての数学である。その対象となる数は生成変化する「物」でなく恒常不変の物の「形相」（本質）である。数学の対象となる数は「物」でなく思想的形成において成立する「数」である。「一つの物」でなく「一そのもの」、一般に数そのものを思想的に考察するのがギリシャ人のいわゆるarithmetikeであり、やがて学問としての数学である。数学は物を物の形相としての数に還元するものであり、またそれにおいて初めて成立する。それゆえ、数学の成立は我々の精神が変化生成する感性的事物から永遠にして不変なる実在に転換することであり、またそれにおいて成立することにほかならぬ。これは確かに精神の自然的態度から理性的態度への転換であり、飛躍である。数学は形成されたものであってあらかじめ存在したものではない。これを自然発生的にあらかじめ存在したものと解するのは、単なる算数測量の術（logistike）と純粋な数の学（arithmetike）との区別が自覚されていないことを意味する。「純粋な数学」はこの自覚において成立する。これはギリシャの哲学者によって初めて遂行された。それの体系的方法を完成したものがプラトンのアカデメイアにほかならぬ。（一八一頁）

あわせて読んでおくべきはこの部分か。

学問としての「数学」は本質（Eidos）としての、「形相」（Idea）としての数の把握にある。数学は永遠なる存在を指示する知識である。したがってここに同時に明かなことは、数学の内容は単に特殊な抽象的な対象としての数や図形ではなく、世界である。数学は単に一つの科学ではなく、実は科学そのものであることである。（二二〇頁）

古代ギリシャ、プラトンの時代、「数学 mathematike」はそもそも「学科」を意味していた。数学の意として用いられるようになったのはプラトンも晩年のこと。さらにアリストテレスの時代になってようやく自覚的に数学となった。当初、「四つの mathemata」とされたのは「算術・幾何学・音楽・星学」だった。「これらはそれぞれ単に数量・図形・音階・天体の運動」に関するもので、どれも直接に数学とは呼べない。「算術・幾何学・音階論・星学がそれぞれの領域における「数」の原理を自覚し、これに還元されることによって初めて数学となる。それが数学の形成にほかならぬ。かくして数学は成立したのである。」（一八二頁）

しかもこれらの算術や幾何学や音階論や星学の諸領域は単に特殊な任意な領域の集合たるに止まるものでなく、後に述べる如く、本来、戦争、農耕、商業、航海、さらには宗教、芸術、政治に関わるものであって、結局、一般に世界、生一般に関わるものである。それゆえ、これらを数の原理によって統一し、これを数に還元した「数学」は「世界の数学」――Mathesis Universalis――に外ならぬ。数学は数による世界の構想である。このような数学の形成は専門的技術的な問題でなく、まさしく哲学者の原理的反省や思索を俟って初めて可能となることは言うまでもないであろう。実際にこれはプラトンのアカデメイアの仕事であり、また事実ここを中心として実現されたのである。（一八二頁）

下村寅太郎は、古代ギリシャ、それもアテナイにおいてこそ数学が生まれる背景に、人は現在いわれるところの「個人」ではなく、「市民」であったことを強調する。「学問研究の中心」に数学があり、ポリスという場において「共同的対話的な思惟」「公開的公示的であること」「普遍的な可能性の挙示」（二一六頁）が必要となること。「証明は性格的に孤独なる思惟でなく、相互的承認において成立し、共同的思惟として成立する対話的思惟法の構造をもち、これを基礎的地盤として初めて成立する」（二一六頁）こと。またポリスがポリティカルとつながること――が示される。

哲学の歴史なるものをすこしでも知りたいと手にする本をいくつかそれまで手にとってはいた。だが、プラトンとポリスといわれても、その具体的なつながりがよくわからなかった。その場がこの記述にあるようにちょっとでも具体的に提示されることで、どれだけプラトンの、あるいはソクラテスの、アリストテレスの姿が立体的になり、イメージのなかで動き始めるか。思想が場と結びついている。だからこそ、数学が、数学という発想が生まれるのだ、と。

「数学は生成せるものである」（二〇〇頁）から「数学の成立することによって、自然的存在の外にこれを越えたいわば形相的存在が発見、区別せられることになる」（二〇一頁）へ、さらに「自然的存在」と「超自然的存在」とが分化し、「形而上学の形成」され、自然の超越を経ることによって「超越を媒介とせる内在主義」へと至って、「かくして「数学」の成立は同時に「自然学」を成立せしめるだけでなく、さらに同時に「形而上学」（超自然学）を成立せしめる」（二〇二頁）。そして、「学問としての数学の成立は結局証明を方法とする数学の成立に外ならぬ」ことが、「通常「前ギリシャ的数学」と「ギリシャ数学」とを決定的に区別するものとして「証明」の出現に求められる」（二一一頁）ことが、また「証明は単なる思惟でなく思惟の思惟である。思惟の思惟はすなわち思惟の自覚に外ならぬ」（二一三頁）ことが示される。

引用が多いのは承知のうえだ。言い換えたり要約したりは可能だろうが、もともとの文章でそのはこびを見ておきたいがためにこうして引いている。

ここまで『科学史の哲学』における数学の成り立ちをめぐる箇所をピックアップしてきたが、あらためて本書がどういう構成になっているかを見ておきたい。

まず「序」がある。これは先に記したように「昭和十六年八月」。つづいて「一　ヨーロッパ的学問の性格（序章）」「二　精神史における数学の位置」「三　数学の形而上学的系譜」ときてここまでが数学という語のある章立てで、この終わりに「(1940.11)」とある。そして「四　科学論の方法について」にあるのが「(1941.3)」、最後の「五　現代における人間の概念――自然における人間の地位――」は「(1940.6)」。つまり本書は元号なら昭和十五年から十六年にかけて執筆され、序を最後に付してまとめられたとみえる。ところどころくりかえしてあらわれるところがありながらかならずしも冗漫にならない。むしろくりかえしが念を押しているように、読み手のなかにつよく記憶されるのを期待するかのような書き方がされている。

みすず書房版『下村寅太郎著作集1　数理哲学・科学史の哲学』(一九八八年)には、同年に加えられた「後記」がある。一九〇二(明治三五)年に生まれた下村寅太郎はすでに八十代半ばすぎ。そこで本書の「序」が「時局的色彩をもつ」とし、「わが国の歴史において嘗て経験されたことのない科学の戦争への前面的直接的な動員が即刻の急務となり、愚かな「日本的科学」すら提唱、宣伝されねばならなかった」(四八七頁)とその背景を記している。詳しくは実際に読まれることが望ましいけれども、こうした時期であるからこそ「抽象の特性」が主張されたのだ、とある。「序」では「我々」といい、「東洋」といっていた。そしてこんな文章があった――「事実上我々には「近世」はヨーロッパであった。今日の我々には東洋は「風土」と「こころ」の裡にしかない」(一四八頁)。これを時代的なものとしてのみ読みとばすことができるだろうか。記されてから八十年近く経過し、生活の多くの部分が数理的なものによって成りたっていながらそれらはブラックボックス化し、ほとんど不可視の状態でむしろ神秘や魔のようにさえなっているいま、根拠薄弱な宣伝・扇情文句のオンパレードが蔓延しているいま、「ポスト・トゥルース」などといわれるいま、に。

西洋哲学史をいろいろ手にとってみる。いま一般的である哲学的な思考と数理的な思考がもともとはおなじところに発し、それがデカルト、カント、ヘーゲルあたりで分化してくるというのは、事実として理解できる。だが、先にも記したようにそのもともとがどうしてひとつであったのかがわからずにいた。単に理解が及ばなかっただけなのだとはおもう。それがようやく自分なりに腑に落ちたのはこの本によってだった。

下村寅太郎＋小川国夫『光があった　地中海文化講義』（朝日出版社、一九七九年）でわたしはこの人物の名と知の一端にふれていた。ルネサンスの思想や美術、あるいは風土といったものが語られる「LECTURE BOOKS」の一冊は、文化を語ることの奥深さを語っていた。それだけではなかった。後半には「魔術から科学へ　ガリレオとニュートン」との講があり、近代科学の、自然概念の成立が語られる。「天才（genius）」とは「魔」であり、「人間が魔に代わって魔術を実現することが実験的方法になる。それが「天才」の意味だったのですね。近代の「エンジニア」はこの性格をもっていて、それを担当するのは伝統的な学者ではなく、職人や芸術家だった」（一五一頁）と指摘される。魔から天才、そしてエンジニアへとつながってゆくそのときどきの認識の刻印が、文化系、「文」系・「芸術」系と

「理」系とが乖離せずにあったさまが、こうした一節で開示された、とでも形容したらいいか。のちに著作集が刊行され、一巻目として『数理哲学・科学史の哲学』が出版されたとき、わかるかどうかはわからないが、あの人が、下村寅太郎が書いた「数理」「哲学」の本だから、とりあえず手にとってみようとしたのはこんな震撼があってこそだった。

もうひとつ。日常あたりまえに用いている語、それもシンプルであればあるほど、その含み、ニュアンスがそれぞれの文化、文化圏によって大きく異なっていることを『科学史の哲学』は示唆してくれていた。思想、哲学のこと、その内容だけではなく、だ。いや、もちろんそんなことはわかってはいた。だが、たとえば「科学」といった基本的——基本的な、とは何か、との問いも浮かぶがそれは措く——な語であってもそうなのだということにあらためて。

我々が「科学」と称しているものも実は「サイエンス」「ウィッセンシャフト」「シアンス」においては必ずしも同一ではない。それぞれの背後にそれぞれの「哲学」をもっている。「サイエンス」はベーコン的な人間論的＝実践的性格を、「ウィッセンシャフト」はライプニッツ的な普遍学的性格を、「シアンス」はデカルト的な知性的性格を、それぞれのニュアンスとしてもっている。その「哲学」の概念もまた同様である。イギリスの哲学をドイツ的な意味での哲学と解する時にはそれの本来の特色や性格が見失われるであろう。（「一　ヨーロッパ的学問の性格」「一　ヨーロッパ的精神の可能性」「2　「近世ヨーロッパ」」一五五頁）

この指摘はつぎの「二　精神史における数学の位置（「1　文化体系における学問の位置」）」の冒頭でもべつのかたちで、芸術、宗教、科学を例にくりかえされる。曰く、「模倣」を本質的性格とするものと「実相観入」を本質とするものとをおなじ芸術と呼ぶことができるのか。仏教とキリスト教をおなじ意味、ニュアンスで宗教と呼べるのか。さらにもっとあとでは「文化」についての Kultur と「パイデイア――Bildung des Menschen」と「アレテー」との問いにならべるのだが、「西洋において“Science”と称せられているものは、厳密に言って、インド・支那・日本を含む東洋の歴史の中には、存しなかったとも言い得るであろう」（一八五頁）というように。

こうしたことばと、そのことばの意味とそれが生まれた背景・文脈まで含んだかたちでの翻訳をめぐる問いは、文学や思想の翻訳だけではない、より広い意味での翻訳、翻訳という語の広がりを与えてくれる。

もとに戻ろう。

わたし自身にとって『科学史の哲学』への関心は、音楽についての記述があることも大きかった。たしかに哲学と数理系とのつながりをこそ知りたいとおもってはいた。だから最初に手にしたとき音楽は付随的なことにすぎなかった。たぶんその頃はもっと具体的な音楽についてが中心的な関心だったし、古代ギリシャ云々での音楽など、聴けるわけでもなしと考えていたのだったろう。だが、何度か手にするうちにその部分が徐々につよくみえてくるようになったのだ。背景には中世という時代、中世の音楽への関心がつよまってきたこともあったか。科学の歴史についての本は多い。ことに最近よく見掛けもする。しかし、では音・音楽についての記述はどうかといえば、あまり見あたらないように思う。わざとつまらないことをいってみるならば、家電メーカーでステレオや音響機器の部門に予算がつかなくなったとの噂も耳にはいってきたりするのと同様、科学分野での音・音楽の関心は少ないとみるべきか。ごく最近書店にならんだ橋本毅彦『図説科学史入門』（ちくま新書、二〇一六年）の「序章」には「科学史を俯瞰する——古代から現代へ至る科学の発展」とあるのだが、天文学、気象学、など七つならんでいるなかに音・音楽ははいっていない。他方、武器としての音というようなものも二十世紀半ば以後には現実化していて、ジュリエット・ヴォルクレ『武器としての音』(Juliette Volcler, *Le son comme arme*, La Découverte, 2011) といった本もでているのだけれど。

ところで、先にも記したように、古代ギリシャには「数学 mathematike」には四つの要素があった。それが中世の大学の「自由七学科（アルテス・リベラーレス／リベラル・アーツ）」につながってゆく。数についての四つの学問（クワドリウィウム——代数・幾何・音楽・天文）、ことばについての三つの学問（トリウィウム——文法・修辞学・論理学）で七つ。中世の音楽をめぐる本を手にとれば、そこには実際に歌ったり演奏したりするのではない、数の学問としての音楽が研究されていたことが知れる。

たとえばボエティウス『音楽教程』。五世紀から六世紀にかけて生きたローマの哲学者が残した難解な著書である。よく知られているのはハルモニア論か。あらためて指摘するまでもないが、ハルモニアは和声・調和を意味するハーモニーのもとになった語であり、プラトンのみならず古代ギリシャに遡ることのできる概念である。下村寅太郎の文章から引けば、「音楽の数論化はもとより単なる「音」の数論化ではなく「世界」の数論化である。音楽のハルモニアは同時にただちに世界そのもののハルモニアを意味する。むしろ世界のハルモニアの音楽における顕現である」（二三三頁）。古代ギリシャの人びとにとって「ハルモニア」がどういうものであったかは、たとえば、三上章『プラトン『国家』におけるムゥシケー』で詳述されているけれど（リトン、二〇一六年、第二部第二章）、ここではこれ以上踏みこむことは避けておこう。

また音楽には三つの種類（ムジカ・ムンダーナ＝宇宙の音楽、ムジカ・フマーナ＝人間の音楽、ムジカ・インストゥルメンターリス＝器具の音楽）があるとの提起がボエティウスにはある。天空を星が動いていき、季節がめぐるそのさまがムジカ・ムンダーナ。人が自らを理解することを示すムジカ・フマーナ。この二つは実際の、と言って悪ければ、具体的に人が奏でる音楽ではない。対してムジカ・インストゥルメンターリスは、この空気中で音を発し奏でられる音楽である。ここではまた、音と数比例のつながりについてピュタゴラスを引きながら語られることも忘れられまい。

金澤正剛はボエティウスの著書についてこう述べている――「そこに盛り込まれているのは、著者自身のオリジナルではなく、代表的な古代ギリシャの音楽論をラテン語に訳して、著者なりにまとめたものである。しかしそのまとめ方が実に緻密かつ一貫しているところに、この著書が数世紀にわたってこの分野における権威とみなされることとなる理由がある」（『中世音楽の精神史』河出文庫、二〇一五年、五四頁）。

だが、である。中世音楽についてわずかなりとも調べてみると、古代ギリシャとのつながりはあくまでボエティウスの音楽論、あるいはほかの書物を介してなされていることがみえてくる。じかに古代ギリシャのテクストにあたるのではない。古代ギリシャの音楽は残っていないし、論をつうじてしかわからない。実際の音があってこその音楽であるから、古代ギリシャについてはせいぜい参照程度で問題はない。そんなふうに考えられていたのではないか、と。いや、それはそれでいいのかもしれない。ただわたし自身からすれば、哲学と数理系とのつながり、そこに音・音楽が含まれているからこその関心だったりもするわけで、だからこそ、古代哲学にふれながら、音楽について語られている『科学史の哲学』の貴重さがある、と強調したくなるゆえんなのだ。

下村寅太郎は、一項目をあてる音楽についてに先だって、このように書く。

周知のようにギリシャ数学の温床となったピュタゴラス派は本来宗教団体であり、数学の動機ないし中心問題は音楽と密接な関係をもっていた。ギリシャにおいて音楽は世界の真相を秘めた神秘的宗教的な性格をもつものであった。のみならず、近世におけるごとく個人の霊感にもとづく自由な創作に委せられるごときものでなく、本来ポリスによって決定制定せられているものであって、一般に政治的・倫理的性格をもっていた。音楽の改新は政治的改新を伴うものとさえ考えられている。Musikethik が Musikästhetik になるのは音楽の堕落とされた。——かかる神聖な音楽の構造が単純なる数的比例において成り立つことの発見はまさに彼らにとって最大の驚異的な発見である。（「二　精神史における数学の位置」「2　精神史としての数学史について」二〇四頁）

この次の章、「三　数学の形而上学的系譜」の、「1　ポリスにおける数学の成立——普遍学の理念」のなかでまず音楽が、そして天文学、幾何学、算術が個別に論じられる。

音楽はギリシャ人においては——もっとも単にギリシャ人に限らないであろうが、特にギリシャ人においては、単に一つの芸術ではなく、芸術そのものである。実際 *μουσική* は本来ムーサの女神の統御する芸術一般を意味した。この関係はあたかも前述の *μαθήματα* と数学との関係に等しいものがある。ギリシャにおいては芸術即音楽である。（二二九頁）

作詩は同時に作曲を意味し、それらは不可分であったと指摘のあとで、こんな一節が来る。

後世の如く作曲者と演奏者と聴衆とが互に独立せず、作曲者はいわば単に曲の骨格の輪郭だけを創作し、演奏者はこれに骨肉を充実せしめるものであり、聴衆も単に沈黙した受動的中性的なるものでなく、これに参与する生きた協同者である。従って芸術家も近世における如く単に個性的な自己の内奥の開示として彼等に臨むのではなく、彼等の中から彼等の声として、彼等自身を既に内奥に動かしているものの顕示として臨むのである。聴衆も共感熱狂して忘我的に自己の意志を遺失する。音楽はギリシャ人にとっては技術的作為的なるものでなく、神秘的魔術的な性格をもつ。音楽において世界の根源的真相が示現する。音楽はムーサの女神の司る神聖な事柄である。（二二九頁）

下村寅太郎は二十世紀に生きている。生きていた。だから、古代ギリシャのことなど文献をとおして、あるいは残された遺物、彫刻などをつうじてしか知らない。古代ギリシャに生きていたわけではない。それでいて、前に引いたポリスのアカデメイアと同様、どれほど生き生きと音楽と人とのつながりをこうしたいわゆる「哲学の本」において描きだしていることか。ことばをとおしてうかびあがらせているか。わたしが何度か読みなおすのは、ここにたとえばニーチェの『悲劇の誕生』を、アポロン的／ディオニュソス的なものを、デリダの「声の形而上学」を、ナンシーの「声の分有」を想起したり折り重ねたりできるからにほかならない。ときどき手にとって、ここにあるのは、あの、誰々の何と交差するものではないか、と。

またこうしたところから、あらためてプラトン『国家』第三巻を読みかえしたりもする。「音楽・文芸と体育とを最もうまく混ぜ合わせて、最も適宜な仕方でこれを魂に差し向ける人、そのような人をこそわれわれは、琴の絃相互の調子を合わせる人などよりもはるかにすぐれて、最も完全な意味で音楽的教養のある人、よく調和を達成した人であると主張すれば、いちばん正しいことになるだろう」（プラトン『国家』、藤沢令夫訳、岩波文庫、二〇〇八年、第四九刷改版二七一頁）。ここに「ハルモニア」があり「ムシケー」を読むのは容易だ。同時に、それは「ムジカ・インストゥルメンターリス」ではなく、「ムジカ・フマーナ」のレヴェルにこそ、これらの語が相応しいと語られているようにみえてくる。それはまた同時に、ボエティウスがプラトンなり何なりの文章をどう読んだか、どう解釈したかをたどらせてもくれるのではないか。

古代ギリシャの哲学ともなれば、文献は膨大になる。そんななかから、たまたま目についたもの、何らかのこちらの嗅覚に引っ掛かってくるものを手にとることがしばしばだが、たとえば、ピュタゴラスとその思想、何世紀にもおよぶ受容をめぐっては、キティ・ファーガソン『ピュタゴラスの音楽』（柴田裕行訳、白水社、二〇一一年）もそのひとつとしてあった。ここでは「ハーモニー」に結びつく「ハルモニア」は、楽器を音をだして「心地良い」とはどういうことだったのかを、また古代ギリシャで「いま」のように楽器を弾いたのかどうか、心地良いか耳障りかはどう決まるのかを問い掛ける。そうしてわかっている範囲でピュタゴラスが演奏した楽器は七本弦のリラだったこと、古代ギリシャ人が耳にした協和音は「聞こえる音」と「連続して聞こえる音」の両方があったという指摘があって、それが「楽器から満足のいく実際的な結果を得るところからさらに先へ一歩踏み出し、これはいったいどういうことなのか、何かもっと広い意味合いがあるのだろうかという鋭い問いを投げかけるには、並外れた才能が必要だった」（九三―九四頁）と指摘、「隠されたパターン」へ、「人間の感覚による認識と、あらゆるものに浸透してすべてを決めている数との間には、どうやら強い結びつきがあること」をピュタゴラス派が発見したことを記す。ここで、わたしといえば、あらためて発想の飛躍と「証明」が生まれてくる必然を納得する。また、こうした楽器を弾いたり歌ったりすることが古代と比してごくあたりまえに、日常的になり、多くの人に開かれ、さらには電子的にいくらでも音が操作できるようになっている現在、では、その音のしくみと「心地良さ」とがほんとうのところどうなっているのか、思考されているのか、哲学者や科学者が、音楽学者が、音楽家自身が、古代の哲人ほどに思考しているのかとの疑問をも抱いてしまったりするのである。

『科学史の哲学』から大きく横道にそれてしまったし、この本のなかでもふれられた部分はごくかぎられたところになってしまったけれど、わたし自身をかならずしもレトリックではなく共振させてくれたものとして、その共振がほかの本なり考えなりに伝わったとものとして、ここにスケッチできているなら、とおもう。ひとつの思想、ヨーロッパ由来の思想――にかぎらずだが――の奥の深さ、得体の知れなさが実感できる体験がこの本に（も）あり、しかも八十年以上前にこの列島で書かれていることの驚き、そうした深さに達している人がいたということを自分なりに記したかった。そんなふうに言ってみら、どうだろう。

下村寅太郎（しもむら・とらたろう）、一九〇二年生まれ、一九九五年逝去。科学哲学、科学史。東京教育大学教授、学習院大学教授などを歴任。下村寅太郎著作集は、全一三巻でみすず書房から刊行（一九八八―九九年）。その他の著書に『ルネッサンスの芸術家――精神史的研究』（筑摩書房、一九六九年）など多数。

磯崎 新『見立ての手法――日本的空間の読解』

「空間と時間が未分化のまま認識されていた」。そう磯崎新は書く。この文章に先だって、岩波古語辞典から「ま」について意味を抜粋し、「いわば、西欧的な認識からうまれた時系列、空間系列の相違がまったくなく、いずれも、間隔のあり方として認知されていたことを示している」と、また、生活と芸術の全領域で認識の基本となっていると指摘したあとで、「建築、美術、音楽、演劇、庭園は、すべて〈ま〉の芸術と呼ばれているほどである」とこの段落を終え、先の未分化の認識の文章が、一行あけた後、でてくる。

空間は基本的に空白であり、物体でさえ常に空洞を内側にかかえこむと想われていた。ある瞬間に気＝霊魂＝〈カミ〉がそこに充満する。その瞬間を感知することが芸術的な行為となった。

空間はそのなかで発生する出来事を介して感知されていた。時間を介してのみ空間はとらえられていたといってもいい。（「間――日本の時空間」、五頁）

間、という語はふつうに、日常的につかわれる。間があく、間が持たない、との言い方だけでも、時間的にも空間的にもどちらでも解釈できる。例を挙げたらきりがない。それでいながら、間とは何かとあらためて問われたなら、応えられるだろうか。一瞬、いや、しばらくはとまってしまう。文字どおり間があいてしまうのはふつうのはずだ。すっとでてくるなら、普段から準備しているのだろう。ここにあるように、では、磯崎新が書いているのを読んで、そのまますとんと納得できるか、どうか。たしかにわたしは納得したのである。すごい、とおもった。こういうかたちで説明ができるのか、と。あの何とも説明しがたいものをこんなふうに、と。

そのまま外国語に、西洋語に置き換えることはできるだろうか。たとえばフランス語で entre という。ラテン語由来の inter と言ってもいい。対話を意味する entretien を、もともとの動詞 entretenir に遡り、さらに接頭辞 entre を際立たせて entre-tien と、「間を支える」というふうに註釈してみる。二者が、その身体的、心理的な距離を保ちながら、ことばを交わす。だから「間を支える」なんだ、と、わたしは「日本語」としてとてもわかった、腑に落ちたような気になる。だが、ほんとうにそうなのか。こういうわかり方でいいのだろうか。これは、日本語においての間、「ま」であり「あいだ」であって、フランス語の、あるいはラテン語にあったものとは違うのではないか。そんな疑念が浮かぶ。

それだけではない。

「ある瞬間に気＝霊魂＝〈カミ〉がそこに充満する」？「その瞬間を感知する」？「空間はそのなか

で発生する出来事を介して感知されていた」？　「出来事」＝事件？

直感・直観的に「納得」できたようにおもいながら、よく考えてみる、一語一語みてみると、わたしには何もわかっていないようにもおもえてくる。それでいて、この磯崎新の定義は手放したくない。むしろしっかりと手に握っておきたい。空間＝時間における「ま」が浮上してくるとき、これをこそよりどころにしたいとおもう。

磯崎新は、このあと、ヨーロッパと日本との違いをいくつかの具体的な例を挙げながら、空間・時間の「未分化状態」を検討してゆく。挙げられるのは時計であり音楽、建築であり庭園、そして舞台、絵画、図像だ。最後の「図像」からつづくともつづかぬともいえない、一行あきの部分で、西欧の空間の三次元性と時間の次元を加えての「時＝空間」に対し、「日本では、空間はあくまで二次元の平面の複合したものでしかない。平面を次々に感じ組み合わせることによって、空間の奥行きを表現した。これは、二次元に幾つかの時間軸が接続していることを意味している。同じ四次元の構造が二次元平面＋二時間軸に変化している」（一〇頁）。そのあとに改行があり、つぎの一文がある。

〈ま〉が、時間と空間の両者に用いられてきたことの背景には、空間を平面と時間軸のなかに浮かしてとらえたことと相関関係があるといえるだろう。（「間――日本の時空間」、一〇頁）

さりげない書き方かもしれないのだが、この「平面」と「時間軸」のなかに「浮かして」「とらえた」のが空間なんだという（それこそ）多次元的な見え方が、はたして「ま」をこのようにとらえることが、ことばとイメージのつくりが、正しいかどうかをじっくりと考えはじめる以前・以上に、こちらの「ま」の感覚を具体的にたちあげる力を持っていた。わたしにはそう感じられた。説得力を持っていた。

このあとさらに「九つのサブテーマ」が導きだされる。「神籬（ひもろぎ）」「橋（はし）」「闇（やみ）」「数寄（すき）」「移（うつろい）」「現身（うつしみ）」「寂（さび）」「遊（すさび）」「道行（みちゆき）」で、それぞれ実際の展示会場――そうだ、これはヨーロッパでの展示だったのだ――のパート／部屋を示している。漢字とひらかなとの併記にも注目したい。漢字のもつイメージと、ひらかなによる音とのコントラスト、外来の漢字とこの土地のなかで伝わったであろう語をもとにした音。それぞれのサブテーマのなかには、さらに具体的なものが挙げられる。たとえば「橋（はし）」であるなら「縁」「橋」「普陀落渡海」「出雲大社復元」、「現身（うつしみ）」なら「倉座敷」「床の間」「神仏配置図」といったように。本は展覧会のカタログではないのでごくごく小さくしか収めてはいないが、それぞれのサブテーマや具体的な展示を一ページに写真や平面図を、英語とともにつける。これによって、磯崎新がみずから監修したうえで、この本に収めている日本語の文章と、展示の際の英語――こちらはロラン・バルトの文章だったが、単行本では明記されていない――との対比をみることができる。それは単純に日本語／英語ではなく、その差異やあらわし方の違いをもみることでもある。たとえば「闇（やみ）」で、「〈闇〉は、絶対的な暗黒によって支えられている」（一八頁）とあるが、それが英語だと「YAMI/MA is maintained by absolute darkness」になる。「二月堂」の、「祭りは、霊魂を呼びよせるための儀式であった」は「OMIZU-TORI/Japanese festivals (*matsuri*) were ceremonies for summoning the spirits」になる。些末なといわれるかもしれない。もしかしたらただの誤植であるかもしれない。それはよくわかっている。そのうえで、こうしたことばのうえでのあらわれの違いがみられることそのものを本のあり方としてみたらどうか。

磯崎新が『岩波古語辞典』を参照しているところにも注目したい。一九七四年に刊行されたこの辞典はただ語の意味の記載を複数羅列するだけでなく、大野晋を中心に、語の持っている深さを提示する画期的なものだった。建築家が文章を書いたのは古語辞典の数年後、いってみればその新しさと方向性のゆえにこそここで引かれたとみることができる。

「間——日本の時空間」が収められたのは『見立ての手法——日本的空間の読解』（鹿島出版会）で、刊行は一九九〇年八月。本の全体は六部からなっていて、「ま」「かつら」「にわ」「ゆか」「や」「かげろひ」と標題がそれぞれひらかなでつけられている。冒頭におかれた「間」はもともと「フェスティバル・ドートンヌ」での展示のために書かれた文章である。

フランス、パリでは毎年秋に「フェスティバル・ドートンヌ・ア・パリ」が開催される。「パリの秋芸術祭」とでも訳せばいいだろうか。九月から十二月のときもあれば、十月と十一月に集中するときもある。音楽、演劇、ダンス、映画と多ジャンルにわたり、もともとはジョルジュ・ポンピドゥー大統領が、ベルリンやアムステルダム、ヴィーンやヴェネツィアでおこなわれていた芸術祭に対し、毎年、パリでもそうした催しを、との意向から始まったという。練られ始めたのは一九七〇年、ちょうど極東の西のほうでは大阪万国博覧会がおこなわれた頃からで、二年後の一九七二年に初開催、以後、現在もつづいている。

「「間」を主題にした展覧会を催すという発想は、一九七八年のパリ、フェスティバル・ドートンヌの準備をする段階でうまれた」と磯崎新は書く。芸術監督だったミシェル・ギーが三年前に来日して予備調査をおこない、音楽を武満徹、造形美術を磯崎新にプロデュースを依頼、前者は「声」を、後者は「間」をテーマとして、プログラムを組むことになった。それが『見立ての手法』の、最初におかれた文章、六部からなるこの本の全体にむけてではなく、最初にある第一部「ま」に含まれるかたちでおかれている文章に説明されている。

異なった文化の、異なったことばをつかって生活する人たちに、この列島の作品を、また作品をとおして、文化をどのように提示するのか、どんなことばを、ロジックを介して解説をするのか。当時四十代から五十代が中心の、いわゆる働き盛りの芸術家たちが参加。ちょうどそれはわたしの親の世代でもあって、十代の終りにあった青年はつよい関心を抱いていた。ただ、インターネットがあるわけでなく、情報はかなり遅れ、かぎられ、大学にはいるかはいらないか程度の者には容易にみいだすことはできなかった。せいぜい、近藤譲の最初の本、『線の音楽』（朝日出版社、一九七九年）の帯に、一回り上の作曲家の音楽がこの芸術祭で注目をあびたことを記しているのが印象にのこった程度、だったのではなかったか。

結局、磯崎新が展覧会にむけて書いた文章は、日本国内では一九八一年に雑誌『建築文化』に掲載された。その後、九年経ってから単行本に収録、わたしは、一般にはようやく読むことができた。

建築家としての磯崎新は、実際の建築のみならず、『空間へ』『手法が』といった本ですでに高い評価を受けていた。だからみずからの思考や方向性が前面にでてきているのとはまた異なったもの、みずからが否応なしに、避けがたくいてしまうこの列島の文化を、どういうふうにみ（てい）るのか、どう語るのかがこの文章、この本では示されていると言っていい。ちなみに、現在単行本として流通はしていないけれども、八十年代半ば、雑誌と本の中間的な形態での「週刊本」が朝日出版社からでていて、磯崎新による『ポストモダン原論』（一九八五年）もその一冊としてあった。『見立ての手法』に収められた「日本」をめぐる文章の時期とほぼ重なるかたちで、当時さかんにことばが往き交った「ポストモダン」を語る磯崎新をあたまの片隅においておくのはきっと無駄ではない。おなじ建築家のなかでこうした二つ（以上）のものが同時並行し、おそらくは相互的にかかわりあっているであろうと想像することにおいて。しかも忘れてはならないのは、建築家の語りをおこした小さな本のなかで、こんなふうに語っていたのだ――「日本という国のオリジナルがない、あるいは日本由来のものがないというふうにいうけれども、日本にはもともと何もなかったんだ。日本的だというふうにみんなが見てるものの原型は全部外国に、中国やヨーロッパにあったんだ。日本というものは、それを単に模造として二千年の間、受け取っただけで、もし日本に何かオリジナリティがあるとするならば、それを変形して洗練したことだ。オリジナルがもともと日本にはない、ということから日本の文化は成り立っているはずだ」（『ポストモダン原論』「分裂病的折衷主義――ポスト・モダン・シンドローム」三三頁）。

もとに戻れば、磯崎新がみずからの方向性を前面にではなく、むしろ抑えながら、「日本」の空間について語るところ、それももともとはこの列島の外にいる人たち、特に西洋の人たちにむけて語るところから、「間」や「日本の空間」を読みたいと、手にするのは日本語だけれども外国語で提示されたものを読みたいとわたし自身はおもった。ごくまれに古典を読むのに際し、古文のオリジナルとともにフランス語訳を参照することで、すこしこの列島での時間的・歴史的距離を、空間的な距離に置き換えるようにして読むのとおなじように。だからこそ、雑誌にでていたことは知らぬまま、十年ちかく単行本に収められるのを待ちわびた。

本書のなかでおもしろいのは、客観的な記述はもちろんあるにしても、その空間・時間のなかに「人」がいる、具体的な身体があり、その身体の五感がどう反応するかがしばしば記されることによる。

建築は人のためのものだ。だから当然だといわれるかもしれない。たしかに建築は人がなかにはいるためのものではあろう、あろうけれども、人のためだけではかならずしもない。人がつかうモノのためでもあろうし、人が何かをするための場所でもあろう（いまはむしろカネがうごく、数字が上がり下がりするのを測るための機械がおかれる場所、なのかもしれないが）。そのうえであらためて人の、というところに、もともと建築なるものができてきたことへの原初的なまなざしがあると言ったら過ぎるか。そうしたところから、「ユカの現象学」や能や雅楽のための舞台について記した第四部「ゆか」は、ほかのところ以上に親しみやすいし、具体的な記述が多くなされている。

「ユカの現象学」は、導入なしで「こもる」「あがる」「すわる」「す（摩）る」「みはらす」「かがむ」「にじる」「またぐ」「わたる」「ふす」という十の動詞で記述されてゆく。いま、この文章を書いている時点で、あまり耳にしなくなった語もあるし、若い人に訊いたならよくわからないと返される語もある。「にじる」での銀行のカウンターの例は、キャッシュ・ディスペンサーより窓口が一般的であった、銀押員と顧客が面とむかいあい、ことばを交わした時代の名残り、か。「わたる」では、現実の能舞台を喚起しながら、踊るのではなく舞うこと、す（擦）るような足のはこびと水平の旋回動作、農作業のナンバが引き寄せられる。折口信夫から山折哲雄、武智鉄二、小倉朗といった人たちのことばを引いて傍証としているのも、この建築家にしては比較的珍しくみえる。

水平にひろがる感覚が好まれたことは、〈はれ〉〈はらへ〉〈はら〉〈はり〉〈はらむ〉といった類語が生みだす意味をさぐることによってひとつの説明の緒がみつかるようにも思える。ここにあげた一連の言葉は、まず、ケにたいするハレが、雲ひとつない晴れた空のようなすがすがしさに由来していることを教えている。同時に朝鮮語にも類語のある原の光景がみえる。平滑なひろがりをもつ地形である。が、その内側には物質が充満して、ふくれあがろうとし、表面張力のようなはりつめた緊張感がある。内側からふくれあがって芽がでるから春であり、人体のなかでその有様がみえるのが腹であることはいうまでもない。建物の柱に架け渡す梁も同じような空間内の緊張をもたらす媒体である。そして〈はればれ〉とした光景を〈みはるかす〉ために、障害物のない丘のうえや高殿のうえに昇って眺めた。（「ユカの現象学」一六九頁）

いま、多くの人たちが畳を敷いたり、板張りのある日本間がかならずしもない部屋に、住んでいる。それでいながら、扉を開ければ土間があり、靴を脱いでから足をユカにおろすところで生活している。部屋に（座）布団がなく、椅子しかなかったとしても、だ。いつからかフローリングと呼ばれるようになったものもユカには違いない。それでいて、このままのユカを西洋的な住居でみようとしても、何かが違う。それゆえに磯崎新は人が住むところを洞穴まで遡り、現在に至るまでの意味と変化をたどりつつ、検証してゆく。

日本家屋においてごくあたりまえのユカとは、しかし、いったい何なのかとの問いは、西洋や中国との対比のなかで検討される。「坐式と椅子式とが、限りなく折衷しはじめている。ユカはふたたび曖昧になりはじめた」（一八七頁）と結ばれるこの文章は、茶道でのスリ足、段十郎《［ママ］》が切るミエの足踏み、安来節の腰つきといった行為についての「まとまった視点」（一四七頁）がほかでもないユカであることを示すとても刺激的な論考だ。そこにあるのは、ただ建物の一部としてのユカをのみみるのではなく、モノであり場所が、人の身体にどうはたらきかけるかの検討なのである。

『見立ての手法』では、また、この列島における代表的な建築について記されていることも忘れるわけにはいかない。ひとつは第二部、桂離宮を中心に論じた「かつら」であり、もうひとつは、第五部「や」での三人の建築家――白井晟一、堀口捨己、大江宏――論である。

前者についてすこしみてみよう。「桂――その両義的な空間」では、先に引いた空間と時間の重ねあわせについてこのようにいわれている。

雁行はあたかも、同形式の建物が、ズレながら、一定の方向に後退していくわけだが、正面性をもち、中心軸をもったひとまとまりの建物が、この配置によって、その軸をズラしていき、遂に中心性をもった対称性が消されていくところに特徴がある。そして西欧に発達した透視図法が人間の視線を軸にして、空間の深さをこの中心軸を介して編成したのにたいして、平面の重ね合わせだけで空間の深奥性を表現した日本建築の

独自の手法でもあった。（「桂――その両義的な空間」、七九頁）

あるいは、

茶屋からの眺めを、一定の時間にわたる休止点とするならば、それを連結する苑路は、たえず変化していく光景を小きざみに感知させる装置である。砂利敷き、真、行、草、さまざまのパターンの補石や飛び石、むくり勾配のちがう各種の橋、石段、坂道など、接地する箇所のテクスチュアがきめ細かく変えられる。それは、歩きかたを意図的に規制することによって、呼吸を支配する。速度や回遊路を自在に選択させながらも、あらがわせずに、視線をうごかす演出である。（「桂――その両義的な空間」、九一頁）

これらの文章を読みながらわたしが想像しているのは、先のユカについての文章と同様、人の身体のうごきであり、身体のなかの顔や眼、耳がむける正面のありようだ。人は、背後から何かがやってきても感知することはできる。だが、それを正確に把握するためには眼・耳・鼻・口がついている正面を、顔の正面をそちらにむけてこそであり、それによって何かを確定することができる。一方で、正面をむいていても、視覚はしばしば錯覚・錯誤する。錯覚・錯誤があることを意識し、意図することでつくられるものもある。そうした錯覚・錯誤を含みこんだうえでの「創作」「作品」がありえているのだと言っても見当はずれではないだろう。ここでそれ以上踏みこむのは避けなければならないが。

本書全体のタイトルとしてとられている「見立て」なるものについて、磯崎新は「「見立て」は類似性《アナロジー》を媒介にして、連想《アソシエーション》を喚起し、対象物を分節《アーティキュレイト》していく手法である、と一般化していうこともできる」（一二八頁）と書いている。そして日本では類似性が強調され、外形的な表層部に関心がむけられた、と。この文章は、本全体のほぼ中央（よりはすこし前になるのだが）に収められているのだが、この文章のなかにはこんなこともいわれている。すなわち、「「見立て」を論じはじめると、たちまち、日本の文化全域にひとつの手がかりが拡散しはじめる」「それだけ文化各域を斜めに横断する強力な手法」だと、そして、「日本庭園が、詩歌・美術・文学・思想・宗教・慣習などの、古今東西からの引用によって成立しているのは、逆にたどると、暗喩をすべての方向へ投射できる「見立て」という手法が媒介して成立させたともいえる」（一二九―三〇頁）、とも。

庭園という広がりをもったところ、ものには、当然といえば当然だが、音楽の引用ははいってこない。逆に、たとえば武満徹は日本庭園をモデルにして少なからぬ作品を書いていることはよく知られている。作品の原理として回遊形式を用いたことも、レクチャーを文字におこした『数と夢』（リブロポート、一九七八年）のような文章から知ることができるし、いくつもの作品に「庭／ガーデン」がタイトルの一部に組みこまれている。特にソロ楽器とオーケストラを組みあわせた作品において、西洋ではソロ／オーケストラが二項対立的で弁証法的な構築にむかうのに対し、武満徹が試行するのはたとえばこんなふうだ。すなわち、庭園（弦楽器、管楽器、打楽器、それぞれのグループが樹木だったり草だったり石だったりと「見立て」られる）と回遊する人（ソリスト）とされ、その歩みによって足が踏むのが石だったり草だったり、視界にはいるのがおなじ一本の木でも方向が違ったり、と。

いま武満徹の名を挙げたが、『見立ての手法』の冒頭となる「間」のテーマをパリで開催した「フェスティバル・ドートンヌ・ア・パリ」で磯崎新とともにプロデュースしたのがこの作曲家であったことを想いおこしておこう。そのうえで、すこし話をずらしてみる。

武満徹はしばしば、海外で西洋クラシック音楽の延長上にある「現代音楽」をやっていることについて、しばしば、なぜ日本には独自の、世界に誇る音楽があるのに、わざわざ西洋音楽をやるのか、と問われたことを語っている。これは美術でもあまり変わらないだろう。なぜ西洋楽器のために五線紙に音符をならべているのか、と、なぜ日本人なのに油彩をやっているのか、ブロンズをやっているのか、と。武満徹は問いを全身で真摯に受けとめたうえで、その作品行為にしていったことはここであらためて繰りかえすまでもない。和楽器と西洋楽器を組みあわせることに対してひじょうに慎重であったことも、琵琶と尺八、オーケストラを組みあわせた《ノヴェンバー・ステップス》作曲についての経緯を記した文章で、読むことができるだろう。他方、第二次世界大戦前から、西洋楽器と和楽器を組みあわせての作品は少なからず書かれつづけてきた。二十一世紀になってそうした作品はもちろんあるし、むしろあっけらかんと和楽器で西洋由来のメロディーを奏でてしまうことは多々ある。ポピュラーやロックのナンバー、そうした音の組成と変わらないものを尺八や三味線で演奏してしまうことも、また。いま手にしている楽器や素材が、その技法に対しての歴史や土地、風土と結びついたうえでの考察が、ときとして、なおざりになり、さらには忘失されていること。なぜ、たとえば武満徹が慎重であったかを考えなおすことへの怠惰。他方で、武満徹的アプローチをいまのグローバルな世界観のなかで古いもの、過去のものとみなしているいなおり。

そのうえであらためて建築に視点を戻すなら、どうか。

テクノロジーは変化する。ある意味では、条件をつけて、進化すると言ってもいい。その点で建築は「伝統」とか「日本的」であるところからべつのところにゆくことができる。そのうえで、この風土のなかでどうしていくのか、はのこる。だからこそ過去の遺産を（再）検討するのだし、先人の、二十世紀の建築家の作品をみなおすのだし、歴史をあらたに、なのだ。磯崎新はこれらをつねに併行してやってきた。

もうひとつ。いま、この列島で用いられている意匠、技法を用いた建築家は少なくない。この二十年くらいを振りかえってみてもいくつかすぐよく知られた、「建築家といえばこの人」というような名を挙げることは容易だ。あるときまでは近代・現代、ポストモダンのスタイルをとっていた人が「日本」的な方向にむかう。それはそれでいい。だが、ちょっとみただけのかたちやみてくれだけではなしに「日本」的だとおもわせてしまうだけではなく、どこでどうそうなっているのか、その原理は何なのか、そもそも「日本」的な建築とは何なのか、を一般の人に解説してくれる建築家はどのくらいいただろう。いや、建築といえば、べつに建築家にかぎらない。建築の歴史もあるだろうし批評だってある。そうしたことばの人たちとはべつに、実際に図面を引き、施主とやりとりし、モノを集め、働く人たちに指示し、といった現場を熟知している人物で、こうしたことにことばをつくす、という建築家が、という意味で。

すくなからぬ、西欧に眼をむけていた人たちが、ある年齢から日本に眼をむけてしまう。それを歯がゆいと、みっともないとおもってきた。自分だったら、自分たちだったらそんなふうにはならないと、飲みながらくだをまいたことは一度や二度ではない。

だがどうだ。「ここ」は、日本と呼ばれる列島は、いろいろな意味で、一筋縄ではいかない。そして「わたし」は何も知らない。何も知らないという程度までは知ることができた、と言ったら誇張か。ただ住んでいるだけでは何もわからない。慣習のなか、「制度」から、でることもできない。

磯崎新は「日本」について「やっかい」と言う。『見立ての手法』でも「あとがき」はこんなふうに始められるのだ。

昔流にいうともうすぐ還暦という年頃になってきたのに、何故か「日本」にたいしては愛憎がいりみだれ、そのアンビバレンスはけりがつきそうにもない。数多くの先達の仕事ぶりをみていると、「日本」に激しい憎悪をもち、それとの対立と破壊によって自らの方法を組みたてていたあげくに、成熟していくにつれて和解や回帰がはかられた例をいくつも挙げうる。「日本」がその視野から消えてしまった人は論外であるが、少しでもひっかかりが残っていると、こんなやっかいな相手はない。注意深く選りわけをしていないと、たちまちその毒に全身をおかされるだろう。(三二七頁)

やっかいな「日本」について大きく浮上することになるのは、『見立ての手法』から『始原のもどきジャパネスキゼーション』(鹿島出版会、一九九六年)といっていいだろう。前者からと、後者から「イセ――始原のもどき」は十年も経たないうちに『建築における「日本的なもの」』(新潮社、二〇〇三年)に再録されることになるし、『日本の建築遺産一二選――語りなおし日本建築史』(新潮社、二〇一一年六月)、『日本建築思想史』(太田出版、二〇一五年四月)というふうに、世紀をまたいで継続し、ある意味拡大してくる。『始原のもどき』では、先の「イセ」が第一部、第二部は「わ」と題されて四つの文章が含まれているのだが、そこでは「和洋化と外部」「もしルールが与えられたら」「島国の美学」「風水論の位相」と四つの文章がまとめられ、それぞれ、この建築家が語るがゆえの「日本論」として読める。そして世紀をまたいでの『建築における「日本的なもの」』では、括られる日本が島国だったからこそ「日本的なるもの」がでてきたのではないかと、さらに「日本はこれまでの歴史で、中国や西洋からの波を受けながらも、ある段階でそれをせき止め、受容した文化を「日本的なもの」へむけて純粋化するプロセスを繰り返してきた」（『日本の建築遺産一二選』、一一七頁）と指摘しながら、磯崎新はこの「グローバリゼーション」の時代、二十世紀の「和様化の時代は終わった」と言ってのけるのだ。そう、そうかもしれない。そうおもう。そのうえで、だ、いま残されていて、今後はもうでてこないかもしれない「日本的なもの」の建築的なあらわれを検証するために、また建築ではなく、むしろ「無形」と呼ばれる芸能・芸術のなかに、その痕跡をみるために、『見立ての手法』はまだまだ有効なのではないか。すくなくとも、すべてが観光地や観光芸能に陥ってしまうまでのあいだ、あとほんのわずかしかないかもしれないあいだ、は。あるいは、こうした考えも語っているわたしが昭和を引きずっている心身だからなのか、どうか——。

磯崎新（いそざき・あらた）、一九三一年生まれ、建築家。大分県医師会館、つくばセンタービルなど。『見立ての手法——日本的空間の読解』は鹿島出版会から、一九九〇年。その他の著書に、『建築の解体』（美術出版社、一九七五年）、『建築の一九三〇年代／系譜と脈絡』（鹿島出版会、一九七八年）ほか。『磯崎新著作集』（全四巻、美術出版社、一九八四年）、『磯崎新建築論集』（全八巻、岩波書店、二〇一三—一五年）が刊行されている。

観世寿夫
『心より心に伝ふる花』

成田美名子に『花よりも花のごとく』(白泉社)というマンガがある。二〇〇一年に雑誌連載が始まっているからかなりの長期連載で、この文章を書いているときもまだ終わるようにはみえない。主人公は若き能楽師、シテ方の榊原憲人。いまはどんな職業でもマンガの題材になる。もしかしたら佐々木倫子『動物のお医者さん』(一九八七~白泉社)くらいからなのだろうか。そうしたところからあまり自分のまわりにはいない、あまりつきあいのないしごとのことを知ることができるようになっていて――「エッセイ・マンガ」というジャンルもでてきているくらいだし――、このマンガもそうした側面を持っている。能の演目にあるものとマンガのストーリー、主人公のおもいといったものが重ねられ、あわせて、能楽師のしごと、実際の生活、といったものもフィクションではありながら取材のうえで描きだされる。部外者からすると作品に接するのとはまた違った視点を持つことができる。一巻ずつあいだをおいて店頭にならぶのをたのしみにして十数年、読みながら、ときどき、ふと、観世寿夫の本を想いだす。この遺著にある能楽師の心身を。

『心より心に伝ふる花』は、能楽師・観世寿夫の遺著である。雑誌『新劇』にこのタイトルで連載していた文章は、その五三歳の死によって中断し、それ以前の文章とともにこのかたちとなって翌一九七九年、白水社から刊行された。

さほど厚いものではないのだが、何度か、ある感情が、生理的な感覚が示されるところがある。たとえば、よく知られた「秘スレバ花ナリ。秘セズバ花ナルベカラズ」という世阿弥のことばについて、「私はこれを、まだ若くて読んだ頃は、何だか非常に嫌な感じがした」（「心より心に伝ふる花」三六頁。引用は白水社Uブックス版、一九九一年。以下同じ）と。「「謡をうなる」という言葉を聞くと、なぜかなかば怒りに似た妙な感情を抱いた」（「無相真如」一八九頁）と。あるいは、声の出し方について、「腹から声を出せ」といわれるが、「多分に武士道的なにおいも感じられて、私などはあまり好きになれない言葉です」（「能の発声について」二〇三頁）、というように。

「能に生きて」という文章のなかでは、はじめのところで二度「いやな気持」をみいだすことができる。

装束を着せられて楽屋に待たされている間に、時としてふといやな気持にさせられたことがあるのを、いまでも記憶しています。

［……］

中学の頃には、自分が能の役者だということを周囲の人たちに知られるのが大変にいやだったことを思い出します。

［……］

私たちが能を演じた後に観客の印象を聞いたりした場合に、もっともいやな気持にさせられるのは、何だか全くわからないといわれることです。そうしたことばの中には、能などは今や死んだ過去のもの、現代の自分たちの生活には何のかかわりもないものというニュアンスが含まれているからです。（「能に生きて」二二四―二二五頁）

それぞれ、つづく文章によって、感情の説明がなされたり、それが一時的なものでそのうちに納得できるようになったり、と違うのだが、読み手は、こうしたことばに遭遇するたびに、ほんの瞬間かもしれないが、こうしたことばができたそのことに、どきりとさせられたり、そうしたことばができてしまうことに驚いたり、そういうことがあるのかと発見したような気になったり、自らのべつの経験から連想して妙に納得したりする。いやだな、という生理的な感覚を大切にすること。それをことばにしていい、しなければわからない、わからなかったとしても、ことばになっていれば、そういうことがある、ということはわかる。ここに挙げた例などほんとうにわずかでしかない。それでも、いやむしろ、それだからこそ、この「いや」な感覚は、それぞれ違いながらも、必要である、あるいは、ことばのなか、文章のなかで要請されたものである、と読める。読めてしまう。

右に引いた最後のもの、何だかさっぱりわからないとのことばに抱くいやなかんじ、単に能が現代に生きる者には何の関係もないと言っているのとおなじだ、といういやなかんじ。能をやっている者は、現代を生きていない、現代から遊離している、そんなふうに思われていると感じているかもしれない。そしてそれは、多くの能のなか、とりわけ夢幻能のなかであらわれてくる霊、霊たちが、あらわれてはくるけれど、ただあらわれて舞うばかりで、そのときどきの現状は変わることがないことを、わが身に、わが芸に重ねている、としたら。

観世寿夫はしかし、こう記すのだ。

能が現代においても深い感動を与えうるとすれば、それは単なる筋書きの面白さや舞の美しさに留まらない何ものかがあるからである。能においては、演技者は、いかにうまく役に化けるかということをやるのではなく、その戯曲、その役を踏み台にして、自分の現在生きているということを舞台の上になげ出して見せねばならない。人間と舞台とのギリギリの対決。その姿が観客に感動を与え、そしてそれこそが劇的であると能では考えるのだと思う。能面をかけるということも、単に男が女になるとか老人になるためよりも、表象的表現、たとえば顔面表情などを否定して、身体の奥底から湧き出てくる表現を意図するからであろう。

（「能の演技におけるリズム」二〇一頁）

べつのところではこのようにも書く。

世阿弥が彼の伝書の中で再三のべている、歌舞の二曲を中心とした考え方も、言葉という具体的なもの、――それは限定された観念の手段です――にたよるより、音と動きといった、より抽象的なものによって、はるかに微妙で深淵な美しさを、表出することに考えついたためだと思います。ですから能を演奏する技術は、筋書きにもとづいた心理描写や感情移入によって、その役になるということとは異なったものなのです。東洋的な現わし方をすれば、「無」になるということかもしれません。それは意識的なドラマの世界から飛躍して、音と動きの中に身をゆだねることに他ならないのです。(「無相真如」一九二頁)

『心より心に伝ふる花』の、世阿弥の書いた文章を観世寿夫が読む、観世寿夫自らが能を演ずる、観世寿夫が生きている現在――さらにはいま読んでいる二十一世紀現在――における能とがからみあい、また照らしあう文章は、能というこの極東の列島に生まれた芸術・芸能についてのみならず、またもっと広く世界における演劇なるものがあるのみならず、さらにさらに、人が演ずる、人が他者のまなざしのなかにいる、空間のなかに身をおく、といった「わが身」へもつながってくるものとして読める。

そして、たしかに能について、世阿弥について書かれてはいるのだが、能という特殊性からはなれて、読み手はしばしば役とは、役者とは、演じるとは、といった問いを抱く。それは、能もあまたある演劇のひとつにすぎないとの確認であり、あらためて、じゃあ、演劇というのは？と行ったり来たりする。この列島にあって能に対して抱く「わたし・わたしたち」みずからが感じる多様なおもいの特殊さは、ある特定のものに対して、せいぜいメジャーとなっているいくつかのものに対してにすぎないのかもしれない。そんなことを、気づく。ちなみにこの本に収められている文章は、その後観世寿夫の全集にはいり、さらにほかの世阿弥とつながりのある文章とともに『観世寿夫　世阿弥を読む』（荻原達子編、平凡社ライブラリー、二〇〇一年）となって、書名としての『心より心に伝ふる花』は古書でしか見出せなくなってしまう。

古典には手本がある。語られるべきテクストがある。守るべきものがある。だからこそそこに甘んじる、甘んじてしまう。甘んじてしまうことがある。それがわかっているから、観世寿夫は世阿弥にたちかえる。すでに何百年か経っている能のテクストを、自らが生きている同時代のものとし、生きているものとする。世阿弥は子どもの頃から才能を認められ、将軍に可愛がられ、しかしここぞというときに父・観阿弥が亡くなって自らが一座を背負わなければならなくなった。ただ芸を磨くのみではなく、新しいことを試み、人を惹きつけなければならない。油断すれば追い落とされる。そんななかでこその「秘スレバ花ナリ」の意味とは。

芸が生まれ、大成したときに書き残された、一種のマニュアル、こころがまえとしてではなく、あまたある他者との関係のなかに身をおき、身近な者に何度も読みかえすべく伝えるために書き記すもの。『花伝書』のみならず、ほかの伝書にも観世寿夫は気を配りつづける。『花伝書』はよく知られているけれども、まだまだ若い頃のものとの判断をくだす。『風姿花伝』を書いたときは「まだ彼自身の考えと父観阿弥の教えとが入り混って、はっきりと彼の主張に統一されていない時期である」(「幽玄な美と芸」一五〇頁)と。そして、世阿弥の伝書が、どれだけ読まれていないか、江戸時代から明治時代を経て現在まで、どれほどなおざりになっているかを何回もくりかえし指摘する。ほんとうに能をする人たちが読んでいないのかどうか、読んでいても読みこんでいないのかどうか、わからない。だが、すくなくとも観世寿夫からするとそのようにみえたのだ。読むなかで能をやる。能をやるなかで読む。その往還でこその思考=試行が『心より心に伝ふる花』に、観世寿夫著作集に、なる。

能には多くの「曲」がある。「曲」を現在能と夢幻能と、あるいは、シテの役柄によって「神《しん》・男《なん》・女《にょ》・狂《きょう》・鬼《き》」といったぐあいに分類することはしばしばある。鑑賞者もプログラムをみながらつぎにかかる演目は××能でと予習しておくとそれなりの心構えができる。たしかにそうではあるのだが、観世寿夫はこんなふうに言う――「その曲の主人公や全体の構成によるパターンで処理してしまう傾向」があるけれど、そうではなくて、「私は、作者・作品単位に、一曲の能が考えられるべきだと思う」(「役者と作品」一一四頁)、と。

自分はこの能をこのように読んだから、観客にはこういうふうに見せられる、と思ったり、いかにも解説しているかのような解釈の見える能ではまずいのである。観客にわからせるためではなく、自分が能を演じる時に、まず自分が納得するために、能という狭い範囲でなく、世界の中の演劇なり舞踊なり音楽なりの視野から能を見つめてみる、――これはあくまでも自分で自分の能を創りあげるための視野を持つことなのである。（「役者と作品」一二〇頁）

観世寿夫という名は、特に能にふれることが多くある人ではなくとも、知られていた。現代芸術の方面でも特筆すべきものがあったからだ。シェーンベルク《月に憑かれたピエロ》がこの列島で初演されたとき、武智鉄二の演出で、この能役者はアルルカンに扮した。ストラヴィンスキー《兵士の物語》では弟・観世栄夫とともにナレーションをおこない、武満徹のテープ作品《水の曲》を、一柳慧の《葵上》を舞った。ギリシャ悲劇、ベケット、モダン・ダンスとさまざまな舞台にでて、ときには声だけの参加も試みた。能を能のなかに閉じこめず、能の身体を生かしながら、ほかの芸術表現を呼吸した。いまならコラボレーションと呼ぶかもしれないが、単に異なったジャンルをということではなく、もっと異なったなかにおなじもの・ちかいものを見いだすのだった。逆にいうと、能のなかにも異なったもの・遠いものを個々に見いだすことでもあった。作品単位でみる、考えるとは、そういうことでもあったろう。

つづいているものがある。しばりがある。わざとしばりをはずすときがあり、やぶることがある。伝統と呼ばれるものはそうしてつづいてゆく。

能の場合、テクストは決まっている。誰かべつの演出家がいて、演出してくれるわけではない。演じる者自らがやらなければならない。責任は自分にかかってくる。仮面や、衣裳は、音楽は、どうか。そうしたなかで「受け身」にならないでいるのは、じつはとても困難なことではないか。西洋演劇では、一方で、どうなのか。そう考えたとき、あらためて、ことばが必要になってくる。ただ演じるだけ、ではない。テクストのことば、だけではなく、その余白に書きつけるみずからのことば、註釈。そもそも世阿弥の伝書とはそういうものではなかったろうか。

それはまた、それぞれ一回きりの発声、身の動きとともに、あるいは、そのあとに、ある。身体とことば、その前と同時と後と、その時間の差のなかで生じてくるものが、世阿弥を読みかえすなかで、自らの身体のなかで、反芻・反省され、あらためて浮かびあがってくる。

人は、わたしたちは、慣れる。慣れでできることはあるかもしれない。その慣れでさえ、やることは、生身が声をだすのであり、生身が動くのであり、一回、一回、一回だ。人は勝手に「伝統」とか「つづいている」とかおもう。だが、やる人は一回きり、一回きり、なのだ。そして、何もしないで「つづいている」わけではない。習慣や惰性だけでつづくわけではない。このあたりまえさを自覚する大切さ。ましてや、時代時代にはそれぞれの風がある。敵対者はかならずいるし、無視することもあるし、何の興味を持たないことだってある。観世寿夫は、こうした姿勢を「いやだな」とおもう。それは、現在への無関心、世界への無関心、一回きりのあり方への、一回きりの生への怠惰だから。

能は音楽劇である。そう呼ぶのは憚られなくもないが、音や音楽を欠いた能はありえない。演者は、演技するものであり、セリフを語るものであり、「うたう」ものである。

声は出すまでが問題なのである。出してしまったらもう結着は着いてしまったのだ。声の意味も声の調子も、声となって出るまでこそが大切なのである。楽器の音も同じだ。鼓なら鼓は、ポ、と音が出てしまったときはその音が終わった時だ。音として外に出るまでが、その音の生命だ。間《ま》も、音の大小も、すべて音になるまでが問題。だからカケ声や打つべき体内の準備こそがリズムをつくる。ここがヨーロッパ風感覚と全く正反対のところである。音を出してからその音が始まるのではないのだ。音が出たときは終わっている、これは日本のリズム感覚の最大特徴であろう。能は如実に、しかも大変論理的に、このリズム感覚を音楽として構成しているのである。(「心より心に伝ふる花」六九—七〇頁)

かならずしも能における音楽、いや、能という音楽、能＝音楽、に多くページが割かれているわけではない。能役者とはべつに、囃子方のありよう、各人の間のとり方や発音のしかた、能役者との音／間をつうじての関係性といったものには、残念ながら、言及がない。だが、そうした囃子方が背後にいて、それを感じている、舞台にいて、ある側面からは鑑賞者が、べつの側面からは囃子方がいて、視線を、耳をむけている、そうしたなかでの自らの正面性と背後性、さらに側面性は、たとえ語られてはいなかろうとも、能にふれる機会を持つものは、これらの文章から感じとるし、これら文章の行間に読みとってゆく。あらためて強調するまでもなく、板でできた床、その舞台に置き、摺り、おろし、といったあしうらや振動も、能舞台の下に秘められている音響的な側面も、能役者の身体のまわりにある。

だからこそ、能は演劇なのだ、とくりかえすべきだろうか。身体がなければどうしようもない。いくつかのタームについての説明も、おこなわれる。たとえばカマエとハコビ、サシコミとヒラキと。

舞台で、立っているということは、能の場合、前後左右から無限に引っ張られているその均衡の中に立つということなのだ。逆に言えば前後左右に無限に力を発して立つ。無限に空間を見、しかも掌握する。それがカマエである。（「心より心に伝ふる花」七〇―七一頁）

これに対して、ハコビの説明があり、サシコミ・ヒラキが説明される。説明は省略して、つづく部分を読んでみる。

子供のとき、声を出すにしろ、体を動かすにしろ、力一杯自分の全部をぶつけるような稽古をやらされるということは、稽古というものはいつも、息はハアハア、足はガクガクになるもの、と体で覚えてしまうということなのだ。子供にとってはその稽古の延長線上に舞台がある。だから、いつでも、舞台に出さえすれば、その瞬間から力一杯になれる。舞台にのった途端に体中の精力で息を吸ったり吐いたりする状態に、自然に体がなってしまう。蟬のように自分じゅうが一杯になってものをやる、それが舞台に出るということだ。そうならなければ演技なんか出来ない。（「心より心に伝ふる花」七三頁）

能は演劇である、にもかかわらず、「劇」という語が持っているニュアンスに対する差異、違和を内包している。それは、「劇的」と形容されるときの、ある方向性とでも言ったらいいか。「劇しい」を「はげしい」と読ませるときの、と言ったらいいか。何かが起きて、それまでのながれが変わる。そうした方向性を、しかし欠落させているというような。ただ淡々とした「変わらなさ」があるような。

何か舌足らずで誤解をまねく恐れを感じるのですが、世阿弥や禅竹は能作の上での表面的な筋の葛藤の空しさを感じてしまったのではないだろうか、そこで事件の経過や発展には毫末も重きを置かない抽象的な手法を夢幻能の形で創り出したと考えられる。（「「芭蕉」と禅竹」一六八頁）

観世寿夫は「芭蕉」を例に引いている。「劇的な展開」などまったくない。ただ芭蕉の精が無常観を語りつづけるのみ。劇として成立するかしないか微妙でさえある。しかし、だ。「能では、多くの面において、表面的に人間的な表現を否定してしまって、しかもそうした抑圧をつきぬけて訴えかける、より深い時点において人間を表現するという技法が用いられている」（「「芭蕉」と禅竹」一六八頁）と。

人が、ふつうの人が、能役者になる。子どもの頃から鍛錬をして、能役者になる。能役者がただ役を演じる、役になりきるでは、かならずしも、ない。役になる、ではなく、また、演技という意識を持たないというあり方がある。もしかしたら、ほかの演劇、特に西洋型の演劇とは異なっているかもしれない――いや、それでも共通するところはきっとあるのだろう――「自意識を離れる」こと。飛躍するなら、存在をはなれること、「エクスタシー／エクスタシス」ともつながってこようか。

体調が悪いとか非常に暑いとかなどで、舞台の上でどうにも苦しくなってしまうことがある。どう演じようなどという余裕は全くなくなり、一分でも早く終わればよいと、フラフラになってやっと終わる。そんな時、意外にもいやにほめられたりするのだ。つまりそれは、稽古がしっかりと積み重ねられている上で、たまたま自意識を離れざるを得ない条件ができたために、結果、「無心の位」が浮かび上がってしまったのかもしれないわけだ。つまり「我心をわれにも隠す安心」とは、役者が何かに変身しようなどと思う浅はかな心を根

底からひっくり返す教えなのだ。（「夢幻能と中世の心」一三五頁）

役はといえば、すでに、能には面がある。それは、外から視覚的に「そう見える」ものであると同時に、現実の世界と自分の顔、自分の顔の皮膚とを木の面一枚隔てることであり、小さな眼の穴で視野を否応なしに狭くすることである。

また、役者というのは、常に冥暗の世界と現世との中間にただよう霊魂のようなものなのだから、その何らかの思いなり訴えなりを、安心して托し、托すことによって、ある呪術力を持たせてもらえると信ずることのできる相手がなくてはならない。それが能面なのだ。能と能の役者と能面という三つのものは、単に大切がったり理解しあったりといった関係を超えて、重層的なからみ合いを持たなければ三つとも——能も演者も能面も——そのいのちを花開かせられないのだ。（「能面　その内なるドラマ」九二—九三頁）

能をとおして、能という通路を介して、演劇なるもの、舞台で演じられるもの、にふれる。その見方が、『心より心に伝ふる花』にはある。いまこれを読みかえすとき、こんな一節には、近年の舞台や演劇の方向性、わかりやすいものがよしとされ、興行的な成功ばかりが持て囃される傾向への批判をみることは難しくない。これは文章が書かれた一九七〇年代の半ばということだけではなく、おそらくは観阿弥から世阿弥が、世阿弥から禅竹が志した姿勢を、舞台をつくるものとしてあらためておこなうことを示していよう。

私たちは能役者としての生き方をもう一度考え直してみなければならない。〔……〕観客と安易に同調することなく逆にある意味ではつっぱねるところから、相互により高度な次元での創造行為への協調を計らねばならないのだ。（「能の伝承と継承——能役者の立場から」一五八—五九頁）

観世寿夫（かんぜ・ひさお）、一九二五年生まれ、一九七八年逝去。観世流の能楽師（シテ方）、七代観世銕之丞（雅雪）の長男。「心より心に伝ふる花」は、初版白水社、一九七九年（のちに白水Uブックス、一九九一年、角川ソフィア文庫、二〇〇八年）。「観世寿夫著作集」（全四巻）が編まれている（平凡社、一九八〇—八一年）。

阿部謹也『ハーメルンの笛吹き男――伝説とその世界』

ヨーロッパに行くと、カテドラルに、美術館に、ふと、足がむく。タピスリーや宝物、つかわれていた衣服の切れはしをみる。ことばどおりの切れはし、断片的で、ひとつにまとまっていることがなかったりもする。

中世、とひと言でいう。だがその期間はとてもながい。なん百年もこの一語で括られる。このあいだ、ずっと変わらないわけではない。少しずつにしてもそのあいだに変化がある。

ロマネスクとゴシック、農奴制、荘園、騎士、アーサー王伝説、グレゴリオ聖歌、十字軍、カタリ派……ヨーロッパ中世といわれて、自動的に口にでる語はいくつもある。ホイジンガ『中世の秋』があり、堀米庸三『中世の光と影』でぼんやりと浮かびあがる時代の「イメージ」もある。いや、むしろこれらの本から、自分のなかでつくられた「イメージ」、か。でもそれはとてもとても遠く、ことばをとおしてのものにすぎない。友人がおなじフランス文学でも中世の作品を専門にしたと聞いたときには、その友人にまで距離を感じ、なぜ中世?とおもわずにはいられなかった。

そもそも中世という語がながいことぴんとこなかった。古代と近世・近代の「あいだ」、「なか」だからなのだと気づくのは二十代になってからようやくのこと。この「なか」も、西欧語の Moyen Age や Middle Age の翻訳された概念にすぎない。

列島のほとんどが藤原姓であるかにおもえてしまう平安時代と同様、ヨーロッパ中世でも、そこにいる人たち、衣食住をいとなむ人たちの姿がみえてこない。教皇や聖職者、王族、貴族の名ばかりの時代。丹念に資料を読みこんで浮きあがってくる人、人びとの姿がみえるようになるさまが、学問の世界から一般に広まってゆくにはかなりの時間を要する。アナール学派らのしごとは、そもそも歴史がかならずしも得意ではない者のところにはなかなか届いてこなかった。

だが、名を持たなくとも知られる存在もあったのだ。「ハーメルンの笛吹き男」。そう呼ばれる人物である。

ニックネームを持つ数々の伝説的人物がいる。だが、それは措いておこう。ハーメルンの笛吹き男は、そうしたなかにあって、ニックネームさえ持たず、しかし、民話にしてはどこか妙なリアリティを持つ。場所の名と属性のみであらわされているのに。そんな人物に、歴史学がアプローチするなどとはおもってもみなかった。見掛けたのは大学の図書館、開架書棚だ。

市民たち自身様々に努力したにもかかわらず、ベッドまで食い破られ、食事も出来ないほどの状態に追い込まれていたのに、その鼠を何の苦もなくただ笛を吹いただけで駆除してしまった〈鼠捕り男〉は市民の世界の人間ではなく、市民たちが否定し、そこから自らを解放することによって市民的（合理的）世界を築きあげてきたその過去の呪術的世界からの使者であった。結果はともかくとして、市民はそのような〈鼠捕り男〉の仕事を低く評価したのである。彼らにとっては仕事《アルバイト》こそがすべての価値の源泉だったからである。しかしこのように仕事にすべての価値の源泉を認めることによって合理的な評価は出来たが、それは極めて非人間的（反倫理的）な結果を生むことになった。〈鼠捕り男〉の復讐のモチーフは、こうして近代市民社会における仕事＝労働についての単純な合理的思考に対する批判をも含みうるものとして、全世界の人々に読まれてゆくことになるのである。（『ハーメルンの笛吹き男』一七九－八〇頁、引用は平凡社初版（一九七四年）から、以下同）

中世ヨーロッパ、ドイツ一地方の伝説が、二十世紀極東の、ごくごくふつうの子どもたちが知っている。昔話のひとつとして、子ども用の本に収められている。くりかえし学芸会などのちょっとした催しでとりあげられる。絵本やアニメーションもあったかもしれない。一柳慧が書き下ろした二〇一二年のオペラ《ハーメルンの笛吹き男》もそうしたなかで生まれたものと言っていい。だが、子どもはこの伝説、物語をどんなふうに読んでいたのだろう。わたしは何を感じ、何を考えていたのだったろう――。

笛吹き男ははじめヒーローとしてあらわれる。約束どおり鼠たちを街から駆除すると、アンチ・ヒーローへと反転する。強欲な役人が褒美を惜しんだ、とは誰もが考えること。ところが、『ハーメルンの笛吹き男』なる本のなかでは、この男、「過去の呪術的世界からの使者」だというのだ。笛吹き男のやったことは魔術だ。それは仕事とは呼べない。仕事は額に汗するもの。笛など吹いて軽々とやることではない。

笛吹き男が技を身につけるには幾多の困難があったかもしれぬ。人知れぬどこかで何年も修行をしていたかもしれぬ。むしろ、街の住民たちの知っている世界ではないからこそ、いかがわしく感じられる。笛吹き男がやってきて、成果をあげ、軽んじられるそのプロセスは伝説となる。一回きりのことかもしれないが、それは共同体の人びとに深い何かを残してゆく。伝説はそうして生まれ、語り継がれる。

伝説とは本来庶民にとって自分たちの歴史そのものであり、その限りで事実から出発する。その点でメルヘンとは質を異にしており、「伝説は本来農民の歴史叙述である」（ゲオルク・グラーバー）といわれる所以である。そのはじめ単なる歴史的事実にすぎなかった出来事はいつか伝説に転化してゆく。そして伝説に転化した時、はじめの事実はそれを伝説として伝える庶民の思考世界の枠のなかにしっかりととらえられ、位置づけられてゆく。この過程で初発の伝説はひとつの型《パターン》のなかに鋳込まれてゆく。その過程こそが問題なのであって、こうして変貌に変貌を重ねてゆく伝説の、その時その時の型をそれぞれの時代における庶民の思考世界の次元をくぐり抜けて辿ってゆき、最初の事実に遭遇したとき、その伝説は解明されたことになるのか

もしれない。（八九―九〇頁）

『ハーメルンの笛吹き男』が刊行されたのは一九七四年。「ＥＸＰＯ'70」と鳴り物入りで大阪万国博覧会が開催されたのが一九七〇年で、四年後である。阿部謹也は列島のお祭り騒ぎを真ん中において、その前後、一九六九年から一九七一年までドイツに滞在し、研究をおこなった。自伝（『阿部謹也自伝』、新潮社、二〇〇五年）には万博なる文字はひとつもでてこない。図書館で古い資料を調べているうちに、たまたまハーメルンの笛吹き男と遭遇する。一九三五年、第二次世界大戦が始まる前に極東の列島で生まれ育った子どもでも知っているほどに有名な物語。その事実がはたしてどういうことなのか。解き明かすことはできないかもしれないけれど、このこともまた記憶しておくべきことかもしれない。――若き歴史学徒はおもう。

阿部謹也はドイツで専門分野の研究書を刊行する。その後、日本語での最初の出版となったのが『ハーメルンの笛吹き男』だった。

笛吹き男というからには音を発したはずである。鼠が音に反応する、との可能性はある。子どもだって、動物がヒトより過敏に音に反応するのは知っているし、ヒトの聞こえない音があり、ある種の動物が音によってコミュニケーションしていることも知っている。西村寿行の『犬笛』がミステリー小説としてヒットし、映画化されたのも一九七〇年代後半となるだろう。

笛吹き男はどんな音楽を奏でていたのか。その笛はどんな笛だったのか。音域はどうなのか。高いのか低いのか。どんな音色だったか。横笛か縦笛か。リードのある鼻にかかった音だったのか、もっとストレートな音だったのか。伝説は、残念ながら、情報を与えてくれない。音があれば、ひとは反応する。何だろう、とおもう。音は、それがどうなって、何のためになっているのか同定されなければ、ひとは確かめるために足を向ける。音は呼び、招く。ときには幻惑する。ただひとつの楽器が奏でられているだけで、魅入られることがある。一匹の鼠、ひとりの子どもではない。あるまとまり、マッス、集団がほとんどすべて、一挙に、幻惑される。群衆と権力？　ふと想起されるのは二十世紀におけるさまざまなプロパガンダであり煽動であり、集団的熱狂だったり。

連想は、また、中世なる時代の音楽への関心を呼び覚ます。阿部謹也は、いや、阿部謹也も、伝説と同様、その音や音楽がどうであったかは記さない。記しようがない。かわりに、音楽家がどんな存在であったのかを記す。雇われる音楽家がおり、遍歴する音楽家がいる、と。ひとつの共同体にとって、よそからやってきて、すこしのあいだとどまって、またよそに行ってしまう遍歴楽師はいかがわしく、差別されるものだった、と。

このような愚弄は遍歴楽師の社会的地位の低さや差別の実態をまざまざと示す、というよりは彼らを差別する側の人々の頽廃と貧しさをぞっとするほど明瞭に示しているのだが、同時にそうした人々の織りなす中世社会の心的構造の一端をものぞかせている。しかしその時の差別する側の顔つきは傲慢で、自分たちの身分・地位に安住した勝ち誇った者のそれではないだろう。遍歴楽師たちを愚弄する時、彼らは自覚されない何かに怯えているのであって、恐怖のあまり、恐ろしいものとして遍歴楽師の存在を靄のなかに定め、やみくもに愚弄の行為をくり返すのだ。その恐怖が実はおのれの生活への恐怖に根差していることに彼らは気付かない。遍歴楽師は悪行の象徴として、すなわち人々の故知れぬ恐怖の感情の捌け口となり、おのれの恐怖を対象化し、転嫁しうる存在として設定されていたのである。（一四四頁）

はじめて『ハーメルンの笛吹き男』を読んだとき、その射程について充分わかっていたとは、とてもじゃないが、いえない。社会的な記述の多さが、音楽や音楽家についての興味から近づいたものにとってはいささか煩雑に感じられさえした。ただ、たった一本の笛が奏でられ、鼠が、子どもが連れて行かれてしまうことに、音の、音楽の秘密、謎をみたように感じたし、実証・記述はできないにしろ、著者が中心点のまわりをまわりながら語りきらないことをあぶりだそうとしているのは感じられていた。

音楽は国境を越える、とか、音楽は共通語、とはしばしば言われる。いろいろに解釈できるもの言いだ。国境はたしかにフィジカルには越えるだろう。だが、ある共同体の音楽はべつの共同体にかならずしも通用するわけではない。通用するかもしれないが、誤解・誤読を含んで通用することは往々にしてあり、正当性の意味もそのときどきで異なってくる。

音は、音楽は、境界を越える。くりかえしになるが、フィジカルに越える。ヒトが人為的につくったものを越え、意識されないところに届くこともあり、さらにはヒトという種を越えて届くかもしれない。そのはたらきもさまざま。情緒に訴え、感情をかきたて、鎮静させる。理性ではとらえられないところに音楽はふれてくる。音楽は魅惑であり魔法であり、薬となる。古代から現在に至るまで、音楽がさまざまな「使い方」を誘発する原因はここにある。

二十世紀になって音楽がさまざまなかたちで一回性を失い、反復されてゆくなか、かつての魔術性は稀薄になった。うた、とはそもそも魔術を意味し、だからこそカルメンという名の女性は歌い、踊り、男性に魅惑としてはたらきかけた。そんなことを、わたし自身、『魅せられた身体――旅する音楽家コリン・マクフィーとその時代』（青土社、二〇〇七年）で記すことになるが、それはずっとあとのこと。

音・音楽の魔力が、共同体のしきたりに心身ともに慣れてしまった成人でなく、まだそうしたところまでいっていない子どもに、ダイレクトにはたらくことはあらためて強調するまでもない。それが音・音楽の力であり、ときには権力となるものだ。そして音・音楽とは、飼いならされる共同体の音・音楽がある一方で、不気味で奔放な、魔とつながっている音・音楽がある。

遍歴楽師、放浪する音楽家といえば、この列島にもそうした人びとがいた。それは折口信夫の芸能論に結びつき、門付芸人や琵琶法師、さまざまな芸人たちに、また、海をちょっと渡るなら、韓国のパンソリ芸人やナムサダンといった人たちがおり、遠くアフリカのグリオまでも連想できてしまう。差別の問題もある。なぜ音楽にかぎらず、芸能にたずさわる人はときに崇められ、ときに貶められるのか。なぜ移動するのか。そうしたことを時間的に、地理的に広くみながら、音楽の意味を考えることは無駄なことではない。

移動する。定住しない。差別、境界、ほかいびと。歴史と、文化人類学と、芸能・芸術が交差するところ、いや、それらはあくまで研究の方法論や視点にすぎない。過去だろうと現在だろうと、人、人びとが生き、交差するところがあり、それをまた「研究」するときにいくつかの視点が仮構される。

中世における音楽は西洋音楽史のなかで多く記述されている。古代の資料は少ないのでほんのさわり程度だが、中世は時代も長いし、わかっていることもずっと増えてくる。中世の音楽として演奏される音楽だってある。だが、本書の読み手のなかで、どれだけこのありようがわかったといえるだろうか。自戒を大いに含めつつ言うのだが。

現在のほかの音楽とおなじように、中世の音楽を、「わかる」ことはできるのだろうか。「わかる」ふりはしていても、それはせいぜい、スタイルの違い程度にすぎないのではないか。往々にして、その中世の音楽をモンテヴェルディやバッハのいたバロックや、つづく古典派、ロマン派といった「クラシック」音楽へとつながってゆく前史のようにみていないかどうか。

昔日の音楽を、いまあるあまたの音楽のスタイル、語り口のひとつではなく、ほとんどそれしかなかった時代のものとしてみることはできるのかどうか。すくなくとも、その音楽を「生きる」ことはできないだろう。せいぜい「いま」のしかたで、音があり、音のつらなりがあり、ということを感じるのみだろう。そしてそれが音楽の可能性であり不可能性なのだ。それぞれの時代にはそれぞれの音楽しかありえないが、楽器や楽譜があれば、後にも再現は可能になる。研究も進む。時代が変わっても感じる・感じられるものはある。それは可能性。それでいて、社会やテクノロジーが、宗教や信仰が変わり、音楽そのものが変わって、べつの時代には「当時」のように聴くことはできない。そのときどきの聴き方にしかならない。これが不可能性。

中世の音楽の重要性はいくらくりかえしても足りない。ただ、実感が伴わないのだ。くりかえしになるが、それは音が、音楽が、記述されたものでしかほとんど後世に残り得ないからだし、そのときの音楽のありようがいまとは大きく違っているからにほかならない。楽譜があり、その楽器の図像があり、ならば何とか類推できる。だが、図像だけではどうにもならない。当時の社会状況に身をおくことを想像することだってできることではない（できる人がいるのだろうか……）。

中世の音楽についての記述は、当時の理論書もあるし、キリスト教の歴史との関係からみえてくるものもある。金澤正剛の『中世音楽の精神史』（音楽之友社、二〇一〇年／河出文庫、二〇一五年）のようにコンパクトな良書がありもする。とはいえ、その大半は俗世の音楽ではない。俗世、といってわるければ、一般庶民の音楽、か。俗世でどんな音楽がひびいていたかは、わからない。これまた類推程度だろう。教会音楽に残された痕跡とか、図像でわかる程度か。残された楽譜もない。記述なども、よく知らないけれど、多くあるわけではなかろう。でも、そうした俗世の音楽はたしかにありはしたのだ。どこに行ってもグレゴリオ聖歌みたいなのしかひびいていたわけではない。トゥルバドゥール、トゥルヴェール、ミンネゼンガーのようなひとたちの音楽が残ってもいる。

とても乱暴であることは承知のうえで、金澤正剛『中世音楽の精神史』を、教会を中心とするヨーロッパ社会のなかでの音楽の「正統」的なイデオロギーと、その応用・発展から、のちのヨーロッパ芸術音楽へとつながってゆくものを素描したものとみるなら、阿部謹也『ハーメルンの笛吹き男』は、教会とはかならずしもつながっていないふつうの人びとのなかにある音楽や音楽家のあり方を提示したものといえようか。それらは補いあって、すべてなどではもちろん到底ないけれど、ヨーロッパ中世における音楽の一端を垣間みせる。

『ハーメルンの笛吹き男』を上梓した後、この列島とヨーロッパそれぞれの歴史家、阿部謹也、網野喜彦、石井進、樺山紘一の四人が対話する。『中世の風景』（中公新書、一九八一年）である。ここに中世における音についての章があることは注目しておきたい。一言も言及されていないし、後の著作にもでてこないけれど、同時期、カナダの作曲家、ピーター・マリー・R・シェーファーがそれまでに書いた文章をまとめた『世界の調律――サウンドスケープとは何か』（平凡社、一九八六年）が一九七七年に刊行されているのだ。副題にもあるようにここにはサウンドスケープという概念が提唱されている。シェーファーはそれぞれの土地には音の風景がある、と書く。それぞれの土地だけではない、その土地の状況、つまりときどきによって音の風景は違ってくる、と。サウンドスケープ理論は芸術と社会学と科学が交差するところにある、とも主張されていた。シェーファーが大著のなかに収めたいろいろな文章を雑誌などで発表した頃、先進諸国では公害問題が浮上していた。レイチェル・カーソンの『沈黙の春』が一九六二年に刊行されているのを想起しておこう。大気や水質汚染があり、騒音公害があった。シェーファーは作曲家として、ジョン・ケージの思想から大きく影響を受けていたが、それを音楽＝作品、音楽＝場からもっと社会的なところへと拡大、シフトしたところにその足跡の意味があった。

シェーファーの本が平凡社から翻訳刊行されるのは一九八六年。初版刊行のほぼ十年後となる。一九七〇年代には、短い文章が雑誌に掲載されたり、一柳慧や高橋悠治によって考えが紹介されたりした。

先の『中世の風景』には鐘の音への言及がある。それはほかの著作でもとりあげられるのだが、ヨーロッパの鐘、特にフランスの十七世紀に焦点をしぼって書かれた大著が、アラン・コルバン『音の風景』（藤原書店）で、原著は一九九四年、翻訳は九七年。もうひとつ、現在は『身体の中世』（ちくま学芸文庫、二〇〇一年）と改題された『歴史としての身体』（柏書房、一九九二年）にも音についての言及があり、そこではっきりとシェーファーの名が引かれている。

一方、ヨーロッパの、ではなく、この列島、特に京都を、先のサウンドスケープ論と重ねながら論じたのが一九九二年の中川真『平安京・音の宇宙』（平凡社）。で、また自ら作曲家であるとともに独自のサウンドスケープ論を実践のなかからたちあげていた吉村弘は、京都ではなく、江戸に注目し『大江戸時の鐘――音歩記』（春秋社）を、世紀が変わって二〇〇二年に上梓する。

洋の東西の違いはあっても、ひとつの街、共同体に時を知らせるために鐘は重要な意味を持っていた。鐘は金属でつくられている。音がし始めたときのアタックのみならず、その長い余韻・残響が時間的空間的な広がりを持つ。突飛なようだが、ここでわたしは浅田彰『ヘルメスの音楽』（ちくま文庫、一九九二年）に収録された金属の音についての論考を連想したりする。

それぞれの本の著者がほかの本に影響や刺激をうけているのかどうかをたどる必要は、かならずしもない。影響がある場合もあればない場合もあるだろう。大事なのはこうした時期にいろいろな方面で広い意味でのサウンドスケープが、音のある場所とそのつながり、かかわりが俎上にあがってきたことにある。それは執筆者の生きている現在、その時代だけではなく、はるかに遡った時代であったり異なった場所への視線だったりもする。音はすぐ消えてしまうが、過去のある時代、ある場所において、一種、標準的な音の環境というのがあった、それを資料をとおして想像的にたちあげようとすることが、歴史学者や音楽の実践・研究者によっておこなわれ、それがたとえば阿部謹也の場合には、またその著書を読んだわたしの場合には、笛吹き男という特殊な人物から、イマジネーションが刺激されたり、思考が生まれたりするわけである。

のち、阿部謹也は講演記録を集めた『ヨーロッパを読む』（石風社、一九九五年）を上梓する。そこでは阿部史学のエッセンス——死者の社会史、中世賤民成立論、ヨーロッパの個人と社会、など——のあいだに「笛吹き男は何故差別されたか——中世絵画にみる音の世界」という章が設けられている。笛吹き男についての復習とともに、ここではヒエロニムス・ボスの絵画への、それも怪物や奇妙なものに注目し、さらに、ジャック・アタリ『音楽／貨幣／雑音』（現在は『ノイズ』に改題、みすず書房）にも言及しつつ、ヨーロッパ中世における音の世界を素描する。

音楽はマクロコスモスに源泉をもち、そこから発しながら神秘的な性格を留めているわけで、つまり宗教的性格をもちながらも快楽の手段となっている。教会はこういうふうな音楽を一律に押さえ込もうとしたけれども、充分には成功しなかった。グレゴリオ聖歌で置き換えようとしたり、楽師は救われない、絶対に天国へ行けない、という命題をたて、非難したけれども充分には掌握しきれなかった。

一方でポリフォニックなものが成立しますが、一方で生き残っていく楽師は、今言ったような意味で、決定的なポリフォニックなものが形成されるなかでは、完全に落ちこぼれていくしかない。教会によって市民権を失った楽師はやがて定住してある程度社会的にも上昇します。それまでのあいだは、民衆のあいだではかなり重要な役割を果たしますが教会の体系のなかでは完全に落ちこぼれていく。そういう状況をボスは描いたんじゃないかと思うのです。（『ヨーロッパを読む』一九一—九二頁）

「ハーメルンの笛吹き男」がやってくる。笛を吹くと、音・音楽が大気のなかを伝わっていき、人びとがその存在を意識する。男はたったひとりで、よそから、やってくる。共同体の成員ではない。そうした者こそが音楽をもたらす。音楽は必要なときに必要とされるが、不要なときには遠ざけられる。いつでもどこでも必要とされるわけではない（かもしれない）。すくなくともこの時代、中世のある時期においては。音楽はここで役にたつ。役にたつ、との発想があるからこそ、不要にもなる。では、何百年かとんで、二十一世紀のいま、では？　必要？　不必要？　どちらともいえない？　ただそこにあるばかり？　空気？　サウンドスケープ？

たったひとりの笛吹き男が奏でる音楽は、リズムもメロディーも、そのゆれも、奏でる身体によっている。人と、他者の奏でるリズムにあわせることはないし、耳をかたむける必要もない。教会のなかでは、ひとつのメロディーを揃って唱和するグレゴリオ聖歌がひびいていた。となりの人とおなじように音をうごかし、とめるうた。モノフォニーの単旋聖歌は、次第に複数の声部がうごきからみあるポリフォニーへと変わってゆく。都市共同体はより強固なものとなり、城壁をつくり、その「なか」での人・人たちの生活は「外」の者たちと区切られる。音楽が必要なときに必要とされる音楽家が雇われ、他者の発する音に気をつかわない気まぐれで単独な笛吹きは、ここに定住することができない。ポリフォニー／複数の声たち、のなかに、孤独な／ソロの居場所はない。もしそこにいたいなら、おなじ時間の、空間の枠のなかで、ある役割を果たすしかない。

一九九〇年代、阿部謹也はヨーロッパ中世研究をとおして、極東の列島における独特な社会のあり方、「世間」へと関心を広げている。『「世間」とは何か』が講談社新書から刊行されたのは、『ヨーロッパを読む』とおなじ一九九五年。ヨーロッパ中世を研究するために、現代のヨーロッパやアメリカの人たちと接し、議論する。交流のなかで、阿部謹也は生活者として、極東の列島が中世的なもの、二十世紀であるにもかかわらず、ヨーロッパが中世から近代、現代へと移り変わってゆくなかで捨ててきたものを、まだ温存していることに気づく。西洋の近現代がいいというわけではない。ないのだけれども、西洋にひとつの成熟をみてはいる。その上で、この列島でそれはもっと真摯に考えるべきことと強調する。たとえ中世とはいえなくとも、何らかの中世性がいまだしっかり残存しているではないか、と。そして、逆に、アメリカ合衆国のなかにある中世性をも指摘する。これも『ヨーロッパを読む』に収められているものだが、「ヨーロッパ中世における男と女」の章で、ナサニエル・ホーソン『緋文字』へ言及しながらあぶりだしてゆく。

そうやってみてみると、アメリカ合衆国についての見方がこちらでも変わってくる。たとえばデンマーク出身の映画監督ラース・フォン・トリアーの『ドッグヴィル』（二〇〇三年）、『マンダレイ』（二〇〇五年）にあらわれる二十世紀初頭の合衆国の一共同体の様子は、まさに中世的世界であるし、マーガレット・ミッチェルの長篇『風と共に去りぬ』（一九三六年）で描かれる南部の世界はどうか。

わたしはといえば、たまたま『風と共に去りぬ』（新潮文庫）の鴻巣友季子新訳を評する機会があった。鴻巣訳で「世間」という語が途中であらわれたことに驚きもした。阿部謹也の著作に親しんでいると、世間という日本語は外国語に翻訳できなくて困る、という言い方がでてきたりするのだが、その語がアメリカの小説を翻訳したときにでてくるとはどういうことなのか。おそらく、アメリカ合衆国南部の中世的な共同体のありようを、よりこの列島の文脈のなかでフィットする語としてあらわすことができるものこそが、この語で、世間であったからにちがいない。アメリカでは、もしかすると都市部ではなくなっていても、地方では残存しているかもしれない中世性が、この列島ではまだしっかり生きていて、それが読み手にもしっくりくる。それはだが、訳者が阿部謹也を読みこんでいる、世間という語につよいニュアンスを持たせているということではかならずしもなく、むしろそれがふつうに流通しているところにこそ、この世間なる語の奥深さがあるといえるんだろうけれども。

ひとりの研究者がしごとをすすめていくなか、テーマは、領域が広がったり移り変わったりしてゆく。阿部謹也の広がりとともに、読み手もまた、移動し拡大してゆく。そんなひとつの例として、わたし自身がいる、のかもしれない。そして、だからこそわたしはまた、『ハーメルンの笛吹き男』を読みかえしたりするのだ、きっと。ネットが普及して各人の発信が可能になった——のは事実なのだろうけれど、逆に根拠のない言説が乱れとび、みずからの思考を手放して迎合したり反対したりする人びとが大量に発生する。イメージに頼り、ことばの、文章の読解能力がさがる。子どもや若い人たちにはたらきかける集団魔術的な芸能がつくりだされ、経済的な収奪装置として、あるいはプロパガンダの道具ともなったりする。そんなふうにおもうと、海外のアーティストに熱狂し、来日公演に押しかける。そんな「よそからのもの」「まれびと」を歓迎した一時代前とともに、やはり長い、変わらない「中世」のパラダイムを想いおこしてしまう。

阿部謹也（あべ・きんや）、一九三五年生まれ、二〇〇六年逝去。歴史学者（ドイツ中世史）。小樽商科大学、東京経済大学、一橋大学教授、同学長などを歴任。『ハーメルンの笛吹き男――伝説とその世界』は平凡社、一九七四年（のちに、ちくま文庫、一九八八年）。『西洋中世の罪と罰――亡霊の社会史』（弘文堂、一九八九年、のちに講談社学術文庫、二〇一二年）、『阿部謹也自伝』（新潮社、二〇〇五年）。『近代化と世間――私が見たヨーロッパと日本』（朝日新書　二〇〇六年、朝日文庫、二〇一四年）

李禹煥『出会いを求めて――新しい芸術のはじまりに』

文字やパネルは、それ自身の身体性を得ていず、日付という像を表わすための素材、道具、仕組みにされただけである。そのためそれは、文字やパネルや関わる者とのあいだで起る、なにものの像でもない出来事の関係項を示すこともない。こうして像――情報は、ここでも判断以前のこちらの五管と直接ふれたがらず、みえないものとして、知識で詮索し意味づけしなければ通じない対象世界となっているわけである。世界を、人間の表象として「把え返す」ための、認識の道具として対象化を仕組むところには、もはやいかなる見ること――出会いの出来事もありえないだろう。(「観念崇拝と表現の危機――オブジェ思想の正体と行方」、新装改訂版四六頁)

これだけを切りだされ、目の前にだされたら、現在の、二十一世紀に書かれたといわれても、そうか、と頷いてしまうかもしれない。ましてや、情報という、語がある。いまや情報化時代。メディアをとおして目に耳にはいり、すっかりおなじみな、「いま」っぽさがあるではないか。情報云々が一般化してからすでに何十年などとおもう余裕もあればこそ、だ。たしかに、わざとなのか誤植なのか、「五管」にはちょっと頸をかしげるかもしれないし、「像」にもすこし引っ掛かりはするかもしれないが、言われていることは、いまにつうじる。この短さではいささか具体性に欠けるにしても。

肝心なのは、最後にある「出会いの出来事」だ。もうすこし前からなら「見ること——出会いの出来事」。

さりげないひと言だ。この文章は美術について書かれているのだから「見る」とつなげられて何の不自然もない。美術作品を「見る」。と同時に、ここでの「見る」は、情報を、文字やパネルを（とおして?）見るのではなく、認識や判断がはたらいてしまう「以前」、より「前」、に「五管」でなされる「見る」だ。視線はたしかに重要だろう。そのうえで、視線がこの身体の一部であり、ほかの感官もまた「見る」とともにあることがここでは喚起させられている。そして、「出会い」とのごくごくふつうの、日常的なことばが、ここではもっと大切な、かけがえのないものとなっている。出会いはありふれている。ありふれていながら、そこには注ぎこまれている、注力されているエネルギーはとても、とてつもなく大きい。そんなふうに読める。

それなりの分量があるこの文章のほぼ終わり、結論へとむかうところには以下のように記される。

すなおに見たり感じたりすることさえできない世界、それができないということすらほとんど認識することの難しい、抽象化され情報化されたオブジェ現象の最中にいる作家たち……。近代は意識の働きを表象化作用にのみ追いやったあげく、己れの知覚感管がかさかさとやせこけ、マヒ状態に陥っている様をこそ、作家は省み認知すべきであろう。そしていかにして、意識を表象化作用から解放し、鮮やかな出来事の世界をもよおす出会いの、豊かな知覚作用として開示すべきかを問題にすべきであろう。（「観念崇拝と表現の危機——オブジェ思想の正体と行方」、五三頁）

すぐつづく段落、長い文章のほぼ締めくくりとなる最後の段落は、最後の最後は省略してしまっているが、こうだ。

作家という者がありうるとすれば、メルロ゠ポンティの言葉を借りるまでもなく、通常の眼が見えないと信じているものに見える身体性を与える、いわば出来事を構造する出会者ということになろう。出会者の仕草が、出来事を引き起すとき、そこに姿する構造は、あつみとひろがりをもよおし、より生き生きとした豊かな光景として開かれた世界を顕わにするのだ。あつみやひろがりをもよおす生きた構造は、それゆえ直接性としてもっとも具体的にふれ合い見合う知覚作用をよび起すものである。（「観念崇拝と表現の危機——オブジェ思想の正体と行方」、五三—五四頁）

「出会い」あるいはそのヴァリエーションとしての「出会者」。「生きた」「出来事」。ここまで引いてきたのはどれも三つに分かれる文章全体の、第三部から引いてきた。順序は逆になるけれど、ごくはじめの部分にはこんなことも書かれていた。

世界を生き生きとした自然なひろがりから切り離して、作り主の支配・所有意識によって抽象化し表象物にして情報化しようとする対象主義思考は、誰それを問わず今日の作家全般にみられる一般的特徴である。これはまた、単に美術にとどまらず、物象化——疎外現象を招いている文化情況全般を色彩る事柄でもあるといえよう。（「観念崇拝と表現の危機——オブジェ思想の正体と行方」、一〇頁）

文章をうしろの方から遡ってみると、ことばの言いまわしの生硬さが気になってくる。いいわるいではなく、ペンを持って紙にむかい、どういうふうに書いていくか、どんなことばにするかを試行錯誤した痕跡が、また、おそらくはその時代の語彙が、みえる。
こうした批評的な語りが導きだされる前には、ある個人的な、それでいて、俎上にあげようとすることどもへと結びついてくるエピソードがある。文章のそもそもの書きだしにはこうある。

ある日、新潟のある作家からわたしのところ（東京）へ、書留で「石」が送られてきた。こぶしほどの石を、

細い針金で縛り荷札をつけて、送られてきた「作品」である。（「観念崇拝と表現の危機――オブジェ思想の正体と行方」、九頁）

「ある日」。そうだ、ある特権的なとき、特権的なところ。その特権性を、しかし、ありきたりの個人性にではなく、より広く敷衍してゆくところにこの文章の力はある。かつての批評家がどこかを歩きながらふとあるメロディーを想いおこすのとは異なったものが。

李禹煥『出会いを求めて――新しい芸術のはじまりに』（田畑書店、初版一九七一年、新装改訂版一九七四年）の本論「観念崇拝と表現の危機――オブジェ思想の正体と行方」。基本的に、第二次世界大戦後、というよりも、一九五〇年代以降の現代美術のながれを、けっして全体を、ではなく、むしろある特定のながれのなかで概観し、批判的に検証してゆく。その冒頭にあるのが、この石の、石が作品だ、というエピソード。意味もニュアンスも違っているのだが、たとえば一九八〇年から九〇年代、都市のさまざまなところに、さまざまなオブジェが置かれたりした。それを何とはなしに、芸術だ、美術だ、アートだ、と認識し、まわりのビルやアスファルトの舗道や樹木とともにそれがあることに、さしたる違和感を持たなくなった、なっていた。そうしたアートのありよう、人びとの感覚の慣れ、環境化がなされるかなり前の段階でこの文章は書かれている。

この作家、最初の本は、一九七一年一月と奥付にある。わたしが手にしたのは一九八二年十月の新装改訂版第四刷。七四年一一月一五日の日付がある「新装改訂版にあたって」が、先に引いた文章の前に収められている。本を手にしたのは、多摩美術大学にはいった友人がはいった芸術学部に、東野芳明、峯村敏明、宇佐美圭司、そして李禹煥といった面々が教えに来ていると聞いたのもひとつのきっかけだったとおもう。東野芳明はすでにいくつか読んでいたが、李禹煥はただ単純に、「出会い」の語から、美術論ではなく交友録のようなものだろうと勘違いして手にとったとの恥ずかしさ。だが逆に、この本から、少し前のこの列島の先端的な動向がわずかなりとも触知されたことだ。そうでなければ、写真でだけ知っていた関根伸夫『位相・大地』（一九六八年）や、近代美術館に足をはこぶたびに面とむかっていた高松次郎影の連作にある考え方や時代的な背景、現代美術のながれなどは知らないままだったかもしれない。もちろん「もの派」なる呼称もこの本から知ることになった。本書は、しかし、強烈に作家の意識を充満させながら、みずからの創作や作品については記されていない。美術界の情況に、高松次郎に、関根伸夫にふれながらも、李禹煥の作品への言及はない。すでにこの時期、一九六八年には東京国立近代美術館での『韓国現代絵画展』に出品しているにもかかわらず、だ。

本書を読んでからもかなり長いこと、李禹煥はこの列島に生まれてずっといる人なのだと、何の根拠もなく、おもいこんでいた。いまだったらネットですぐ検索をかけ、Wikipedia なり何なりでどんな人なのか調べただろう。本にはろくに著者の紹介さえつけられていなかった。ただ、美術家として、名とわずかな作品は知っていた。だから、ナムジュン・パイク（白南準）と同様、韓国からやって来て、この列島のことばを後天的につかうようになったと知ったときには、驚いた。そこにはこの列島のみならず、大陸や半島を占領していた時代があることともしっかりからみあっていたのだったろうが。李禹煥をめぐる背景を知ったとき、先の文章につづく章、「出会いを求めて」の冒頭の段落は、異なったたちあらわれをした。

わずか四、五百年の近代芸術の繁栄と凋落の過程は、像の形象化という表象作用の歴史である。作るとは、理念の対象化、すなわち像の物象的凝結化をおいて他にどのような意味でもない。表象作業の上手な支配主が近代「人間」であり、それの造形的処理のうまいのが芸術家と称される詐欺師であったといえる。世界は、作家によって、人間の欲するところのものとなるよう、理念によって練り直され、操作され、把え返された対象と化する。という以前に、世界は理念の実現のための素材であるにすぎない植民地的存在にしかみなされてないという事実。近代自然科学といえども、自然の開拓はまっかな嘘で、人間の理念としての仮説を対象化する操作術であったことは弁解の余地があるまい。こうした近代史とは、あくまで人間が主体となって、世界を価値づける支配思想の遂行史であったのである。（「出会いを求めて」、五七頁）

初読のとき、単純に、時代の空気がここにあるのだろうと、おもっていた。一九七一年、つまり数年前に学生運動の盛りと退潮があり、前年には「人類の進歩と調和」を掲げたお祭り騒ぎ「大阪万国博覧会」が開催されもした。そうしたなかで発されたものと、十年ちかく経ち、十代にはいるかはいらないかのぼーっとした少年のおもいをろくに想いだすこともできず、当時の東京の記憶と重ねていた。たしかにそれと無縁ではないのかもしれない。しれないが、それだけではけっしてない。「近代」への批判を単に芸術、美術といった狭いテリトリーのなかでのみ閉塞していない思考が、ここにはないか。

もうひとつ引こう。

ひとりの人間、一つの民族が、他の表象観念によって支配を受けるとき、住家は、国土は、その息づかいや輝きをやめ、まるで非情でよそよそしく無表情で抽象的な、擬制の空間に風化する。そこではあらゆる事物もまた、生き生きとした身体性をもたぬ抽象物——場所性を表わさぬただの事実の総体として、みえず気づかぬ日常のそれとして、出会いの状態性を失い世界の光りから遠くにいるのだ。（「存在と無を越えて——関根伸夫論」のうち「場所について」、一六六頁）

行きつ戻りつするが、いまみた文章のなかにある「出会い」は、タイトルにもとられている「出会いを求めて」では、文字どおり、何度もあらわれる。

シジフォスはおそらく、はじめの一度で、あるいはすでにその前にひらめきの出会い、世界の開示性を感得し自覚したのである。それを延々とくりかえすのは、自覚存在にとっての仕草が、まぎれもなく出会いの持続作用であることを物語っている。持続作用は、どこまでも関係作用であるゆえ、だから対象論的に何に出会ったかを言い表わしたり、比喩であることは決してない。この場合、第三の出会者にとっても、それが対象性を越えたまくら言葉、シジフォス自身の持続作用の仕草全体が、世界を顕わにする構造関係を示すということこそ肝要であるといえよう。（「出会いを求めて」、七二—七三頁）

あるいはこちらでも——

芸術家は、存在の番人、出会者という意味で、本質的に詩人でなくてはならない。言い換えれば芸術家——作家とは、どこかに特別存在する者でなしに、それは端的にいってより深くじかに出会いの世界を知覚しつづけようとする者であり、世界の言葉の発見者たろうとする者である。（「存在と無を越えて——関根伸夫論」のうち「身体性について」、一四二頁）

李禹煥はこの本のなか、何度もおなじ語を用いながら、出会いとはこういうことを言うのだと安易に断言したりはしない。断言せずにいくつもの具体的な場を提示して、このことばのまわりを切り崩し、掘り崩して浮きあがらせてゆく。たとえば遭遇とか邂逅とかの漢字二字の熟語ではなく、ごくごく平たい、ありふれた、人の口からさりげなくこぼれてしまう語であるがゆえに、逆にしなやかで弾力性に富み、つよい。とってつけたようにみえてしまうかもしれないが、関根伸夫の『位相-大地』がばんとそこに、かたまりとしてあり穴としてある、でももしそれに手で指でふれてみるならあるやわらかさがあり、わずかなりとも押すこと、押しつけることができ、奥があるように触知できる、ような。批評を戦略的に組織する二字の漢字たちの堡塁のうちにある深い井戸、のような。と同時に、「出会いを求めて」との、ある意味とても平凡なもの言いへの鋼のようなつよい拒み、食虫植物のように誘いながらふらふらとやってくるものを食ってしまうような毒、をも。この激しい両義性を出会いは秘めていないか。そこに李禹煥のつくりだす作品を投射することはできないか。

二〇一七年十月から十二月まで、東京オペラシティ・アートギャラリーで『単色のリズム 韓国の抽象』が開催されていた。訪れる人はかならずしも多くなかったようだが、その色も形態も、また作品の下地となるもの——支持体と呼んでもいいだろうか、も、会場そのものが空間として余裕を持った、とてもいい展覧会だったし、無料で配布されるカラーを多用したプログラムは、簡潔でありながら要を得た解説もあり、貴重な資料として手にとった。

出品作家は、生年順に一九一三年生まれの金煥基《キム・ファンギ》から一九六三年生まれの尹熙倉《ユン・ヒチャン》まで十九人。李禹煥は一九三六年生まれで十一番目。ほぼまんなかに位置する。特に最後におかれていた（李禹煥の）複数の作品――一九七〇年代の『線より』『点より』と、一九八〇年代の『風より』『風と共に』は、まずは一点ごとに集中する、それからほかに視線を移動させ、つぎには描きこまれた色のなびく方向へあっちこっちと視線をさまよわせて、いつまでもいつまでも、みていたくなる。タイトルなどみなくとも、これらには風があり、風の音があった。どれだけの集中がここにこめられ、この風がとおるためのものがどれほど厳しい眼差しと四肢によって生みだされたことだろう。

それにしても――美術といい、音楽という。これらのことばを疑ってみることはあまりない。だが、これらともともとのことばである Beaux arts とか fine art、あるいは music(s) とがそのまま対応すると考えるのは、どう、なんだろう。いや、対応はとれているのだ、きっと。しかし、表意文字としての美術・音楽は、もともとの beaux arts・fine art や music(s) とずれ、べつの意味をべつのニュアンスを、その文字をみる・読むものに与えずにはいない。その美しさと結びついた技術が美術。何かしら音がひとつでもふたつでもありそれを楽しむ、音楽。それぞれ、馴染んでいることばではある。だが、それは、ヨーロッパで育まれてきた art と、美の基準と、あるいは、ミューズの女神によってなされている音楽の構築的な美とはほとんどつながりをもたない。むしろ、美なるものを生み出す技術と、音をどう楽しむか、という快楽的な側面が強調されている。この列島にいる人は、だからしばしば、先入観――とは、しかし何なのか？　――なしに視覚的に美しい、目でみて楽しいことを、音を聴覚で聴いて美しい、耳できいて楽しいことを何よりも大切だと言って憚らない。いや、それはそれでいい、いいのだが、それはartやmusic(s)に面することとは違っている。それは、しかし、おそらくかなりことばを費やしても容易にはつうじない。

美術でも音楽でもいい。とりあえず芸術と呼ばれることどもを、李禹煥の思考と創作とをきっかけとして、西洋とか近代とか、東洋とか現代とか、世界とか近代・以前とか、とともに「把え返す」。そこまでできなくても、それらを二重三重にオーヴァーラップさせて、わたしがみたりきいたりできるなら。

李禹煥（リ・ウーファン）、一九三六年生まれ。「もの派」を理論上も実作上も主導した画家・美術作家。多摩美術大学名誉教授。評論集『出会いを求めて――現代美術の始源』は一九七一年に田畑書店から刊行（美術出版社から、二〇〇〇年）。その他の著書に『余白の芸術』（みすず書房、二〇〇〇年）、『時の震え』（みすず書房、二〇〇四年）。

黒田美代子『商人たちの共和国――世界最古のスーク、アレッポ』

延々と続く奥深い迷路。余程通い慣れた者でないと、昨日訪れた店に今日行こうとしても無理である。そうだ、そこには人目につく看板や宣伝広告もない。これは一体なぜだろう。どうやら販売の段階では、ここにはほとんど競争がない。あってもごく限られているようだ。これはなにを意味するものであろうか。疑問をもっていると、また面白いヒントが与えられる。（序、二六―二七頁）

スークもしくはバザールとは、ひと言でいえば、市場だ。都市には市場ができる。ものが売られ、人が買う。一軒や二軒ではなく、何百何千という店がならび、人が行き交う。前近代的な社会を視覚的に示そうとすると、そこにはしばしば市場が映しだされる。多くの人が通りに群れ、両側には店がならび、モノがあふれている。ときには西洋人の主人公が迷いこんだり、誰かが誰かを追いかけて、追跡劇は混沌ゆえに難渋する。ヨーロッパの何百年か前、アジアの、イスラームの現在の、ときには近未来のこともあり、ハリウッド映画だったら、ときにクリシェのようにして登場したりも。異文化の――西洋側からの――わからなさはこうして描きだされる。だが、こうした市場でこそことばが交わされ、モノを媒介にして交渉がおこる。数字のやりとりがあり、カネとモノが交換される。この市場が、イスラーム圏でスーク／バザールと呼ばれるとき、ほかの都市とはどう違うのか。

そもそもスークの研究はあまりなされていない、と黒田美代子は言う。前近代的なもの、との指摘も多い。スークなど「無意味であるか、いずれ消滅すべきもの」（第二章、六八頁）だと軽蔑され、無視されてきた。スークは、経済学者は、その流派を問わず、「計量不可能ないわゆるインフォーマルな部分」（序、二九頁）を嫌う。理論からはこぼれおちてしまう。だからこそ著者はそこに眼差しをむけようとする。イスラームの商取引のありようをクローズアップし、スークの分析によって現在の資本主義社会、価格ベースの経済への問い掛けとしてみよう。それが本書の方向性である。

現地に通ってフィールドワークを重ねて生まれた一冊の本。『商人たちの共和国――世界最古のスーク、アレッポ』は藤原書店から一九九五年七月に刊行された。

全体は、「はじめに――本書の意図」とつづく「序」、最後の「おわりに」にはさまれた、四つの章からなる。

第一章「アレッポと交易の歴史」、第二章「スークの構成」、第三章「スークの人々」、第四章「伝統経済の特殊性」で、それぞれ、目次には〈歴史〉〈概説〉〈フィールドワーク〉〈分析〉と小さく章のタイトルのとなりにある。「おわりに」は副題に「色彩やかなミルフィオーリ、商人たちの共和国」とつけられる。

アレッポはシリアの、現シリア・アラブ共和国のダマスカスに次ぐ第二の都市。アラビア語ではハラブ（حلب）は乳の意という。交易の歴史は紀元前三千年以前からの（?）の長い歴史があると第一章に記されている。西に、東に、南にと交易はさかんにおこなわれてきた。そここそがこの都市の魅力であり、「世界最古の都市の中で、今日に至るまで栄光を誇り、保持し続けているのは、アレッポを除いて他にない」（第一章、五九頁）と強調し、著者がフィールドとした由。

第二章ではスークをデッサンしようとする。しばしば、中央集権的、あるいは直線を基本とする都市計画を持たないがゆえ、スークのようなありようをとってしまい、それがゆえ、さして重要性を持たないもの、との西欧的な視点に対し、「歪み、ずれ、ぶれはアラブ・イスラームの社会編成に基本的な積極的要素であり、これに消極的な評価を加えただけでは決してこの世界の真実は開示されえない」（第二章、七〇頁）と指摘する。さらに、スークは統計的にどのようになっているのかを検討し、フォーマル・セクター、伝統的セクター、インフォーマル・セクターと三つに区分、さらに、商業会議所に登録されているそれぞれの件数が提示される。公的セクターは特級、私的セクターは一級から四級にまで分けられているのだが、以下のようになる、という（第二章、七五頁）。

特級	二八	公的セクター（二八）
一級	二一七	私的セクター（一四、七六三）
二級	四六六	
三級	四、〇一〇	
四級	一〇、〇七〇	

こまかいことは省略するが、これらの格付けは商売とは何も関係がない、らしい。資本金でも取引額でも従業員数でもない。公権力そのものが「初めから個人の経済活動の正確な把握を断念して」おり、「お上は、インフォーマル・セクターを監視することも、制限することもある程度以上不可能であり、そもそもその意志を持ってもいない」（第二章、八二頁）というのだ。「驚くなかれこの社会主義を標榜する政権は、これまで私的セクターにたいして、ほとんど税金らしい税金を課してきてはいない」（第四章、一六九頁）とも。第三章で何人もの聞き取り調査から浮かびあがってくるのは、仕入れてくる人、つくる人、売る人がいるというようなかたちではなく、ひとりがいくつもの役割を果たし、単純に分業とはなっていないこと。店ひとつひとつのありようが、ただ販売をしているのみならず、実質的に流通やら制作やらまでも含みこんでいるのがざらで、見方によって多重的だったり流動的だったりする。

全四章のうち、第三章まで、読み手たるわたし、あるいは、すくなからぬ人たちにとっては、知識としてはともかく、あまり実感としては持っていないスークでの商取引について、かいつまんで紹介しようとしてきた。もしかすると第四章「伝統経済の特殊性」にいきなり飛びこんでしまったほうが良かったのかもしれないが、このあいだの前提となる部分をある程度でもみておかないと、「分析」の効果が半減してしまうかにおもえないでもなかった。

先に記したように、わたし、わたしたちが慣れ親しんでいる、というか、慣らされている分業化が、スークではかなり異なっている。そんな指摘がある。なぜか。個人は「生産、交換の各レヴェルにおいて、各人はそれぞれの資質、能力という領域の内側で役割を選択する。その選択に当たって彼は、生物が生息にふさわしいニッチ（活動の可能性が未だに残されている未開拓の領域）を求めるように、すでに分化されたものを引き受けるといったかたちで分業を支える」（第四章、一六四頁）から。分業というかたち、システムではなく、何よりも個々の生身の人間こそが先にたつ。また、「生産者と商人の区別はない」（第四章、一七七頁）し、「とにかく人生そのものが、「現世で来世を購う（買うというアラビア語で表現されている）」等と、売買のタームで説明されがちな文化圏において、商人という語が持つ意味内容は、彼等を最下層に置くような発想の文化の場合とは、異なること著しいのである。神とひと、ひととひととの契約関係を重視するこの教えは、ともすると人間のあらゆる関係を、商業の比喩で説明しており、いきおいこれらの商業的用語の意味領域は拡大されがちである」（第四章、一七六頁）。ここで暗に示されていることからもわかるように、いま生活を営んでいる社会のあり方と、スークが繁栄しているところとは大きく異なっていて、もし身をおいたならそこに、大きく考えを、発想を変えなくてはならなくなる。

注目に価するひとつはこういうところではないだろうか。すなわち、著者は価格ベースと需要ベース、両者の市場の対比である。前者において価格なるものが君臨し、《一定の基準》が設けられずにはいないのに対し、後者はそうではない。例として挙げられるのはキュウリだ。曲がったキュウリとまっすぐなキュウリ。どちらもちゃんと食べられる。にもかかわらず、前者は流通から排除されてしまう。需要ベースの商取引、あるいは、伝統経済は、と著者は書く。

伝統経済は、曲がったキュウリを堂々と流通に乗せるシステムであるといえよう。ここではひとにも、ものにも一定の基準などは課されない。基準が存在するとすれば、それは複数の、あるいは種々雑多な基準であるとしかいいようがない。(第四章、二一四頁)

ここに登場するのはエンタイトルメントという語。エンタイトルメントは、「タイトル」の語を含むように、資格や権利を意味する。参加資格といったニュアンスになろうか。ここに先だち、著者はインド出身の経済学者、アマルティア・K・センの分析に「エンタイトルメント」が由来することを記している。センの『貧困と飢餓』（原著、*Poverty and Famines: An Essay on Entitlement and Deprivation*, Oxford: Clarendon Press, 1984、邦訳は黒崎卓・山崎幸治訳、岩波書店、二〇〇〇年）のことで、本書執筆から刊行の頃にはまだ翻訳がでていなかったし、わたしは当時、高名なこの人物の名を知らずにいた（センは一九九八年にノーベル経済学賞を受ける。本書刊行の三年後である）。センは自著において「飢饉」という状態において人びとがそれぞれどのようにして食糧を手に入れるのかを細かく分析し、著者は、消費者の要求はさまざまだ、無限に多様だ、そしてモノもまたあらゆるかたちで殺到してくると指摘する。

> 売買が成立することが第一で、その理由づけは副次的な問題である。要はスークとは、ひとの参加が最大限に開放されているように、ものの参加も最大限に開放されている市場なのである。（第四章、二一四頁）

そう——、わたし自身がまだ子どもだった頃、八百屋さんがごくふつうに近所にあり、台の上にいろいろな野菜が売られていた。いまだってもちろん八百屋さんはある。ちょっと違うのは、ビニール袋の有無だろうか。そのときどきによって違うが、ジャガイモもキュウリもトマトも、「一袋」の単位ではなく、「一山」だったと記憶する。袋にはいっておらず、数個が積み上げられ、山がいくつも台の上にあった。曲がったキュウリもふつうにあった。いつからかまっすぐなキュウリばかりになって、でもきっとその変化の時期に、わたしはもう母と一緒に八百屋に行くことがあまりなくなっていたのだったろう、気がついたらそうなっていて、気づくことさえ忘れていた。あらためて気づけるようになるのは何らかのきっかけが必要だったとおもう。それが何だったかは、これまた忘れてしまったのだけれども。そうだ、行きつけの八百屋さんでは上から籠がさがっていて、お金が無造作に出したり入れたりされていた。強度のあるゴムがついていて、びよーんと伸び、また、戻る。やりとりのなか、お得意さんにはちょっとしたおまけがあるのもしばしばだった。夕刻に賑わうときには、何よりも声で、野菜を新聞紙に包んだり茶色い袋にいれるときのすれる音で、お金の音で、足音で、店はいっぱいだった。

モノだけではなく、ヒトが参加する。いまではどうなのかわからないけれど、わたしが一企業にはいったとき、ヒト・モノ・カネが同等に大切だと新入社員研修で教わったと記憶する。あるいは、上司か身近な人から、飲み屋の席で懇々と説かれたのだったか。たぶん人命や健康にかかわる医薬品をつくる会社だったからなのだろう、この三者は特に強調されていた。そして社員が健康でなくてはならないことも説かれた。医薬品にかかわる者が不健康では医薬品は売れない、と、これまた耳にしたおぼえがある。モノ・カネにバランスが傾いていてはいけない、ととらえるか、あるいは、ヒトの命や健康もカネになる、ヒトも商品にほかならない、ととらえるのは意地が悪過ぎるのか、どうか。

脱線しながらべつのところにつなげてゆこう。

価格が絶対でなく、売り手と買い手が現物を前に交渉する場面を持つということは、買い手が自分の欲望、享受するエンタイトルメントの多寡に応じて、売り手と交渉しうることを意味する。［……］商品の一つ一つは、固有の等級、品質を持っている。ひとがそれぞれ固有の資質、力能を備えているように、そこではものもみなそれぞれの個性を持っているのである。もしくはそのようなものとして、立ち現れる。消費者は、それぞれの自分の嗜好、財力に応じて商品を物色し、可能な範囲内で交渉にけりをつける。消費者の需要の多様性、これに対峙する多様な商品という複雑を極める回路を結び付けるためには、交渉は最も有効な手段なのである。このような意味で需要ベースの流通、交換においては、消費者のひとの側面が強調され、媒介者として定価といった無機的なものでなく、商人というひとの存在が要請されるのである。（二一四―一五頁）

最初に本書を読んだ頃、つまり初版がでた頃、インターネット書店Amazon.comはすでに存在していた（ようだ）。でも、こちらの視界にははいっていなかった。一九九四年七月に会社設立、Amazon.comとしては一年後の一九九五年七月から営業開始とある。二十一世紀が二十年ちかく過ぎた現在、このインターネット書店にはすでに新刊として流通していない本、品切れだったり絶版だったりする中古の本が扱われている。わたしはしばしば利用するのだけれども、こうした「品切れ・絶版本」は、かつて古書店に足しげく通わなくては手にいれることができなかった。運が良ければみつかるし、さもなければしばらくは読むことができない。特に大学などに縁がなかった時期はそうだった。古書のサイトができ、さらにAmazon.comで新刊本と対比できるようなかたちで何種類もの中古書がみられるようになって助かっているのは紛れもない事実だ。そのうえで、しかし、そこにあるのは価格のみ。ほとんど送料代だけで本体の価格はないに等しいものだってある。その意味ではたしかに安く買うことができる。死蔵されたり棄てられたりしないのはうれしいが、購入することになれば、モノがどういう状態なのかなかなか知ることができないということもある。現物の写真もないではない。だがごくわずか。良心的に説明があっても実際との差はなくもない。註文し、手元に届いたものは、たしかに読めはするけれど、あまり気分がよくない状態だったりすることも。

スークではおなじようなものを売る店が集まっている。連想したのは東京下町――「下町」の定義はいいかげんだ――の店のならびだ。合羽橋でもいいだろうし、神保町の古書店街でもいい。いまはすこし違ってきているのかもしれないが、上野のアメヤ横丁でもいいかもしれない。

閑話休題。

需要ベースはより「人間的」であるとの指摘がある。法外に高価な商品もある。もしかしたら、この裏にはとてつもないものが仕舞われているかもしれない。でも目の前にあるのは手の届くもの、買い手の財力にふさわしいものがならんでいる。その、購入できる、買えるかもしれない、というのもひとつの親密感。それだけではない。ただ一回きりで縁が切れてしまう買い手と商人の関係ではなく、何度も何度も足を運ぶなかで生まれる親密感も。「ショーウィンドウの奥の豪華な商品に、ただ射倖心をそそられるだけの懐淋しい通行人。だだっ広い店内でものいわぬ商品どもの群と対面し、レジで価格を対照して代金を支払うだけの買い物客。ものもひとも疎遠なこのような状況は、スークとはまったく無縁である」と著者は言ってのける。「ここには、購買可能なもの、おまけに完全に人間の顔をした商人がいる」（第四章、二一六―一七頁）と。ショーウィンドウでディスプレイされ、ガラスで仕切られたむこうに商品がある。これはベンヤミンを想起するまでもなく、パリのパサージュの光景であり、十九世紀、資本主義が急速に発展した、つまり言い方をかえるなら購買欲をそそる、欲望を刺激する――「欲望は他者の欲望である」？――装置だ。しかも店がすでに閉まっていてもショーウィンドウのモノたちはライトアップされたりし、日夜、誘惑をつづける。窓、ガラスといった近代の工業製品で隔てられ、視覚を優先させてくるモノたちと、スークのモノたちとのコントラストはどうか。

著者の文章のなかには、なつかしいともいえる言い回しがある。「人間の顔をした」、だ。かつてチェコのアレクサンドル・ドゥプチェクが改革運動「プラハの春」を率いたときに、「人間の顔をした社会主義」を掲げ、この後、「人間の顔をした」はさまざまなかたちで変奏・反復されることになるのだが、それがこうした文脈で、「商人」につけられているところに注目してしまう。「人間の顔をした」につづくのは「人」ではないことがほとんどだったろう。資本主義とか野蛮とか、抽象名詞と言ってもいい。それが生身の人であるところに、著者が、おそらくは商人を人をとらえないものとしてみている事態を想定しながらつかっている、とみえるからだ。そしてそれは、もしかしたら本書が執筆された時点で、すでに旧ソヴィエト連邦を中心とする社会主義体制が何年か前に崩壊し、貨幣経済が一気に前面に、世界的に広まっていったなか、商‐人を、商売をする「人」であることを再確認し、人と人とのつながりのなかで商行為をみようとすることのあらわれではなかったか。

何気ない会話が四方山話に、さらに多方向にむかったり、深くなったりする情報の交換になる。それは行きつけの喫茶店や飲み屋の店主と常連客のあいだの関係に近くなる。

> 客と主人の会話が、そのうちには隣合った客同士の会話の輪に広がり、親密さが定着して、最近姿を現さない相客の安否を気遣ったりするようになる。スークの登場人物、スッワークたちは、売る人、買う人の別なく、ひとの要素の強い売買を介して互いに喫茶店仲間、飲み友達のような親密な関係を築き上げていくのである。迷路のような小道に看板もなく、広告もない。あってもごく稀である。しかし当然のことながら顧客たちは、視覚とは別の特殊な感覚に頼っているかのように、正確に目当ての店を訪ね当てる。（第四章、二一七頁）

逆に、「常連客」といったものがなくなってきて、個々の客たちが勝手にスマートフォンの画面にむかっている状態。店主はいるのかいないのかわからず、いてもどの人なのかわからなかったり名目上だったり取り替え可能だったりする。「喫茶店」がなくなってきたこと、飲み屋でもチェーン店が増えて店主がいなくなったこと。それらは連動していないかどうか。どこぞの国や街において。

宗教と、政治、経済を分離しないイスラームにおいて、例えば経済は単純に〈もの〉、財に還元されることはなく、さまざまな次元で密接に〈ひと〉と関わっている。キリスト教経済、仏教経済は存在しないが、れっきとしたイスラーム経済というものを持つこの教えでは、観念、理念のレヴェルではなく、具体的な商業的実践の段階で、宗教が深く関わってくるのである。［……］

正しい商行為という一粒の種は、七つの穂を育て、それぞれに百の実を稔らせるように、豊かな富をもたらす。そしてこの恵みはまた、正しい欲望をも育てあげる。ワクフ文書の前書きは、ひとともの
が信用の根拠であり、富の根原であることを独特の言い回しで述べているが、この種の信条は現在でも多くの商人たちにしっかりと根を下ろしている。言い方を変えるならば、品行方正も、商売のためなのである。（一一八—一一九頁）

ここでは数値に置き換えることのできない「信用」、捉えどころのないものが、何よりも重要な経済的要素になっているという。本書は、たしかにスークのこと、スークの分析をおこなっている。つまりは経済や市場が、また、場が扱われているのだが、同時に、それはヒトやモノ、それぞれの固有性、取

り替えられそうだけど見方によってはそうでもないこと、を提示しているようにみえる。おなじ一つのページのなかにみるこんなそれぞれの文章は、経済や数字や商品についてであると同時に、もっとべつの世界を志向しているようだ――「ひとの参加が最大限に開放されているように、ものの参加も最大限に開放されている市場」「売り手と買い手が現物を前に交渉する場面を持つ」「商品の一つ一つは、固有の等級、品質を持っている」（第四章、二一四頁）。

わたしはといえば、ここでいわれていることをほとんどそのまま、人を聴き手だったり演奏家だったりする音楽の場、モノや商品を、発される音だったり音楽だったりというふうに読みかえてみたいおもいにかられる。それはそれで間違ってはいないのではないかとおもうのだが――。

わたし、わたしたちの住んでいる極東の列島において、大きな地震があり、原子力発電所の事故があり、といった二〇一一年三月、チュニジアではアラブの春と、またジャスミン革命と呼ばれる運動が起こった。各地に飛び火し、民主化運動が起こったことは誰もが知るとおり。シリアでも、長期にわたるアサド家の――社会主義政権と謳っている――独裁政権の政府軍と反体制派の対立による内戦が拡大した。二〇一二年九月末、スークに火災が発生、長い歴史を持つ店の多くが消失してしまった。この火災からほぼ直前といってもいい八月、ジャーナリストの山本美香が無差別銃撃で亡くなった。そのせいもあってか、アレッポのスーク火災は一般にあまり注目を浴びなかったかのようにみえる。その後、現在

227　黒田美代子『商人たちの共和国——世界最古のスーク、アレッポ』

に至るまでシリアをめぐる本は何冊も書店にならぶことになる。いずれも政治的・宗教的な情勢と困難な状況にある人びとが浮き彫りにされ、この地域の現状と問題が提起されている。本書『商人たちの共和国』にあるのはそのようになる以前の、二十世紀、二十世紀までのこのシリア共和国のひとつの街、アレッポという場所の、もうおそらくは迷いこめなくなってしまったスークをめぐる本であることを、あらためて確認しておきたい。わたしが手にした初版から二十年経った二〇一六年十二月、本書の新版が書店にならんだ。こちらにおいては、イスラーム学者・黒田壽郎の「アレッポの誘惑」が冒頭に掲げられ、アレッポのスークの写真が増補され、また、「シリアの古都はなぜ破壊されたのか？」云々が帯についた。名前からも推測できるとおり、黒田美代子は黒田壽郎のつれあいであり、新版刊行の五年前に亡くなっていることがここに記されている。

　ほんとうのところを言えば、「スークとはなにか。未だに定説といえるものは存在しない。これはしかし研究者にとっては挑戦的で、魅惑的な事態である。中東研究にはまだまだ、発見が期待される大きな鉱脈が無尽蔵に隠されているのである」（序、一七頁）との文章を読んだとき、何とも居心地がわるかった。そのとおりだろうとはおもった。おもったのだが、どこか研究者、アカデミシャンが未知なるものを見つけだし、探索すること、表にしてまとめ、浮かびあがったこと、考えたことを発表して研究成果にする、ということそれじたいを何とも居心地がわるく感じてしまったのだ。いまでも、感じない、とはいえない。感じるのだ、つよく。とはいえ、である。すでにこうした調査を何百年つづいてきたスークのなかでおこなえないという事実、その貴重なヒアリングの記録がこうしたかたちで残っていることは、そんな感傷を吹き飛ばすに充分であるにちがいないのだ、きっと。

黒田美代子（くろだ・みよこ）、一九三四年生まれ、二〇一一年逝去。イスラーム地域現代史、文化研究者。駒沢女子大学人文学部教授等を歴任。『商人たちの共和国――世界最古のスーク、アレッポ』は藤原書店刊、一九九五年（二〇一六年新版、藤原書店）。翻訳書に、ムハンマド・ハミードッ＝ラー『イスラーム概論』（イスラミック・センター・ジャパン、一九八〇年、のちに書肆心水、二〇〇五年）、『チュニジア私的関係法』（国際大学中東研究所、一九九〇年）ほか。

中西夏之

『大括弧――緩やかにみつめるためにいつまでも佇む、装置』

創作家、つくりてが創作しているときに何を考えているか、創作時ではなくとも、どんなことを意識しているのか、わからない。作品がそこにあり、創作の周囲が語られても、ことばと作品は容易に結びつくことはない。作品は作品で、作品にふれるわたしのおもいと、つくりてのおもいはすれちがう。作品から、わたしはわたしのやり方で架空のつくりての作業に、思考に向かおうとし、ときにそのことをことばにする。ことばはつくりてのおもいとすれ違うが、すれ違いのなかでときに生じる乱反射を互いにおもしろがって、さらにべつのところにつながっていく――こともないではない。

つくりてのことばをみずからのことのように理解し、そのとおりに作品を語れる人も少なくない。それがつくりてを、作家をより深く理解することであると考える人がいて、かならずしもそうは考えない人がいる。どちらがいいではなく、たぶん、つくられたものに対してのつながりやつきあいといったものが異なっているのだ。おそらくは。

つくりてのことばがどのくらいことばとして成りたっているのか、どのくらいことばになりえない、ならないかもしれない思考に肉薄しているのかもわからない。ことばではないかたちで、つくりては思考する。その道具はいくらでもあるだろう。こちらはただ、ときに作品とはべつなかたちで発されることばをとおして、かろうじて何かを感じることができる、できるようにと錯覚するばかりだ。

つくりてはさほどことばを信じていない。こちらもつくりてのことばはそのくらいのものではないかという程度にみたほうがいい、かもしれない。ただときどき、ことばがつくられたものとはべつの次元で、あるいは、つくられたものに対してある角度から刺し貫くものを感じとるとき、そのことばにすこし寄ってみる、依ってみられる気がしないでもない。

中西夏之に「右手は海に触れて　J・S・バッハ」という文章がある。はじめは「オレンヂの棒と緑の棒は、意思が仮りに定めた内部に隣り合い、接触し、擦り合おうとしている」（六一頁）と始まり、中西作品をある程度でも見知った者なら、あぁ、画布の中央に「棒」があるな、と、たとえ違っていたとしても中西夏之的なものを想い浮かべることができる。この「棒」から、「鹿の角と鉄の板」が俎上にのぼり、ふと、バッハにふれる。ふれる、といってもたまたまある作品を音源からながす、ということでしかないのだが、ある行為とバッハの音楽が結びつけられるところに、その意味を、読み手は見いだそうとする（かもしれない）。

このすこし長い文章は、ある空間のなかの二つのモノの、鶴と画布であったり、地表と上空であったり、「始まりの瞬間と、終りの瞬間」、「明るみの中の音と内部彫刻的な音」などが挙げられてゆくのだが、そこにこうした文章がある。

弱々しい人が筋道を分け入りながら歩いている。その細い道の両側に音が押し寄せ、二つの音の壁をなし、その人が通り過ぎるまで互いにぶつかり合うのをじっと待っている。そんな音の壁と音の壁の隙間の細長い道を細々と歩いている。その人が行き止まり、行き倒れてしまうと同時に、音の壁は崩れ、筋道は塞がれてしまう。——響き。（「右手は海に触れて」六五頁、以下引用は一九八九年筑摩書房・初版より）

「弱々しい人」とは何だろう。聴き手だろうか。演奏家だろうか。さもなくば作曲家自身、あるパートの擬人化かもしれない。また、音の壁とは、バッハの音楽のポリフォニックな側面、異なった音の動きが並行してゆくこと、なのか。

こんなことも読むことができる。高梨豊の写真について書こうとしていて、そのときみずからが描いている「M字型の絵」をめぐることどもを並行させて記す、そんな文章のなか。

あらゆる事象を載せている地上に呼応するもう一ツの地上がある、と私には思えてならない。それは見えない。それを絵画の地上、絵画世界といってみよう。実際の世界と絵画世界はシャム双生児のように接合している。一方が生きていなければ一方は死んでしまう。この実際の地上で画家が描くのはもう一ツの地上の方であり、それゆえ画布の位置は、眼の前の富士山の手前にありながら手前ではなく、二ツの富士山の間なのである。焦点は二ツある。（「凹型の言葉、高梨豊の写真——M字型の絵を描きながら」一二〇—一二一頁）

前者のバッハつながりの文章なら「二つの音の壁」「音の壁と音の壁（の細長い道）」、後者の高梨豊つながりの文章ならタイトルにもあるように「凹」のかたちや「M字型」。ともにある山と山のあいだのくぼみが、そして逆にその脇にある壁や、せりあがった山あるいは台地。これらが二つに分かれ、わずかかもしれないが、隔たっていること。わかったような顔をすることはできるかもしれない。だが、画家が書きつけるようには、思考するようには、おそらく、わたしはわかってはいない。そのうえでこのかたちに引っ掛かっている画家を想像してみる。

絵は常に正面を向いている。この絵の「背後」はこの絵自体の背後、あるいは絵の様相の背後ということではない。たえず正面しか持たない絵画に、背後という方向を示す言葉が重ねられたために、誤解を招いたかも知れない。

画布を前にした作業で、いつも自分自身の背とその後がガランドウなのではないか気づかわれる。背の後

方にそのガランドウの輪郭、巨大な円を感じている。(「背後の円」五九頁)

絵は正面にある。正面を向いている。あたりまえだ、あたりまえなのだが、はっ、とする。絵をみるとき、人は絵が向けている正面に対して、面している、視線を向けている。その絵にむかっている人のうしろは「ガランドウ」であり、絵の背後もまた「ガランドウ」になっている。屹立するキャンバス、画布――とりあえずそう呼んでおこう――をみる人は、その隔たり、距離を介して、二つの山、凹のかたち、M字型になっていないか。隔たり、距離はそれじたい峡谷で。

絵画がかたくなに保とうとする正面性と平面性は、この縦の系の時間を受けるためにある。絵画は時間を真向いから見、浴びるための、唯一の形式である。(「橋の上」一〇二頁。強調は原文、以下同じ)

あるいは、

公園で立ち停り、振り返る人、ある方向をボンヤリ凝視める人、彼等は自分の来し方、行く末を見ようとしているようでもある。しかし実は正面からやって来るもの、正面からの気配が何であるのか、自分が眼を向けているのははたして正面なのかと半信半疑でいるのではないだろうか。

……

人は絵があるから立ち停るのではなく、それが正面であるから立ち停る。あるいは、はたしてそこにある平面のものが、自分が予感的に求めている正面であるかどうか確かめようとする。絵が平面であり、その平面性は正面を強調し、強制するためにあるのはすでに了解済みのはずだが、この観点は埋もれたままにさせられている。（「立ち停まりの儀器」一五三―五四頁）

文章を書いている中西夏之は画家、美術家、創作家だ。それは重々承知のうえで、書かれていることのもともとのはじまりは、おそらく絵を描きはじめる前、いや、ずっと以前からきっと手は描くことを特に意識せずともおこなってきただろうけれど、そのうえで、どこかの時点で絵を描く、創作する手をとめ、目の前にある紙なり画布なりがあたりまえのようにそこにあること、それが正面であることに気づく、いや、驚愕したところにある。そしてあらためて、画布にむかうことの正面性、画布と視線の、画布と手の距離を、画布と視線と手の三角を、急激に意識したのでは、と。そこから絵を描く人、画家、から逆行して、日常のなかの、ごく些細な行動をとる人たち、「公園で立ち停り、振り返る人、ある方向をボンヤリ凝視める人」にあらためて気づく、あらためて眼をむける。絵を描くかどうか、ではなく、その身ぶりをする人をこそ、絵へとむかうかもしれない、いや、むかわなかったとしても、あるつながりのある萌芽があるとしてみてしまう。

そんなところから、このような箇所を引くとしたら、どうか。

> 人はどのような時、絵を見たくなるのだろう。人はある時、ふと足を止め、ぼんやりとある方向を眺めることがある。正面向きの、大きな、何ものかから押し寄せてくる全体的なものの滲透、時間のようなものの直進の気配にしばらく立ち止る。見ているのは風景やあたりの空間的事象ではない。絵である。「立ち止り」は時間の流れの外に出て、時間の直進を真向いから受けようとする不意の欲望である。（「「紅梅白梅図屏風」再会の予測」一〇三頁）

絵、とはさりげないことばだ。誰でもつかうし、特に意識することもない。それが、ここでは一気にべつのものに変容する。恐ろしげなものとしてたちあらわれる。絵、とは、けっしてあたりまえ、あたりまえのものでない。そんなひと言を聞きとることはできないか。

それは「出来事」と言い換えられもしよう。

人は絵の前に足を運ぶ。それは日々の営みの続きなのだが絵の前でその連続は断たれる。これはたんなる中断ではなく自身の歩行に沿って流れる時間に、横に流れる時間に直角に対したのである。この中断の中で、すなわち時間の直進を受けて、あのフェルメールの絵の前の発作、とまではいわないまでも、ささやかな出来事が起こるだろうと期待してもよいではないか。（「「紅梅白梅図屏風」再会の予測」一〇五頁）

「あのフェルメールの絵の前での発作」とは、すこし前に引かれる「登場人物の一人に発作を起こさせ死なせたフランスの小説家」と言及があることのくりかえしだが、これはわざわざ言う必要もないかもしれないが、プルースト『失われた時を求めて』のエピソードを暗示する（プルーストも、その作品のタイトルも故意に挙げられない）。プルーストの作中人物たる作家ベルゴットは、病いであるにもかかわらず十七世紀オランダに生きた画家の『デルフトの眺望』を観にゆき、その前で息絶える。絵とはそうしたものなのだということを、中西夏之はさりげなく、しかし、つよく、主張する。それに気づかない、絵が絵であることさえ気づかずにあたりまえのものとして見てしまうことに対して、大いなる違和をおそらくはおぼえつつ。

瞬間、の語が何度もあらわれるのは、だから偶然ではない。きっと、この驚きとつよく結びついている。

瞬間は継続してゆくもの、継続のありようを点検し批判するかのように、継続の中に割り入ろうと絶えず隙をうかがっている。

瞬間は連続しておしよせて来るのか、重なってやって来るのか。嵐の海の舟の中で人は絶えず瞬間を数えさせられる。（「不合流（正面性・眺めること）」九三頁。

　それは、音楽があるひびきの持続のなかで生成しつつ、ときにある瞬間が屹立する、演奏家でも聴き手でも、瞬間にふっと掬われてしまうことと対比できるようにもおもう。

　瞬間がこの絵を作っている。一瞬のうちに作られたというのではない。一粒の砂の中に瞬間が待機しているのを想ってみよう。

　無数の砂粒は、それぞれ無数の瞬間を内包したまま地上に横たわっている。だがこれは地面ではなく画面だ。やすらぎも、けだるさも、まどろみもない。（「「ジョアキム・ガスケの肖像」セザンヌ」一〇七頁）

　絵について書かれている。それはわかるし、そのようにして絵に向かうこと、ここでなら、セザンヌの作品にむかうことへの姿勢として、とらえられる。ならば、創作家がみずからとおなじ領域に携わるべつの創作家について思考しことばにするときはどうだろう。たとえば中西夏之がセザンヌに言及するとき。尾形光琳に言及するとき。

と同時に、先に記したように、それはべつの芸術と無縁ではない。音楽、とことばをだしたけれどもそれはひとつの例にすぎない。もっとさまざまなもの、芸術と呼んでも呼ばなくてもいいものと。

画布を前にしていつも思うのだが、瞬間というものも光の粒子と同じように無数の物体的粒子の中に潜んでいて、私たちが時間概念として瞬間を経験するのは無数の粒子中の瞬間の一ツが、粒子の殻を破る時にあると思える。

画布は光と、そして沈黙している無数の瞬間にとりかこまれている。画家が瞬間を問題にするとはどういうことか。

写真家も画家と同じこの地表・空間の中、無数の沈黙する瞬間の中にあって、シャッターを押す瞬間を待っている。二重の瞬間の体現者なのだ。（「凹型の言葉、高梨豊の写真――M字型の絵を描きながら」一二二頁）

色彩の語についても引いておきたい。これもまた、時間と結びついたかたちであらわれる。

時間がそうであるように、色彩はあらゆるものを被い、滲透する。時間が現象のリズムに持続を与えるように、色彩も現象の変化に必ずといっていい程、立会い、充満し、馳けまわり、君臨しているので、色彩を

何とか飼いならし、手中におさめることが画家の本領であると思えてしまう程である。(「立ち停まりの儀器」一五一頁)

あくまで、「思えてしまう程である」うえに、以下の文章がつづく。

「色彩とは世界と頭脳が合流する場である」とセザンヌはうまいことを言った。色彩は世界を総括し得る観念だとは言わない。ところで色彩が観念だとして、この観念に近似的な具体物、顔料や染料を画家はすでに持ち、それを操作出来るだけなのだ。しかし時間に対していまだにモデルの持ち得ない現状では〝色彩の力〟を借りる必要があるのだろう。画家の本領は本来、時間なのだが、現状では色彩がそれにとってかわってくれているにすぎない。(「立ち停まりの儀器」一五一頁)

唐突におもえるかもしれないが、この短からぬ文章のなかには、詩についての言及があって、そこには先の凹型や山、あるいは壁といったものと結びつきそうなことが書かれている。例として挙げられているのは吉岡実と白石かずこの詩で、行分けの詩のリズムを語りながら、中西夏之は問うのだ。「がそれにしても、どうして行が何度も変えられるのだろう。一つの行の終りに空白を残し、詩はどうして何度も行を改め、何度も空白を残しながら進むのだろう」と。つづけてみずからこうこたえる——「それは多分一つの行の末端で水面のようなものにぶつかり、水面下にはきらめくような言葉の群が潜んでいて、一挙にその乱反射に出会ってしまうのだろう。そして一語の選択の不可能によって一種の沈黙を強いられる」（「立ち停まりの儀器」一五二頁）。

詩がなぜ行分けになるのか。それを語る詩人も詩論家もいる。そうしたところとおそらくはかなりはなれたところで、中西夏之はとても視覚的な、いや、むしろ立体的だったり、地理的な、三次元的なイマジネーションによって、行分けのリズムをとらえる。ここにある「水面」や「乱反射」や「沈黙」の語で、詩を書くものの生理が、なぜかそうしてしまうけれどもその理由はいまひとつみずからがつかめていない生理が、描きだされる。それはまた、先の凹型や山とひびきあっていて。

かつて参加していた詩の同人誌の表紙には中西夏之のデッサン、というのだろうか、あるいは、メモなのだろうか、が用いられていた。代表をしていた詩人が、この画家とのつながりを持っていたからこそのものだった。一九八〇年代後半である。のちにこの一節を単行本のなかにみたとき、あらためて画家の眼を、詩、あるいは、ことばへの意識の持ちようを知った。おそろしいことだった。

ここでふれた文章はいずれも『大括弧　緩やかにみつめるためにいつまでも佇む、装置』（筑摩書房、一九八九年）に収められている。一九六九年から、本の出版される一九八九年春までに書かれた文章をまとめている。

画家の書いた文章、本はある程度読んできた。そうおもっていた。『大括弧』はよくわからなかった。いまでもあくまでこちらに引きつけてわかったような気になるだけ、にすぎない。最初から始めて、途中まであいだをとばして、あとはランダムに少しずつ読み、といった具合にして。ことばへとかかわる姿勢、かかわるときの体温が、ごくあたりまえにことばをつかい、コミュニケーションをとるなかで発し、返されるなかで消費されてゆくのとは異なった温度を持っている、とでも言ったらいいか。よくわからないのは、そこでふれられていることどもを充分に知らない、わかっていない、ロジックが追えない、それはもちろんそうなのだが、ただそれだけでもない。

カヴァーの裏に記されている表に気づいたのは、本を手にしてからずっとずっと経ってからだ。タテ軸とヨコ軸それぞれに収録されている各文章のタイトルがある。ひとつの文章がほかのどの文章とつながりがあるか、つよくあるかよわくでもあるか、が記号で示されてもいる。たぶんこれを先にみていたら、もっとスムーズに画家の思考にふれられた、ふれたような気がしたかもしれない。逆に、知らなかったぶん、誤読しながらでも何とか、となったか。

それにしても、こんな一節に遭遇して震撼せずにいられるだろうか——

人生と愛が互いに一方を随伴するようには、芸術は必ずしも人生、愛から必要とされない。だが芸術は何ものをも随伴せず独自のメカニズムを負わされているのか、芸術は人生と愛の上方にあり両者を観測してい

る。（「橋の上」一〇二頁）

ここに収められているのは、だが、基本、平面に描かれるものについてだ。立体やオブジェをめぐって書かれている文章は、ないのだろうか。すくなくとも中西夏之の著書はいまのところ一冊しかない。土方巽から山海塾にかかわった作品についてまとまって語られたものはどうなのか、あるいは、ペーテル・エトヴェシュのオペラ――いうまでもなくチェーホフの劇作をもとにした、天児牛大の演出、中西夏之の美術、山口小夜子の衣裳によるリヨン・オペラのクリエイション――《三人姉妹》についてのものも、わたしの知るかぎり、ない。いや、作品があればいい、絵画が、オブジェが、舞台の芸術が、あればいい、とはおもう。おもいながらも、アーティストが何をどう考えたか、ことばで思考を確認したいというのも、ある。この文章にあるようなかたちで、ことばによる思考＝試行を辿りたいと思わずにいるのはむずかしいから。

243　中西夏之『大括弧──緩やかにみつめるためにいつまでも佇む、装置』

中西夏之（なかにし・なつゆき）、一九三五年生まれ、二〇一六年逝去。画家、美術家、創作家、東京藝術大学教授などを歴任。『大括弧──緩やかにみつめるためにいつまでも佇む、装置』は筑摩書房、一九八九年刊。赤瀬川原平らとパフォーマンスを行うなど日本の前衛を疾走し、その後舞踏・オペラの舞台芸術へも制作の幅を広げる。

志村ふくみ『一色一生』

一九七〇年前後までは身近な人が、ときに、着物を身につけた。父兄会——不思議な呼び方だ——、父母会、入学式、卒業式といった学校行事、あるいは、七五三などもだったか。子どもにかかわることばかりなのはこちらが子どもだったからで、その周辺からはずれるとあまり目がいっていたとはいえない。会社から帰宅すると、祖父も父も背広からゆったりした着物にして帯をしめた。ズボンの下にはステテコを履いていた。祖母は晩年になるまでほとんど着物で過ごした。ひとつひとつ、着物とひとまとめに呼んでいるのは、呼称を知らないから。単着物、丹前、志古貴、浴衣、袷、兵児帯と、ことばそのものは見知っていても、はたして祖父や父はどれを着ていたのか曖昧だし、祖母となってはなおのこと、母に訊いてみればいいのだが、これが何、と写真で照合できるわけでもない。特に気にすることなどなかったのに、いまになって、ことばがないことに、ことばがモノに結びついていないことに、モノがすでに見当たらないことに、じわりじわりと居心地がわるくなってくる。そういえば、下町育ちだったからだろうか、友人のひとりは、自宅に行くと、もう二十歳をすぎていたが、すっと気軽な着物になって自室に酒を持ってきたこともあった。奴ならもっと詳しく知っているのかしらん。

　身につけるものはあたりまえにある。あるとおもっている。生まれおちたならまわりにいる誰かが身体をおおってくれ、おおわれていることがあたりまえになる——なっている。おおいがなければ、いま、人はあまりに無防備に感じよう。開放感をおぼえることもあろうが、気温やまわりの人のありようや眼差しとまったくべつにあるわけではない。

　おおう。身にまとう。

　どのくらいかわからないほどの歳月のなか、人と呼ばれるようになるのかならないのかわからない頃から、人はからだを何かでおおう。身に何かをまとっている。西洋キリスト教絵画にあるように葡萄か無花果の葉だったのかもしれない。獣の皮をどうにかしていたのかもしれない。そのうちに手が織ることを知る。ファッションとは、その頃から、始まった、ろうか。

　こうしていま文章を書いている、あるいは、書いてから時が経過して読まれ、また読まれていないときにも、人は何かを身にまとっている。まとっているはずだ。日常の、例外的な時間をのぞくなら。そしてこの身をおおっている、つつんでいるものをあたりまえのものとおもう。それがあることに、よほどのことがあろうと、なくなってしまうことを予想するのは稀、困難だ。いま身にまとっているものひとつひとつ、何枚か重ねているならそのひとつひとつが、べつべつのところでつくられていること、購入したのは住居からさほど遠くないあたりでどれもおなじ店であるかもしれないし、あるいはネットで註文し宅配便で送られてきたかもしれないけれど、化学繊維かそうでないか、染色はどうなのか、手にするまでにいくつもいくつもの段階がある。それは、でも、いまこまかくふれるべきではないだろう。大事なのは糸から衣服になるいくつもの行程を忘れがちなこと。何百年何千年かけてきた手の、指の、眼差しの文化がなおざりになりがちだ、ということか。

わずか五、六十年前の農村の婦人が、労働に疲れきった体で、なぜこのように辛苦の多い手仕事を投げ出さずに続けてきたのだろうか。彼らの野良着や夜具が、無地であろうと縞であろうと文句をいう人はなかったろう。本当に辛い仕事ならとっくにすたれていただろう。野草や小鳥の柄を絣に織り込むとき、彼らはどんなに疲れていても楽しかったに違いない。それを着て喜ぶ者の顔を思い描けば疲れもいやされたのであろう。あの北越の上布にしろ、天保銭の孔を通る繊細な麻布に、目もくらむ十字絣を織り込んでいる。(「織 探訪記」一一五頁、引用は新装改訂版、二〇〇五年、求龍堂から。以下同じ)

鳥取・米子、弓ヶ浜の「織」を訪れた際に記した文章で、京都の西陣の織とあわせて初出は一九七八年、昭和五三年。だから、「わずか五、六十年前」は大正から昭和のはじめにかけてとおもっていいだろう。人が身をおおうだけのものではなく、なぜ柄を織りこむのかとの問いがあり、こたえへの手さぐりがここにある。手が織る。織るだけではなく、柄が眼差しのもとに織りこまれる。みることと織ることを分けることはできる、それはまた身につける、目にはいる、みる、ともつながっている。まなざしは織るものだけではなく、身につけるものへの、いくつものまなざしのなかにある。糸で織られたものは手・指からいくつもの眼差しへと場をうつし、そのあいだでべつの織となってゆく。

楽しい、喜ぶ、いやされる、とある。が、美などという語はない。著者の意識にはあったかもしれないけれど、その語は選ばれていない。美を「生活」の「なか」にみいだす。いつのまにか生活のなかにある美。そうした言い方をしない。志村ふくみの母、小野豊が柳宗悦の民藝の思想とつながりのある人から織物を、植物染料を学んだとはよく知られているし、著者自身、「母との出会い・織機との出会い」で記している。

芸術（品）とか工芸（品）とかいった語もつかわれない。後者が生活のなかでつかわれる、生活のなかに美を、いや、楽しさや喜びをもたらすものであるならば、前者にあるのは礼拝的価値、だろうか。この列島にだってもちろん「芸術（品）」はあろう。礼拝すべき価値がみいだされる文物はあるだろう。重々承知のうえで、もっと文字どおり身につける、身体と切り離すことができないものとしての、「工芸（品）」でもないものが、織なのであり、それは目にみえ、手にふれて摩滅し、またべつのかたちで加工され変容されるものとしてある。こうしたものを呼ぶ名は、たぶん、ない。なくてもいい。だが、モノはあり、それは糸の、植物から伝えられた色の、手の、さらには人の身体にふれ、時とともに過ごすその名のないかたちだ。

志村ふくみ『一色一生』をはじめに読んだ、というより目をとおしたときは単行本だった。一九八〇年代のわさわさした空気のなか、美文というのか、この列島のことばで書かれた、すこし古風な文章と語り口を読んでいたのだと記憶する。あらためて読もうかとおもったのは文庫になってから、それも、テクストとは織物のこと、というようなロラン・バルトやジャック・デリダの文章にさんざんふれてきたところからそれなりに距離をとれるようになってからで、そのころには「織」や色をめぐってことばで織る文章と読めたし、またそこにヨーロッパ中世の筆写やパランプセストといったもの、あるいは、書き写す修道僧たちによる文字の色やかたち、ちょっとした余白のあそび、あるいは、『ケルズの書』の装飾やその植物由来のかたちへの連想がはたらいた。すると、ペンで紙に文字を書き、ちょっとにじむ、その波状のにじみにもまた、なのである。ときおり書棚から引きだしてぱらぱらめくっていると、たとえばいま、もっぱらパソコンのキーボードで文章を打っているのに対し、わざと手紙や便箋に文字を書く、うまくいかない、文字の下手さや文字のならびの不揃いやといったものに嫌気をおぼえながら、でもそんなことをするのは、万年筆やサインペンの先が紙にふれるちょっとしたかんじ、すっとながれたり、すこし押したりといった微妙な筆・質感のゆえ、そのてざわりのせいなのか、とこの本を想いおこしたりする。

くりかえしになる。

はじめて読んだころ、もっぱらエッセイとして、文章として読んでいて、内容についてはほとんどぴんとこなかった。もちろん母と子の一筋縄ではいかないつながりについて、あるいは何かを学んだり伝えたりすること、感じるものはあった。いまだって、ある程度こちらが齢をかさね、あらためて感じるものがある。文章としての魅力はもちろんだ。ほかでもない、講談社の「文芸」文庫におさめられているのだし。そのうえで、いま、ここに書かれている、自分がまるで知らない染色の、織物の世界のことが、その知らないにおいて、つよく興味をかきたてずにいない、いなくなった。着物のことなど何も知らないしわからない。それでもここにあることばが、志村ふくみが手で植物にふれ、糸にふれ、色をつけ、織ってゆく、そこからでてくることばが、また、ことばとしては知っていても生活に馴染んだものとしては実感のない、とてもたよりない、でも漢字のかたちや音のひびきの美しさとともに感じられる、そうしたものを自分のものにしていないよわみ、欠落、それからの憧れを、おぼえる。文章の背後にある生活や手、技術、伝統、植物、世界、に。

> 色はただの色ではなく、木の精なのです。色の背後に、一すじの道がかよっていて、そこから何かが匂い立ってくるのです。

　私は今まで、二十数年あまり、さまざまな植物の花、実、葉、幹、根を染めてきました。ある時、私は、それらの植物から染まる色は、単なる色ではなく、色の背後にある植物の生命が色をとおして映し出されているのではないかと思うようになりました。それは、植物自身が身を以て語っているものでした。こちら側にそれを受けとめて生かす素地がなければ、色は命を失うのです。(「色と糸と織と」一五頁)

いや、単純に、ことばとものの、何かをことばが伝えようとする、その何かという具体的な姿を知らない。知って、いない、豊饒にあることばそのものを知っていないこともまた。

楊梅《やまもも》、橡《とち》、五倍個《ふし》、榛《はん》、杤、梅、桜、蓬、現の証拠、薔薇《ばら》、野草、およそ山野にある植物すべてから鼠色は染め出せるのです。しかも一つとして同じ鼠はないのです。百種の植物があれば百色の鼠色がでるわけですし、採集場所や時期の違い、媒染の変化などで、百の百倍ほどの色がでるのではないでしょうか。(「色と糸と織と」三二頁)

引いた文章にあるのは、植物の名、植物の呼び方だ。たとえば色の呼び方はどうか、また、着るもののこと、着るものの細部のことはどうか。猩猩緋(しょうじょうひ)、鴇色(ときいろ)、浅縹(あさはなだ)、黄櫨染(こうろぜん)と文字でみて、どれだけぴんとくるかどうか、わかるかわからないか。

先にも書いたように、一つの色には別個の、その色にしかない確固とした世界があります。一つ一つは孤独な色です。しかし、梅という母胎の中から媒染によって、鼠や茶や、さまざまの兄弟姉妹が生れ、雑木や草花から染め出した鼠には、それぞれ違った色層の鼠の親族が生れます。

この経《たて》と緯《よこ》の関係を組合せ配列しますと、無限の配色が生れ、一つの紗幕《ヴェール》がかかったように色と色は睦み合い、互いに離反することがありません。この一つの紗幕とは、植物の樹液とか夾雑物とか、科学では割り切ることのできないα《アルファ》があって、色に奥行をあたえています。（「色と糸と織と」三三頁）

植物、にとりあえずはかぎってみようか。

色は自然の植物から托されたもの。先の文章からそんなふうに読める。

植物への向きあい方とは、ひとつはいけばなかもしれず、もうひとつは染色かもしれない。ほかにもあるかもしれない。料理があり建築が――。でもさしあたってはこの二つ。植物の生は短いものからとてもとても長いものまで幅がある。ひとつの季節、ひとつの年をとおして失われるものがあり、種子をとばして、新たな生へとつながる、つなげられるものがある。幾多の歳月を経て枝をのばし太い幹となる樹木がある。フィジカルな生のみでなく、べつのかたち、色によって、色をとおして、生の痕跡をのこしてゆくことも。

だから、なのだろうか。

旅をしたい。異なった文化のなかにあるもの、異なった文化のなかにつづいているもの、にふれてみたい。世界中で染色がおこなわれている、その事実をみずからの眼で、手で、たしかめてみたい。そんなおもいがあったのではなかったか。はじめはどこか、「ある」ところから、だけだったかもしれない。それが広まっていったのかもしれない。それとも、いろいろなところで、それぞれがべつべつなかたちで、染色ははじめられたのかもしれない。

かならずしも染色にかぎらない問いだ。世界中、異なった文化のなかで、おなじようなことがおこなわれ、べつのかたちで花開く。もともとは伝播なのか同時発生なのかわからない。美術だって音楽だっておなじだ。人はそれぞれに何かをしている。いつかどこかで影響を受けたかもしれないが、みいだすことはできない、容易ではない。だが、もとはわからずとも、そのながれをたどることでみえてくるものはある。

志村ふくみは、娘・洋子とともに織物をたどって旅をする。京都、正倉院から伊勢神宮、高野山・比叡山、仙台・松島、さらに海をこえてソウル、イラン、トルコへと。この四年がかりの旅は二〇世紀の終わりにおこなわれ、雑誌連載の後、『たまゆらの道――正倉院からペルシャへ』（世界文化社、二〇〇一年）へとまとめられる。『一色一生』という一冊から『たまゆらの道』へとむかい、ことばと本と、織りと色との歩みで、時間的にも空間的にも、幾重にも織られてゆくものを、読み手は追うことができる。それは、でも、志村ふくみが心身のなかに織ってきたものの、せいぜいことばとして書き記されたもの、そのごくごく一部でしかないことも、たしかではあろうけれども。

志村ふくみの名を想いおこさせられたのは、竹富島出身で、西表島で織る紬染色作家・石垣昭子のドキュメンタリー『島の色　静かな声』（監督・茂木綾子、二〇〇八年）を観て、だった。志村ふくみとの出会いがこの人の道に大きくはたらきかけたのだ、と、藍を染めながら、話す。藍が世界にさまざまにあることを、そのとき想いだしていた。石垣昭子は、この人、あの人とはっきり具体的に知っている宛先にむけてつくるというのを意識するかしないかは大事なことだと語っていた。これだけ多くのものが出回って、棄てられるものも多い、だったらつくらなくても、つくられなくてもいいんじゃないか、というえで、つくるならこうした受けとる相手のことを考慮にいれるかどうか。それは、たとえば、武満徹が、作曲をする際、この演奏家を想定して書くかどうか、宛先を持つかどうか、が大事であることを述べていたことをすこしだけ想起させる。

はなしをとばす。

二〇一六年九月。京都でおこなわれたあるコンサートで、それまで想像したことのないものを聴いた。ピアニスト・寒川晶子が八八の鍵盤すべてをすこしずつピッチの異なった「ド」の音に調律して演奏するピアノが中心のコンサートだった。プログラムの後半、中国雲南省徳宏州の少数民族タイ族の機織りを調査し、その織機を「演奏する」人類学者・伊藤悟、そして電子音響の檜垣智也、三者が「共演」したのである。

伊藤悟が持ち帰ったタイ族の織機は、木が打ちあうもので、発音機構としては一種の打楽器、そうまでは言わなかったとして、一種の音具なのだった。布を織るために、押す／引く。そして音がする。ざー、っと、そして、からん、ころん、と。「村の織機は綜絖にぶら下げた錘棒同士の衝突によって倍音を含んだ豊かな音を響かせる。その響きは錘棒の配置によって調整され、女性の織りのリズムを音で表す。」（本章末の註を参照）

教えられるのは、タイ族の人たちは、織るためだけではなく、音を発し、それを耳にする人がいること。それをひとつの聴覚体験、聴覚文化としてとらえていること。

わたしはこのコンサートで、三人の「演奏」者とトークをしたのだったが、寒川晶子は織機の音をどこかみずからの記憶のなかにあるものと感じ、ほか二者との共演を試みようとしたのだと語った。タイ族の織機の音は、ピアニストがもともと京都の、西陣から遠くないところで生まれ育ったことと無関係ではない、と。

想起していたのは、いうまでもない、『一色一生』にある、冒頭に引いた「織　探訪記」にある「西陣」の一文だった。

私は路地を抜け、路地を曲がり、どのくらい歩いたろう。すーっと潮が干《ひ》くように静かになった。すると、どこか遠鳴りのように機音《はたおと》が聞こえた。もはや騒音ではなく、機の音だった。紅殻格子の仕舞屋《しもたや》の奥から、それははっきり聞こえてきた。気をつけていると、クリーニング屋も、下駄屋も、薬屋も、その奥から聞こえてくるのだった。（「織　探訪記」八七頁）

あるいは、この文章でもいい、か。

他の分野のことはおき、私のつむぎの場合には、繭を手でひいた糸がよいのです。なぜ手でひくのがいいかといえば、蚕の口から繊維のはき出されるリズムがあるわけで、そのリズムをそのまま人間の手で受けつぐため、糸が生きていて、織っても糸自身の味がそこなわれません。私は、生糸も藁の灰汁でていねいに練ります。石鹸で練った糸はぺたんとしますが、灰汁で洗えばこしがちがい、ふわーっと自然に糸が呼吸している感じなのです。その上、天然の染料で染めますと、更に糸も生きてきますし、色も生きてきます。（「糸の音色を求めて」六一頁）

志村ふくみは織機の音を音楽的にどうこうと言うのではない。ただ、それは騒音ではない、機の音なのだ、とはっきり記す。人がからだを動かしている音、はたらいている音。音のむこうには人がいて、労働がある。それは人が何かをつくること、その大変さとともに、どこか楽しさや喜びをほんのわずかでも含んでいる、たとえそうでなくとも、モノとして、人に伝えられるモノとしての価値を含んでいる、伝統と呼ばれる何かがある。文章のむこうにそんなふうにみえる。

染織家・志村ふくみは、むしろ色について、音楽を比喩として用いる。とても繊細で、それこそ、一般的に西洋・近代・音楽のパラダイムにある音・音楽をはみでるものだったりし。

> 音階でいえば、半音階のまた半音とでもいいたい色合で、一つの音《ド》と音《レ》の間にどれほど複雑な音がひそんでいるか。それは色においてもおなじことです。しかも植物染料ではその一つ一つが異なった植物からとれる色であれば、一つの色の純度を守る以外に、その色を正しく使うことは出来ないのです。いいかえれば植物の色を染めることは、その植物の色の純度を守ることです。これは植物染料をあつかう上で、最も基本的な態度だと思います。（「色と糸と織と」三二頁）

ここでわたしは、ふたたび、先にあまり説明をしなかった寒川晶子のピアノにおもいを戻している。ひじょうに特殊な調律を施されている「ド音ピアノ」。通常の鍵盤の「ド」はそのままだ。どのピアノとも変わらない。中央の「ド」があり、その一オクターヴ上／下のド、二オクターヴ、三・四オクターヴ上／下は音域が変わるだけ、周波数はちょうど半分、また半分になっている。しかしそれ以外の音、つまりそこにある、みえているド#からつぎのシまでの十一の鍵盤は、ドからド#のあいだの微分音に調律されている。

聴いていると、ごくふつうのメロディーや和音にはならない。むしろあまりピッチが変わらないかのような、しかし微妙に音程は変わっているので、ちょうど墨で描く濃淡のようになる。志村ふくみが「半音階のまた半音とでもいいたい色合」と呼ぶもの、だろうか。先に引いた「一つの色には別個の、その色にしかない確固とした世界があります」を対応させてもいい。これは、ひとつひとつの音がはっきりと異なって、その異なりのなかで構成される音楽ではない。

私にとって色は形なのです。白い紙に一行の詩をかくように、私は色を織り込みます。胸中に大方の輪郭は描いていますが、一行をかいたことによって、次の一行が生れ、定められた枠の中では、自由にえらべます。経糸《たていと》はいったん決めてしまえば最後まで動かすことが出来ませんが、緯糸《よこいと》は即興で入れることも出来ます。経糸は伝統、緯糸は今生きているあかしにたとえれば、この陰陽がかさなって織り色が生れます。（「色と糸と織と」四〇頁）

また、

織物の地色は単独ではなくて、必ず、経糸と緯糸が重なりあって出て来るもので、これを織色と申します。特につむぎなどは、丁度、経糸と緯糸が殆ど同じ位の力で重なりあって一つの雰囲気をつくります。そして

織物の妙味はこの織色を生み出すことにあるのだと思います。(「糸の音色を求めて」六〇頁)

色について、織りについて、文章は綴られる。文章を読みながら、色や織りやかたちについて、想像することができる。だが、そうしたことを中心にしていると、織機のたてる音とおなじくらいにこの時間と空間のなかで消えていってしまうもののこと、においのことを忘れてしまうようにおもう。

そこで連想されることをもうひとつ。

この数年、わたしの手元に、あるタイプの絵本が冊を重ねている。『夜の木』『世界のはじまり』『太陽と月』といったインドの神話にまつわる絵本だ。もともとはターラーブックス(あるいはタラブックスと)のものだが、東京でひっそりゆっくり本をつくっているタムラ堂が、日本版を刊行している。何でも、東インドの工房で古布を材料にして紙をつくるのだという。そしてシルクスクリーンで印刷する。結果、一冊ずつが手づくりとなる。この本が送られてきて、包みをひらくと、紙のなのだろうか、染料のなのだろうか、それとも双方があわさったものなのだろうか、独特な匂いがする。それもこの列島で身近にあるものではなく、エスニック料理店のようでもあり、しかしそれは料理店のスパイスのではない、近いけれども違う匂いだ。絵は平面的だが、色が濃い。とてもはっきりしている。

そうか、こんなふうに布が紙になる。紙に色が、文字が印刷され、こんなふうにまた広がってゆく。そこにはまた着るものとはべつの、しかしやはり織物／テクストの、いや、伝播が、旅がある。

志村ふくみをあらためて読みかえしたいとおもったのは理由はほかにもある。亡き父が最後にあの本を買っておいてほしいと言ったのが志村ふくみ『色を奏でる』（ちくま文庫、一九九八年）だったからだ。本は自分で買うのをつねとした父だったが、ときにわたしの持っているものと重なることがあるのに気づいてからは、芸術系・人文系についてはタイトルだけのメモを差しだし、買ってきてくれないかと言うようになった。『色を奏でる』は、結局、読んだのだったか、どうだったか。急逝したとき、わたしはべつのところに住んでいたし、週に一回実家におもむいて夕食をともにするくらいだったから、特に本のはなしはしなかった。しなかった、とおもう。もともと口数が極端に少ない人でもあったし。なぜこの本を、だったか、もわからない。それだけに、以来、志村ふくみの名がそれまでとはべつの色をはなつようになっている。

父は晩年書道に熱をこめていた。一日に何時間も集中することもあった（「あんなに根をつめるから——」と母は言うのだった）。もともと外にいるほうが好きだった人である。庭の植物の手入れは欠かさなかった。ランについてすこし語る以外は、特にはなすことはなかったし、ましてやわたしにどうしろと言うこともなかった。外にいるより室内にいるほうが楽になっていたのかもしれない、といまになっておもう。それくらいのことも想像できなかったかとおもうと気が滅入る。そうしたとき、書道の本とはべつに、志村ふくみを読もうとしていたのはどういうことだったのか。

人がどんなときにどんな本を読もうとするのか、見当がつくところもないわけではない。でも、やはり、わからない。自分がどういうふうに、ふと、ある本を想いだすのかもわからない。わかりやすいときも多々ありはする。考えていることのつながりのなかで、というのはわかりやすい。そうしたところからはなれて、となると予想はつかない。ましてや人のことは、だ。わからなさのうえで、記憶にのこされているいくつものことどもがべつの何かにつながってくることはある。熱心にやっていたこと、たまたま気になった本、というように。ここに記したのは、だから、志村ふくみとその世界、父とその世界とが、どこかでいくつか交差するところであり、それがまた、わたしみずからのいま、そして過去とところどころで近づいたり離れたりするのをおもうところなのだろう、おそらくは。

［註］

『年報カルチュラル・スタディーズ』に掲載された伊藤悟「機織から響く生活の音――撮影と身体実践の往還が引き起こした感性への気づき」（第二号、二〇一四年、航思社、一八一―九〇頁）は一読の価値がある。以下、二カ所引いてみる。

織りの学習は徹底して単純な身体動作の反復だった。毎日の単調な繰り返し作業のなか、私はふと女性たちの織りの音とリズムを模倣するように努めてみた。すると、音に聴き入ることで女性たちの感性に触発され、身体感覚を通じて女性たちの独特なイメージを理解するようになっていった。かつて、織り手の身体動作に連動して響いた音は、仕事という範疇を超えて、社会的文脈のなかで未婚女性の性格や物差しとして聴かれ、女性たちは音を意識して調整しながら布を織ったという。村落において機織りの音は女性個人の「人となり」をイメージさせる文化的装置であった。

村の織機は綜絖にぶら下げた錘棒同士の衝突によって倍音を含んだ豊かな音を響かせる。その響きは錘棒の配置によって調整され、女性の織りのリズムを音で表す。

織機と身体動作を注意深く観察すると、主要な織りの運動に付随して様々な音が響いていることに気づく。なかでも、倍音を伴った心地よい音を鳴らすのが開口運動である。踏木を踏み込んだり、踏み換えたりすることによって経糸を開口する綜絖が上下し、その反動で綜絖の錘棒がぶつかり合って「カラン、コロン」と音が鳴る。綜絖が多ければ多いほど、その音は多く豊かに鳴る。

志村ふくみ（しむら・ふくみ）、一九二四年生まれ、染織家、重要無形文化財保持者（紬織り）、随筆家。『一色一生』初版は求龍堂、一九八二年（のちに文春文庫一九八七年、講談社文芸文庫、一九九三年）。その他の著書に『小裂帖』（筑摩書房、二〇〇七年）、『つむぎおり』（求龍堂、二〇一五年）。『たまゆらの道──正倉院からペルシャへ』は志村洋子との共著（世界文化社、二〇〇一年）。

からだ

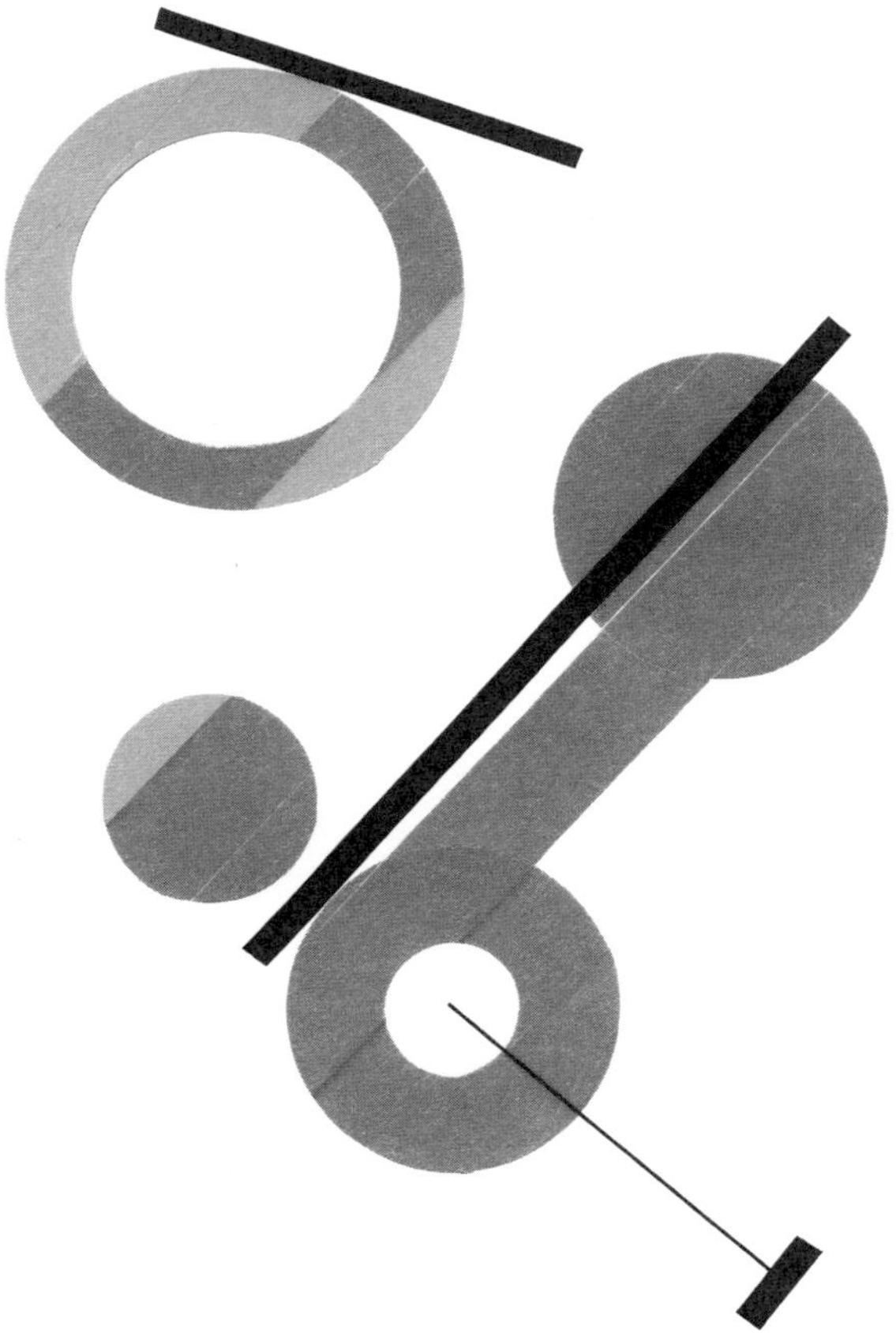

三木成夫『胎児の世界——人類の生命記憶』

我等は我等の外部に形成されている多様な管《チューブ》の複合体と、あるいは機能的に、あるいは隠喩的に結合して、宇宙にみなぎるエネルギーの交流に支障のないことを期し、同時に我等自身を一管の笛をして終わりのない旋律を奏でる。

全部で七つの部分からなる谷川俊太郎の『チュビズム宣言草案』の「3」。単行本では、この下に小さな文字で英訳がついている。

収録されているのは『チュビズム宣言』、谷川俊太郎、前田愛、長谷川堯の三人が監修者として表紙に名をつらねる。「vol.1」とあるから、以後も刊行してゆくつもりだったのかもしれない。刊行は一九八二年十二月。かんたんにいえば、主として人の身体などを管＝チューブとしてとらえる論集で、執筆しているのは多彩な専門を持った人たちだ。

『チュビズム宣言』がでてほぼ半年という時期、東京藝術大学に勤務していた三木成夫の『胎児の世界――人類の生命記憶』が中公新書として出版された。奥付は一九八三年五月。書店や図書館での配架場所も異なっていながら、まったく偶然に両方を手にとることになった身には、二冊が「管」で、また「管」によって結びついていることにかるいめまいをおぼえずにはいられなかった。ましてや、何年かごとにぱらぱらと部分的に読みかえすときに目にはいる一節――「植物のからだは、動物の腸管を引き抜いて裏返しにしたものだ」（一九三頁）――は、あるSFホラー映画の宇宙生物のイメージ、いや、その宇宙生物を造形したアーティストのほかの作品のなかで、より鮮明にあらわれてもいたのだ。

植物のからだは、動物の腸管を引き抜いて裏返しにしたものだ。根毛は露出した腸内の絨毛となって、大気と大地にからだを開放して、完全に交流しあう。両者のあいだには生物学的な境界線はない。このことは、動物のからだが、肝臓および腎臓という入・出の厳しい関所によって外界から完全に遮断されているのと対照的である。植物のからだが、太陽を心臓にして、天地をめぐる巨大な循環路の末梢毛細管に譬えられるのは、これに由来する。植物とは、だから自然の一部というより、自然の「生物学的な部分」といいかえることができる。だからまた、その地方の大気と土壌の性格が埴生と表裏一体の関係となるのも当然であろう。植物と宇宙との交流は、以上のように、はるかに〝生ま〟で、直接的である。（一九二―九三頁）

語られていることの筋道、その跳躍、引かれる例、イメージと、読んでいって驚くことはいくらもあった。だから驚くことにさえすこし慣れてきてだったけれども、本文が終わりを迎える二一〇ページのすこし前、植物と動物の思い掛けないつながりが提示され、しかもただ生物の形態だけではなく、それが生きている場所、「その地方の大気と土壌」が、「宇宙」がつなげられているところに、驚くことの慣れそのものをさえ粉砕され、あらためて驚嘆したのである。そして「植物のからだ」が提示された後、対比としてすぐ「動物のからだ」が解説される。

その発生が物語るように、最初から宇宙の一部を切り取っておのれの体内に封じ込め、さらに体表に深い入江をつくって、それを体内に誘導する。前者が「体腔」に、後者が「腸腔」に当たり、そこからそれぞれ性と食にたずさわる内臓系がつくられる。このなりたちは、動物の食と性がまさに〝内蔵された〟宇宙との交流によっておこなわれることを物語るものである。古来、これは「小宇宙」とよばれ、本来の「大宇宙」と対比されてきたのである。（一九三―九四頁）

ここには、すこし前のところに記述がある「最近の調査によると、生命の起原は、ある惑星間の空域から箒星《ほうきぼし》の尻っ尾に乗ってもたらされたともいわれるが、もしそうだとすれば、わたしたちの故郷は、かなり具体的に文字どおり「星のかなた」ということになるのであろう」（一九二頁）とあるのを踏まえ、またさらに章の終わり近くには「宇宙空間にただよう胎児の相貌がスクリーンいっぱいに映し出されたと、多くの若者たちから聞かされる。これを語る側も、聞く側も、そこには不思議に何の抵抗も感じない。これまでに述べてきたことは、おもえば、「いのちの波は宇宙リズムの一つである」というこの物語の根拠を生物学的に示すことがすべてであったのだから……」（一九六頁）との文章に至ると、読み手は、すくなくとも刊行当時の読み手はおそらく、そして否応なく、この「宇宙空間にただよう胎児」を、スタンリー・キューブリックの『二〇〇一年 宇宙の旅』（一九六八年）のスペースチャイルドを想いうかべずにはいられなかった。

『胎児の世界』は、最後に至って、それまでさまざまなかたちで提示されてきた事象を、イメージを途方もない凝縮力で結びつけながら、一気に生命へ、この地球に単独にある生命ではなく、むしろ広大な宇宙における生命、生命という謎へと読み手を直面させる。いま挙げた『二〇〇一年 宇宙の旅』だけではない、映画としてならもっと後、本の刊行にはもっと近い「わたしたちはひとりではない（We are not Alone／宇宙にいるのはわれわれだけではない）」（『未知との遭遇』一九七七年）ともひびきあう。ちなみに、先に引いたSFホラー映画の宇宙生物やそのデザインのアーティストとは、H・R・ギーガーで、作品は「エイリアン」や「ネクロノミコン」をさしている（画集『ネクロノミコン』は一九七七年、映画『エイリアン』は一九七九年）。

三木成夫はときどきとても俗っぽい顔――いまなら「おちゃめな」とでも形容されるようか――を、

たぶんわざと、してみせる。とはいえその俗っぽさはただ俗っぽいだけではなく、俗っぽさのなかにより大きなもの、深いものをみてとっている。

たとえば、「世紀のイヴェント」についてのコメント。

結着を待ち望んで裏切られた、おそらく世界数億の観衆のこころには、しかし、それでもなお、得体の知れない興奮の燻《くすぶ》りが長く尾を引いて残ったはずだ。その勝負の意味するものは、いつはゴング直後の一瞬に炸裂していた。一方の横倒し・足蹴りを、他方がひらりとかわす。爬虫類と哺乳類の、それは宿命の対決だったのだ。アマゾンのワニの尻尾の一撃。密林の王者の誇らかなドラミング。そこには、アルプス造山運動を背景に一億年の興亡を賭けた両者のドラマが一つの〝所作事〟として、夢のごとくに再現されていたのである。（一四四―四五頁）

いつ、どこの、どういうイヴェントであるかは示されていない。あるのは「ひとむかしまえ、武道館の檜舞台で「世界の格闘技」と銘打っておこなわれた世紀のイヴェント」（一四四頁）とあるばかり。とはいえ、当時の読み手にならかならずやわかっただろう、一九七六年六月二六日、つまり本書刊行の七年前におこなわれたアントニオ猪木とモハメド・アリとの「異種格闘技」の対戦であることを。逆に、いまこうしたことがわからない、ぴんとこなくて、『胎児の世界』のこの部分を斜め読みすることがあるとしたなら、それはとても残念だ。このとき猪木はすぐにリング・マットに背中をつけ、軽い足どりのアリに対して、足で護り、攻撃をした。多くの人たちがテレヴィの画面でみた。それさまを格闘技であると同時に、アマゾンのワニと密林の王者の闘いとして「みている」解剖学者がいる、そのことだけでも。

ほかにもある。ニワトリの孵卵器を何日も観察するなか、ついとでてくるひと言は、正確ではないかもしれないが、本書刊行の前、一九七四年だとおもう、に放送された人気テレビドラマ『太陽にほえろ！』での名セリフ（の引用）である。「その気球のようにおおいかぶさった尿膜の袋をピンセットでそっと横にやったとき、わたしは思わず、叫びをのみ込んだ。「なんだ、こりゃあ！」」（八六頁）。ある驚きを、原稿を書いているとき、ふとドラマの記憶が蘇り、オーヴァーラップさせずにはいないユーモア。と同時に、観察のときのおもいをもっとも生々しく伝えるものとしての表現、そのドラマでの一シーンの。

あるいは、これはほんとうに些細なことではあるのだが、「ムカシトカゲ」「生きた化石」通称「ハッテリア」の正面写真が掲載され、その写真について「動物写真家岩合徳光氏の傑作である」（一二一―一二二頁）とある。この人物、ほかでもない現在動物写真家として高名な岩合光昭の父上である。本書の刊行当時、まだ動物写真の撮影、撮影者は一般には知られることがはるかに少なかったろうから、そこに注目する解剖学者の目のさすが。

はなしがどんどん脇道にそれそうなので、軌道修正しなくてはなるまい。

『胎児の世界』で最後には地球から宇宙へと飛びだしてゆくこの解剖学者は、その前には地球上の生命の歴史をたどり、海に着目する。海から陸にあがり、からだを変えてゆく。先に引いたように、植物であろうと動物であろうと、生物であることは変わらない。その変わらなさ、おなじさから三木成夫は目をはなさない。そこには動物・植物をひっくるめた生命への問い、生命は、いや、わたしたちはどこから来たのか、何ものなのか、どこへ行くのか（言うまでもなくポール・ゴーギャンのタブローのタイトルだ）、という問いに対するひとつの解答への手探りがなされている。

すべての動物とすべての植物は、かたちこそ異なれ、めいめいのやり方でその遠い海と繋がっているのである。わたしどもは、このような地球の生物の究極の故郷である「海」というものの一つのシンボルとして、ここで躊躇することなく「塩」の結晶をあげるであろう。

塩。これこそ〝海の精〟であり、わたしたち地球に棲む生物のいのちの最後の綱を象るものではないか。いつの日にか、宇宙生物たちが一堂に会するとして地球生物の旗印を求めるとなれば、もはやこれ以外にはありえないといえるほどのものではないか。地球を代表するかれらはみな、その胸に故郷のシンボルマーク〝塩の結晶〟をつけて堂々の行進をおこなうことであろう。それはまさに地球の「関数」ということができる。

（六七―六八頁）

この最後のところ、「故郷のシンボルマーク〝塩の結晶〟をつけて堂々の行進をおこなう」とのいささか大袈裟で滑稽な、それでいてどこかしら感動的――『スター・トレック』や『スター・ウォーズ』といったSFを想起させられもする――でさえあるイメージ。誰でも塩が生体にとって不可欠であることを知っている。塩のひとかけを舐めながら苦境を乗り切ったというエピソードも耳にしたことがあろう。それがどういうことなのか、故郷「海」をあらためて気づかせてくれるということ。

『胎児の世界』では、生命体における「食」と「性」の二本柱について、何度も強調される。後半であらわれてくるのは、人間と人間以外の動物のあらわれ方の違いだ。

生物の二大本能として「個体維持」と「種族保存」があげられる。いうまでもなく、前者は、せっせと食べてからだを養っていくことであり、後者は、骨身を削ってただひたすら次代をつくっていくことである。ヤツメウナギでは、この二つの営みが全生涯を真っ二つに分け、まったく対照的な「食」の生活相と「性」の生活相を際立たせているのである。それは、いってみれば、〝食い気〟も〝色気〟ももはやごちゃ混ぜのわたしたち人間にとって、何か目を見はらせるような一つの生きざまではないかと思う。（一六〇頁）

つづけて、はなしは植物に移行してゆく。引かれるのはヨハン・ヴォルフガング・フォン・ゲーテ。

「植物の一元的なあり方と動物の二元的なあり方」（一七二頁）をみる、詩人でありながら、自然をじっくり観察した人物のまなざし。

ゲーテの心眼に映し出された植物の自然――それはまぎれもない生物本来の姿であった。詩人のこころは一年生草本の生にひき寄せられる。そこには、芽を出し歯を茂らせ、しだいに生長していく〝生長繁茂〟の姿と、つづいて蕾《つぼみ》を出し花を咲かせ、しだいに実らせていく〝開花結実〟の姿がある。〔……〕この詩人にとって、葉のこころと花のこころは、植物の生を支える見事な対極であった。ある一つのものが、ときに「葉」のかたちをとり、ときに「花」の姿となる。自然の意《こころ》のままに……。（一六三頁）

三木成夫は専門家が見出したこと、客観的な事実として提出されるものだけではなく、詩人の直感・直観を、より広いパースペクティヴのもとで生命をみる姿を賛嘆し、共感をおぼえているようにみえる。

こうした生命をめぐって描かれる壮大な歴史、イメージが本書のながれとしてはある。生物が変化してゆくそのさま、どれがどうのというのは、この大筋がとらえられれば、とりあえず忘れてもいい、かにみえる。だが、細部にある具体的な生物のかたち、その「表現」のかたちがそのうち気になってもくるのである。何度も読んでいればなおのこと。

爬虫類のワニと対比しながら、哺乳類は有袋類の写真とスケッチの下にある文章に鰓腸《さいちょう》のはなしとなる。この器官についての説明は省くが、これは「皮膚感覚ではなく、それよりもはるかに生命的な内臓感覚で支配された「腸管の触手」とな」（三六頁）っているという。つづく文章にはこうある。

こうして見ると、哺乳動物の赤ん坊が母親の乳房から乳を吸っている図は、あたかも腸管の口から皮膚をとおして母親の血液を濾《こ》しとっているところ、ということになろうか。それは、臍の緒の血管が子宮の〝血の池〟に無数の根を下ろして母胎の血流に結ばれているのと同じだ。母子交流の原点をなす哺乳の世界には、こうした地球誌的な時の流れが秘められているのであろう。わたくしは、この世界が、動物や人間の音声をつくるうえに、かくれた基盤となっていることを思わずにはいられない。（三六頁）

三木成夫が紹介するのは、唇なしではでてこないマ行の音「唇音 labial」である。ネコやヒツジ、ウシがそれぞれ「ミャー」「メエー」「モォー」と、また人間の赤ん坊が「ンマンマ（ンは小さい）」という音を発することを引きながら、これらを「哺乳動物の象徴音」と呼ぶ。さらに哺乳類の唇音に対して、爬虫類ではカ行の「口蓋音 gutteral」があることを提示し、「もし中生代の恐竜の発したであろう音声を再現するとなれば、このカ行の音を考えなければならないであろう。今日の鳥たちの啼《な》き声を聞くがいい。かれらは「栄光ある爬虫類」とよばれているのであるから。もちろん哺乳類にも、この口蓋音は、たとえば断末魔の絶叫においてその本性を現わすだろう」（三八頁）と。
さらには西欧諸語における「mamma」「mater」からこの列島での「マンマ」「ウマウマ」へ、「そして最後に、この「マ」音は、古代インド語の$\sqrt{\text{ma}}$すなわちmeasure（測る）に示されるように、欲求の強さを測るという意味にまで引き伸ばされていく。あの「マナ識」のmanasすなわちmindは、ここから出てきたという」（三八頁）。

　こうして見てくると、この「マ」音の意味の進展をとおして、そこに一つの関係が浮き彫りにされてくるのではなかろうか。それは、生物の根源の欲求の一つである「食」の世界を舞台として展開された植物と自分の分極、そしてその両者を距てる一つの「間《ま》」という構造形態であろう。（三八頁）

長くなってしまったが、爬虫類から鳥類、哺乳類の発する音までをこのように扱っていることに、そしてそれがことばの発生というものにまでつながってくるように想像できるところに、注目せずにいるのはむずかしい。解剖学の射程はここまで広いのか、と。そして、人が、わたしが、日常で、ネコやヒツジのマネをごく自然にする、路上にいるネコを呼ぶときに声を発する、その発音がけっして難しくないことを、また古代の恐竜から想像上の怪獣にいたるまでその咆哮を、実際には耳にしたこともないのに、それらしく仮想的にしてみることに、爬虫類・鳥類から哺乳類へと変わっていった、その発声の器官の継続性に、ふと、気づくのだ。

いや、だからこそと言ってもまんざら間違ってはいないのではないかとおもうのだけれど、『海・呼吸・古代形象——生命記憶と回想』（うぶすな書房、一九九二年）が三木成夫の歿後刊行されたとき、吉本隆明が解説で「この著者への頌辞になるかどうかわからないが、知識に目覚めたはじめの時期に、もっとはやくこの著者に出あっていたら、いまよりましな仕事ができていただろうに、そんなすべのない後悔をしてみることがある」（二三四頁）と記したところに、たとえば海をはじめてみた人間が「う」と音を発するという有名な『言語にとって美とは何か』の一節を想起してしまったりもする。

もうひとつ、『胎児の世界』において重要な、というか、中心的な生命の核に「波」がある。「すべての生物現象には〝波〟がある。」三木成夫はこうつづける。「それは、個々の動きを曲線で表わすと、そこには多少にかかわらず波形が描き出されることを意味する」（一七六頁）、と。

これは個体についてもいえるだろう。その活動と休息の波はとりどりの周期をもって現われる。それは睡眠と覚醒の波であったり、好調と不調の波であったり、さまざまだが、これが種の次元となると、もっと大規模だ。魚の回游と鳥の渡り、これはもはや地球的な往復運動ではないか。このほかに、種の興亡の波があり、体形の周期的な変化がある。たとえば大和民族は数百年の周期で長頭と短頭を交替させるというが、それは頭蓋骨のゆるやかな博動か。しかも、それと歩調を合わせるかのように、その身長もまたゆるやかに伸び縮みするという。(一七七頁)

あるいは、

地球の生物のからだには、七日目ごとに、何か目に見えぬ不可思議な波がそっと忍び寄ってくるのか。肉親との死別の衝撃は、明らかに七日を一区切りとして、それは遠のく。もはや肉体感覚とでもいうものか。病いが癒えるのも同じだ。七日目ごとにひと皮剝がれていく。薬は、だから一週間分という。細菌との関係も人間関係と同じペースで改善されていくのか。一般にどんな争いごとも、いわば「初七日」が過ぎると、目に見えぬ飽きくるものだ。それは、まさに七週でもって一段落を告げる。人間のからだの営みには、七日目に極限状態を迎え、ここで脱皮をおこない、八日目からふたたび新たな態勢で出発する、一つの大きな波があるのであろう。(一七九—八〇頁)

「食と性の位相交替」、あるいは、「生の原波動」(ともに一八〇頁)というように言い換えられながら、より具体的な生きものの名が挙げられる。

月夜の大空を行く雁の列に、わたしたちは一瞬の心のときめきをおぼえるのではなかろうか。かれらは夜を徹して飛びつづけるのか……。その行く先は……。サケの死を賭した遡行とともに、食から性への移動の姿として、そこにいのちの波のざわめきを無意識のうちに感じとっているのではなかろうか。キタキツネの子別れの儀式といい、巨象の群れの墓場への行進といい、レミングの〝集団自殺〟現象といい、あるいは蟷《とう》螂《ろう》の命をかけた交尾といい、それらはすべてこの波のどこかの節目に相当する出来事ではなかろうか。わたしたちの心のなかに、いのちの波はまだ脈々として生きつづける。生命記憶の一つとして……。あるいは、それは生命記憶の根原をなすものかもしれない。これより根の深い生命記憶はほかにあるまい。（一八二頁）

先にゲーテが引かれていることを喚起したが、たとえばこうした月夜の大空を行く雁や海から川にかえってくるサケ、子別れするキタキツネといった動物たちの行動は、現実に存在し、ある行動をとる、それを人がみ、ことばで描こうとする、それだけでひとつのことばによる造形に、詩に近くなってゆくところがないだろうか。しかし、三木成夫は詩人の態度からあらためて科学の徒へとあらためて戻って、こう記す。

こうして生物リズムを代表する食と性の波は、四大リズムを代表する太陽系のもろもろの波に乗って無理なく流れ、そこにはいわゆる生と無生の違いこそあれ、両者は完全に融け合って、一つの大きなハーモニー

をかもし出す。まさに「宇宙交響」の名にふさわしいものであろう。(一九〇頁)

この文章につづく段落の冒頭に、三木成夫は、問いをなげる――「いったい、生物はどうしてリズムを知るのか」(一九〇頁)、と。

先に、波、といった。波はまたリズムと言い換えられる。ここでリズムとは何かというようなことは、クラーゲスを引きながらも、かならずしも掘り下げられてはいない。いないけれども、そのエッセンスとしての、時間のながれのなかで生じる区切りと反復が、生命にとって単に個々の生命体のみならず、海の生きもの・陸の生きもの、動物・植物、さらに地球からさらに星々とのつながりのなかで、意識される。

そしていくつかの例を挙げたあと、こうつづけることも忘れない。

とくに戦後の生物学はこの問題に真剣に取り組み、数多くのメカニズムを神経生理学的に解明してきた。しかし、その絶妙のメカニズムがわかればわかるほど、ますます謎が深まっていくというのは、どういうことなのであろう? この問題の指針はただ一つ、それは、卵巣とは全体が一個の「生きた惑星」ではないか、ということだ。いや、この地球に生きるすべての細胞はみな天体ではないのか……。(一九一頁)

もちろんずっと前のところで、リズムという語があらわれてくるはるか前から、時のながれについては意識されていた。

時の流れは、しかし、とどまることはない。そこから、それぞれの環境をとり込んだ変化形が相次いで現われるが、そこには原形の修飾された、色とりどりのかたちがわたしたちの目を奪う。長い頸、短い手、太い足、そして奇妙な飾りものなどなど。

芸術の様式の変遷に、アルカイック、クラシック、バロック、ロココ、……とつづき、最後はグロテスクとなる一連の流れがあるが、この宗族発生の物語にもこれと同じ経過が見られるのであろう。このなかで、「クラシック」とよばれる一時期を必ず経過するが、人びとはこのときの様式に何か無意識の基準を見出し、つねにこの原点にもどろうとするひとつの動向を示す。／宗族発生誌のなかで、さきに述べた種の原形の定まる時期というのが、まさにこのクラシックの時期に相当するのではないかと思われる。「典型」とよばれるものであるが、こうしたかたちが、時の流れによって歪曲されることなく、脈々として保たれてきたのが、ここにあげた動物たちではないかと思う。（一二四頁）

わたし自身が日常の慌ただしさのなかですっかり忘れていた三木成夫の名を久しぶりに想いおこすことになったのは、勤務する会社の医師向けの小冊子に連載されていた養老孟司の文章からだった。

『海・呼吸・古代形象』刊行の時期である。三木成夫の後輩にあたる養老孟司は「晩年、三木氏がもっとも興味を抱いていたのは、生体リズムの問題だった」（『中外医薬』四五巻一九号、一九九二年）と指摘する。つまり、『胎児の世界』の終わりのほうで浮上してくるリズムの問題が、その後の三木成夫のしごとの大きな部分を占めるようになるということがわかることになったのだ。

時のながれがあり、あいだにさまざまなかたちのものがあらわれては消えてゆく。目の前にいるものたちはそれぞれがその時のながれのあらわれであり、目にしているこちらもほんの一刹那それを目撃するにすぎない。目の前になくとも、たとえば骨として、化石として、またどんなものかも想像できないにしろ土や砂のようになって痕跡をのこしている、あるいは、いない。そうしたことと、ある人為的な「歴史」の区切りが、「典型」というようにあらわれてくることの重なり。

あらためて、理系・文系といった凡庸な対立ではなく、「この地球に生きるすべての細胞はみな天体ではないのか……」というような、「時の流れによって歪曲されることなく、脈々として保たれてきたのが、ここにあげた動物たちではないかと思う」というような想像力が新書という媒体でなされていることに驚愕しないだろうか。ことに昨今の使い捨てのごとくわかりやすさや最低限の知識（らしさ）を量産するばかりの新書を前にしたときに。だからこそ、学説的に正しいとかそうでないとかではなく、『胎児の世界』は版を重ね、何年かに一度は大学近辺の書店で特集が組まれたりもするのではないか。本書の冒頭にちかく、唱歌の《月の砂漠》と《椰子の実》が引かれていることもあわせて想いおこしておこう。どちらも曲調も歌詞も知っているし、習ったことも歌ったこともある（いまの若い人たちがどうなのかはわからないけれど）。でもそれらはべつべつであり、結びつけて考えたことはない。それを、しかし、三木成夫は歌詞と曲調とあわせて対比する。詞の作者が現実に砂漠をどの程度知っていたかではなく、その原初的なイメージ、ことばが生まれてくる以前にまで遡っての、三木成夫のイマジネーションのありようはどうか。

判型も小さく、厚くない本のなかにあるものは、しかし、途方もなく大きい。終わりにちかく、三木成夫はこう記す。

わたしたちはここで、ひとつの大切なことを知らねばならない。それは、人間だけがこうした共感を〝意識する〟ということである。この大自然と共振するこころが、意識の鏡に映し出されるのである。わたしたちはこれを「こころの目ざめ」とよび、この目ざめの聖なる場を〝あたま〟に求める。人びとは「冴《さ》えた」頭という。動物の世界にはこれがない。（二一五頁）

生物のありようを、生命のありようを「意識する」とだけだったら、何か、人間中心主義というか、ある種のおもいあがりを感じたかもしれない。三木成夫はそういう言い方ではなく、「共感を〝意識する〟」と記すのだ。ここに、ほかの科学者と一線を劃すものをみいだしたような気がするのだ。そうした読みそのものがわたし自身のセンチメンタリズムであり人間中心主義であったとしても。

三木成夫（みき・しげお）、一九二五年生まれ、一九八七年逝去。解剖学者、発生学者。東京医科歯科大学助教授、東京芸術大学教授などを歴任。『胎児の世界――人類の生命記憶』は中央公論社（中公新書　六九一）、一九八三年。その他の著書に『人間生命の誕生』（築地書館、一九九六年）、『生命の形態学――地層・記憶・リズム』（うぶすな書院、二〇一三年）ほか。

木村 敏『あいだ』

モーリス・ブランショ『終わりなき対話』の翻訳が、長い長い予告の末、三冊本として刊行されたのは二〇一六年から一七年にかけて。この本の原題は *Entretien Infini*。entretien は動詞 entretenir――豊崎光一によるルビを借用するなら「ともに＝あいだに持ち＝支えて《アントゥルトゥニール》」（『最後の人／期待 忘却』筑摩書房「訳者あとがき」二九五頁）――の名詞形であり、対話とはほかならぬ「あいだを支える」の意味を持つ。

「間」が「日本」の文化において独自のものであるといわれ、まして音楽や建築にある程度でも関心があったなら、その「間」がどういうものなのか、またどのように語られるのか、扱われるのかには、長いこと関心を抱いていた。先のブランショは学生時代にわかった顔をするばかりでとても理解できるというところには至らなかったけれどつよい刺激は受けつづけたし、そこでいわれている entre（あいだ）が、またラテン語系接頭辞として、ほかのことばでなら inter が、「間」や「あいだ」とどうつながりどう違っているのかも気になっていた。時間にも空間にもかかわる諸芸術への関心とも重なっていた。

音楽における時間的空間的な距離、美術作品と眼差しその距離、ことばとイメージとの距離、といったように。

木村敏『あいだ』は一九八八年に弘文堂から刊行された。おなじシリーズで、中村雄二郎や上田閑照といった人たちの本もあったが、どれにも副題はなく、一種の清々しさとぶっきらぼうを感じさせられた。『あいだ』は二〇〇五年になってちくま学芸文庫で再刊されるがやはり副題はない。むしろここから、人文書で副題が不可欠のごとくなってしまったのはいつごろからだったのか、と疑問が浮かぶ。『あいだ』の前身はおなじ版元からの『人と人との間――精神病理学的日本論』（一九七二年）とみていいか。「人類の進歩と調和」が謳い文句となった一九七〇年、大阪万国博から二年後の本である。あらためてこの本をみると、『あいだ』で語られていること、後の本で展開されることのとっかかりが記されているのがわかる。著者が主として日常的な場で気がついたこと、考えたことがもっと生なかたちであらわれている。そして『人と人との間』にあるものから枝葉をおとし、純化し、抽象化し、内外でなされてきた思考と照らしあわせ、そこからこの「あいだ」（へ）の思考が浮かびあがってくる。このプロセスを、日常的なおもいつきを突き詰め、より普遍化させたと言い換えてもいい。

しかしこの『あいだ』はなかなかの、いや、かなりの、難物だった。部分的に記憶にのこったところのみをたよりに、わかったつもりになり、わかったようなふりをした。しかも良くも悪くも、この本のなかでは音楽を例にして具体的に書かれている部分があり、そこがこうしたおもいこみを助長した。合奏のエピソードだけはすんなりとはいってきたからだ。「四　音楽のノエシス面とノエマ面」「五　合奏の構造」は、その意味で、両刀の刃のようなものだった。ここにあることは「わかる」。実感としても「わかる」。だが、ほかのところとはどうか。「ノエシス／ノエマ」はどうか。ややこしいのはそれだけではない、このギリシャ語にもとづく用語がフッサールや西田幾多郎と重なりつつも異なった意味、方向性を持たせられていることが、文字を追っている最中に二重三重になって、うまくたどることができない。抽象的な哲学的思考が得意でないだけでなく、この本を手にとった頃、読書はもっぱら会社の通勤、いや自宅にむかう地下鉄のなかだったのだから、そうしたことばと身体がうまくひびきあう状態ではなかった、と言い訳をつけてきた。

あいだをおいて何度も本を開き、読んできた。そのうちにフランス語翻訳がでていることを知り、取り寄せてみた。ときどき、あるテクストについて、複数のことばをあわせて読む。ならべて読むことでみえてくることがあると考えている。身勝手な一読者にくらべ、翻訳者はより著者にちかいところにいるのだから、異なったことばで言い換えられているところからみえてくることもあるだろう。そんなふうにおもってときどき二冊をならべることがある。『あいだ』（Bin Kimura, *L'Entre: Une approche phénoménologique de la schizophrénie*）はジェローム・ミヨン出版（Edition Jérôme Millon）の「コレクシオン・クリシス Collection Krisis」から二〇〇〇年、クレール・ヴァンサン（Claire Vincent）による翻訳である。

全体は「はじめに」から「結び」まで十九の章からなっていて、註をいれても短いもので文庫版で各章五ページ、長くても十四ページほど。「一　はじめに」と「十九　結び」の枠を持つ。

「一　はじめに」でいわれるのは「われわれが「生きている」ことの根拠に関するもの」（一頁、以下引用は初版、弘文堂、一九八八年）であり、つづいてこういわれている。

生命とは、個々の生命物質より以上のものであるだけでなく、そこに示される生命現象より以上のものでもある。それは個々の生命物質や生命現象とは別個の存在様式を示すと言ってもよい。生命そのものは、物質や現象のように形をもたず、個別的な認識の対象にならない。それはいわば、個々の生きものやその「生命」のなかに「含まれ」ながら、しかもそれらを超えている「生命一般」としか言いようのないものである。（三頁）

生命とは「これだ」ととりだしてみることができないものだ。だからこれは言い換えられながら何度も本文中でくりかえされ、確認される。とりだすことはできないけれどもある。それはことばによってこそそのものであることが、のちにことばについて語られることがあるが、先どりして提起されている。「二　生命の根拠への関わり」では冒頭からヴィクトーア・フォン・ヴァイツゼッカーの名があらわれる。以後、同書のなかでこの人物の名と思考は底流としてひびきつづける。

「三　主体と転機」ではヴァイツゼッカー『ゲシュタルトクライス』の文章を引きつつ、つかわれている「主体」について「ここで言われている「主体」とは、「自分自身の力で自分自身との関係において動作を行う存在」なのであって、これはとりあえず「自己」あるいは「自我」と言い換えてもよい」（一一頁）と註解する。

「自己」や「自我」がどのようにフランス語になっているのかが気になって対比してみると、その最後の部分はこうなっていた——et nous pourrions l'appeler provisoirement soi (*jiko*) ou moi (*jiga*)［そしてわたしたちは仮に「soi（自己）」あるいは「moi（自我）」と呼ぶことができよう］（仏訳 p. 27）。

「四　音楽のノエシス面とノエマ面」とつづく「五　合奏の構造」には音楽の、合奏の例が登場する。タイトルにもなっているノエシス面は noétique、ノエマ面は noématique となる。そして「五」では「合奏の構造」は「STRUCTURE D'UN ENSEMBLE MUSICAL」とあるように、「合奏 ensemble」が扱われる。ここには「あいだ」という日本語についての註がある。

aida : l'espace dont il s'agit ne concerne pas seulement l'entre-deux, mais l'entre intersubjectif au sens large, comme principe de rencontre entre les individus. Tel est l'*aida* intersubjectif, mais parallèlement le sujet se constitue par référence à ce qui n'est pas lui (autrui) et qui est pourtant au fond de lui (abosolument autre). Ce rapport interne est alors dit *aida* intrasubjectif. A défaut de trouver en français un substantive qui signifie ce《entre》, nous garderons au fil du texte le terme d'*aida* qui se lit《*aïda*》.（仏訳 p. 41、強調は原文、以下同じ）

あいだとは、ただふたつのあいだにかぎってのものではなく、広い意味で、間主観的なあいだ（entre inter-subjectif）、だ。個人個人のあいだの出会いの原理として。そうしたものは間主観的な「あいだ」（*aida* inter-subjectif）なのだが、並行して、他者ではないものや絶対的他者の奥にあるものに照らし合わせて、主体はくみたてられる。この内なる関係はそのとき intrasubjectif なあいだ（*aida* intrasubjectif）という。フランス語でこの〈あいだ entre〉を意味する名詞はみいだされないから、テクストに沿ったかたちで、〈あいだ *aïda*〉と読まれる「あいだ *aida*」の語をとっておくこととしよう。

「六　間主体性とメタノエシス性」は「四」と「五」からひきついだノエシス／ノエマを、さらにメタノエシスという語によってとらえかえそうとする。

すべての章をこうしてたどっていくのはあきらめよう。いくつかクロースアップする。「八　共通感覚と構想力」で共通感覚が浮上してくるところ。「白い目」や「甘い」といったことばの問題、想像力や構想力、アリストテレスからヴィーコ、カント、ハイデッガーへの批判的検討があり、さらに「あいだ」についてのひとつの言明がある。

「間」とか「あいだ」といえばなにか一種の拡がりのようなイメージを与えるし、共通「感覚」といえば外からの刺激を受け入れる受動的な感受性のように思われて、「間」や「あいだ」そのものが共通感覚だという言い方には抵抗があるかもしれない。だからここで、「間」や「あいだ」が決して空間的な拡がりではなく、むしろ個人や集団が生命の根拠に支えられて世界と出会う行為的な原理であること、一方では、共通感覚も単なる感覚ではなくて同時に能動的な行為でもあるということを銘記しておく必要がある。（六七頁）

だからこそ、であるだろう、「「あいだ」として作用する」（六九頁）といった言い方もなされる。そうしたことを踏まえ、「十　アレクシシミアと構想力」においてはじめて心身症が、精神医学の専門家の本として具体的に名称があらわれる。

ここからは「十一「あいだ」の生理学から対人関係論へ」と移行し、「十二　我と汝の「あいだ」」でブーバーを引きながら我／汝がでてきて、「十三　もしもあなたがそこにいるならば」では一転、「懐かしさ」と「私」の「歴史」」「ここ」という具体的な例が示されてフッサール批判がなされ、「ここ」から「そこ」へ、「「ここ」と「そこ」との「あいだ」の絶対性」（一三七頁）が浮上する。

「そこ」が「ここ」固有の絶対性を分有することになるのは、「ここ」がもともと「あいだ」だったからにほかならない。生命の根拠との関わりの場所が、世界との出会いの場所だからにほかならない。（一三七頁）

「十五　こと・ことば・あいだ」では、「言葉」を「あいだ」とともに「人間固有の現実」（一五五頁）として著者はとらえる。

「私」の前に窓ガラスがあり、ハエがぶつかっている。「窓ガラス」はそう呼ぶ以前には、「私」と「ハエ」と、おなじモノだ。それが、「窓ガラス」とみることで「決定的な違い」（一五六頁）が生じる。「「窓ガラス」というのは、だから私とハエの共通の外的空間にある無名の「もの」の名称ではなくて、私がその「もの」をどう見ているかを、つまり私が生きながら私の世界にどう関わり、私の生命的関心に従って世界をどう意味づけているのかを言い表したものである」（一五七頁）。

著者はここで「こと」をだしてくる。すなわち、「自らの生命的関心に従って世界と実践的に関わるときに見えてくる事象のことを日本語では「こと」と呼んでいる」（一五七頁）と。そして岩波古語辞典を参照し、「こと」が「人間社会において生じる出来事」（一五八頁）と指摘し、さらに「ある単語がひとつの共同体の中で「もの」の名称として定着するということは、その単語がその共同体のすべてのメンバーの共有しているひとつのノエマ的表象とのあいだに、一対一の対応を持っているということである」（一六〇頁）と記す。

さらに「共通感覚」へと、ユクスキュルの「環界」へ「風土」へと、丸山圭三郎の「身分け構造／言分け構造」へと、さらに「ダブル・バインド」――ここではなくもっと先においてではあるが――へとつなげられてゆく。この章の終わりにある文章は引いておかなくてはなるまい。

言葉も、それを人と人とのあいだの行為と見る限り、それ自体「こと」である。「ことば」が「こと」の一端しか表現しないといっても、なにか外的な事情によって限定が生じているのではない。言葉を語るということは、「こと」が「こと」自身を限定する、あるいは「あいだ」が「あいだ」自身を限定するという意味を持つ。言葉は「あいだ」自身の自己表現であり自己限定である。（一六六頁）

はたして「自己」とは「わたし」とは何か。すでにうっすらと見えていることではあるが、「十七 ダブル・バインド再考」ではこんなふうにある。

ダブル・バインド関係とは、それを内面の歴史に組み込むことが困難であるような、したがってそこからは歴史としての自己が生じて来にくいような「関係」である。そこでは、自己や時間を生成させるような働きとしての「絶対の他」があらかじめ排除されている、と言ってもよい。このことをわれわれの患者は、《自分の自然な感情が出せない》、《索漠とした感じ》、《うるおいの中にひたることができない》、《間がもてない》、《気づまり》などの言葉で表現している。絶対の他が確実に働いているような「あいだ」の場所においてのみ、人と人とのあいだに自然な潤いが感じられ、「気」が伸びやかに活動し、「間」が「間」として一切の出来事を生み出すことができる。そのような状態のことを、われわれは「自己」と呼んでいるのである。（一八六頁）

この「自己」は、もっと前、「十一　「あいだ」の生理学から対人関係論へ」のなかでこう記されていた――「自己とは要するにわれわれと世界との「あいだ」に働いている、世界との関わりの原理にほかならないのである」（一〇四―〇五頁）。逆にこうしたところもあった――「「あいだ」といっても、それは決して二つのもののあいだの空間的な隔たりのことではない。前章の終わりにも書いたように、それは生命一般と直結した一種のノエシス的な作用であり、働きである」（一四五頁）。

「前章の終わりにも書いた」というのは、「「絶対の他」という「もの」があるのではない。そうとしか言えない一種の作用が働いているだけなのだ。「あいだ」の場所といっても、なにか空間的な場所のことではない。そうとしか言えない一種の動きがあるだけなのだ。この作用、この動きは、生命活動一般と直結している」（一三八―三九頁）。この「そうとしか言えない一種の作用が働いている」「一種の動き」はみることができないしとらえることができない。せめてそうと暗示することばをとりあえずつかってみるばかりだ。そして「十五　こと・ことば・あいだ」も「十六　「あいだ」の病理としての分裂病」――この章ではじめて具体的な「一人の若い女性患者」（一七〇頁）の例が提示される――もともに「十三　もしもわたしがそこにいるならば」へとあらためて送りかえされ、あるいは前の章からのエコーを感じつつそれを保持しながら、「十七　ダブル・バインド再考」へと、「十八　「みずから」と「おのずから」」へと歩みを進めることになる。

すこし気づくことがある。

まず、それぞれの章が、ときに、すこしだけつづく章の「先どり」のかたちをとっていること。予告というのではなく、先どり。たとえば、本文中、「九　「あいだ」の時間性」で、ヴァイツゼッカーの「ゲシュタルトクライスの基本的性格として「先取り」(Prolepsis)」と書かれていて、これは「未来志向的なメタノエシス的原理としての「間」を内に含んでいる」(八四頁)との言い方のつづきにあらわれるのだが、本書のそれぞれの章のあり方、それぞれの章とつぎの章とのつながりをもまた言い表す、体現している。

全体の、後半、特に「十三　もしもわたしがそこにいるならば」から以後、「十五　こと・ことば・あいだ」「十八　「みずから」と「おのずから」」は、章のタイトルからだけでも、それまでの漢語が多くつかわれていたのに対し、ひらがなのかたちが、ひらがなで言い表されることばに重心がかけられるようになっている。ことばについて述べられているのは、またそれがその語源的なところまで遡って思考されるのは、語りえぬもの、仮に生命とでも呼ぶようなものを、しかし古代からずっと人は気づいていたし何らかのかたちでことばにしようとしてきたことを確認することである。

いうまでもなく、『あいだ』は生命について、そして、自己について、記された本である。ただ、何度もくりかえしたように、それだけとりだして提示できるものではない。

個人とは、このなにかが、自己と自己ならざるものとの出会いを機縁にして分れて生じて来たものである。このなにかが個人以前にある。

このなにかとは、もちろん実体を持たないものである。しかし、実体を持つものだけが実在するものではない。物理学の世界においてさえ、実体を持たないエネルギーとか力とかが実在として認められなくてはならないように、人格の世界においても、このような実体を持たないなにかの実在はみとめられなくてはならぬ。（一五頁）

自己とは絶え間ないひとつの動きなのであって、そのどの一瞬を切っても、そこに「それ以前」から「いま現在」を通って「それ以後」へと向かう時の流れのようなものが出てくる。これは丁度、曲線のどの一点をとってみても、そこに曲線が曲線自身を生み出し続ける微分的な方向が働いていて、刻々に未来を先取りしているのと同じことである。（二〇八頁）

自己という。それを、強引に音楽と読み替えてみたらどうだろう。ことばだけではないのだ。ことばについて語られているところで、それはことばだけではなく、音についてもいえるのではないか。臨床における患者が発語する一回一回のことば、その宛先や文脈。ひとりの患者は何らかの状態にある。それを健康ではない状態、何らかの疾患と呼んでもいいが、からだもその状態もひとつ。そのひとつからのさまざまなあらわれ、ことばの方向、そうしたものが人にとってのことばのあり方はもちろんのこと、音楽のあり方とも重なってくるように読む。

すでに引用した部分なのだが、あらためて引いてみたい一節——

言葉も、それを人と人とのあいだの行為と見る限り、それ自体「こと」である。「ことば」が「こと」の一端しか表現しないといっても、なにか外的な事情によって限定が生じているのではない。言葉を語るということは、「こと」が「こと」自身を限定する、あるいは「あいだ」が「あいだ」自身を限定するという意味を持つ。言葉は「あいだ」自身の自己表現であり自己限定である。（一六六頁）

おなじひとつの音、あるひとつのフレーズが、コンテクストや宛先によって意味を変える。切り分け方によっておなじなのに、奏いている者にとっても、聴いている者にとっても、おなじひとつの音をべつのようにとらえている。それはまた、その音、そのピッチだけではなく強度や音色、発音のしかたにも変化があり、二度とおなじあらわれをしない。これはまた、こうした箇所とひびきあう。

人間は自分の周囲にある「もの」に対して、文化的あるいは個人的に規定された彼なりの生きかたに従って実践的・ノエシス的に関わっており、この関わりの中で「行為的直観」［……］という仕方で何かを「見て」

いるのである。この「何か」のことを「こと」と呼ぶ。それは決してなまのままの「もの」ではないし、「もの」の知覚像・表象像といったものでもない。行為それ自身が「見る」のだから、そこで見られるものはやはり行為であり、出来事であり、働きである。（一六三頁）

こうしたところばかりではない。もっと俯瞰的にみて、本書の構成そのものがひじょうに音楽を意識した構築性を持っているといったら誤解を招くだろうか。

キーワードはノエシス／ノエマであり、それはひとつの近い語のペアとなっていて、そこから派生したメタノエシスという語もある。これらはコンテクストも変わってゆくなかで二度三度と姿をあらわし、あらたなコンテクストのなかでまた読みとられ、ニュアンスも変化を蒙ってくる。キーワードそのものがテーマやモティーフ――いや、そもそもテーマだったりモティーフ以外の何ものでもないのだが――として音楽作品でのように、といったら、どうか。

このような構成は、しかし、歴史的文献を読みこんでいくような本ではなかなかでてくるものではない。抽象度が高い、いや、抽象的な語を操作概念として用いているからこそかもしれず、いや、だから、音楽作品は抽象度の高い構成物（composition）なのだという逆の認識さえ暗示する。それぞれの章が短いのも全体の構成のゆえ。ひとつひとつの章を短くすることによって、ここまで論じ、つぎにはここの重心を移す、というふうに受けわたしながら展開してゆく。こうしたかたちは、ふと、連歌を想いおこさせもする。

もちろん日本語で書かれていて、ギリシャ語由来のタームが用いられている。と同時にドイツ語やフランス語の語彙が持ちこまれてもいる。誰か、すなわちもともとの語を用いた人物がドイツ人なりフランス人で、その借用だったりする。だが、ただ借用ではなく、そこにはその語のもっているニュアンス、もともとの語そのものを構成している接頭辞や接尾辞のニュアンスに着目することで浮かびあがってくるものがある。

いや、そんなことはべつに木村敏の文章にかぎらない。哲学や思想の本ならそんなことはふつうのことだ。そうおもいつつ、でも、本書のフランス語訳を手にとってみると、逆に、それだけではすまないのではないか、というふうにおもえてしまうのだ。それは日本語についての考察もあり、ふつうに原文を日本語で読むだけではなく、けっしてそうはならないしなれないのだけれども、べつの言語体系のなかから読む、フランス語ならフランス語を日常使用している文化圏のなかにいながら『あいだ』を読むことですこしだけでも感じられるような何かがある、たとえばフランス語のなかに「*jiko*」「*jiga*」「*ma*」といった特異な語彙が混入することでそのフランス語の体系が、フランス語によってなりたっている文化がちょっとだけ揺れるような。それはたとえば、武満徹の音楽作品のタイトルが、《夢想》とあって、英語のタイトルが《Dream/Window》となっていることに気づいたときの心身のうずきのようなものに近いかもしれない。

おなじテクストを複数のことばで読んでみる。そうした異なった言語による二重映しのような読み方とはべつに、おなじ書き手による複数の本をならべてみる。そうして浮かびあがってくるものもある。それは実体としてではない。むしろ虚像としてだ。ひとつのテクストで述べられているものがべつのところでおなじとはかぎらない。人は変化するし、文脈によって変わってくることもある。そうしたおなじだったりちがっていたりするがゆえに、そのずれのなかでみえるものがある。それは以下のような音楽の場ともつながってくる。

実在の物理的空間に定位不可能なこの「虚の空間」は、いわばすべての演奏者がそこから「等距離」にあるような場所である。合奏全体を一つの閉じたシステムとみなせば、それは各演奏者の「あいだ」であると言ってよい。だがこの「あいだ」は、ノエマ的な空間の内部で個々の演奏者を隔てている間隔とは違って、決して各自の外部に定位されるものではない。この「あいだ」には明瞭なノエシス的自己帰属感が伴っている。各演奏者はそれをむしろ、各自の行為的自己の「内部」として体験している。それは、各自の内部に見出されながら各自のあいだにも見出されるという、不思議な場所なのであって、この不思議さは、それが本来ノエシス的な現象であるのにノエマ的にしか意識されないという、その二重構造から来ている。（三三―三四頁）

この部分、フランス語訳もみてみよう。このなかに「*aida*」がはいってくることでおこっている文字のつらなりのなかでのさざめきは、意味とは異なったものとして、はたらいている。

Cet espace virtuel, non localisable dans l'espace réel, est un lieu à égale distance de tous les musiciens. A considérer l'ensemble musical comme un système fermé, cet espace est l'*aida* des musiciens. Cet *aida* n'est jamais localisable dans un extérieur des musiciens, il n'est pas non plus une distance séparant les musiciens à l'intérieur de l'espace noématique. Le musicien appréhende cet *aida* comme intérieur à sa subjectivité mais le trouve en même temps dans l'extérieur avec les autres musiciens. Cette double structure paradoxale d'être intra aussi bien qu'inter résulte de ce que l'*aida* est un phénomène authentiquement noétique, mais qui n'est conscient que noématiquement.（p. 41）

わたし自身は、木村敏の名は、ゲオルギアーデス『音楽と言語』（音楽之友社、一九六六年、のち講談社学術文庫）の翻訳者としてかなり以前から知っていた。その後に『異常の構造』（講談社現代新書、一九七三年）や金井美恵子との『私は本当に私なのか——自己論講義、一九八三年』（朝日出版社）で、さらには武満徹との対談などで、そのしごとがみえるようになってきた。

『あいだ』はひとつの思考をすすめることで成りたっている本だが、一方で対話が木村敏の思考をよりわかりやすくするものであることは間違いない。対話でより明確になることがある。ましてや木村敏はずっと臨床医として患者とむきあってきたことをあらためて言いたてる必要もあるまい。考えながら文字を記していくのとは異なった思考のあらわれとしての対話。翻訳がひとつの他者の声であるのと同様、対話によってひきだされるものを、『あいだ』の余白においてみたいというおもいがある。

ちょうど『人と人との間』（一九七二年）と『あいだ』（一九八八年）の文字どおりのあいだに位置し、『時間と自己』（中公新書、一九八二年）と重なる時期の、作家・金井美恵子との対話『私は本当に私なのか――自己論講義』から音楽にまつわる一節を引く。

私は音楽が時間芸術だと言われているのは、ある音楽を聴くのに何十分かかるという、そういう意味では決してなくて、音楽というものは時間そのものを表現する芸術であるという意味でそう言われるべきだろうと思うんです。音楽というのは、さっきの話と関係があるけれども、作曲家は楽譜の上に時間を書き続けているんだと思うんです。時間をつくり続けていると思うんです。で、われわれは、作曲家が楽譜の上につくりあげた時間を聴いている。音を聴いてるんじゃなくて、その時間を聞いているんだろうと思うんですがね。

（『私は本当に私なのか』一三八頁）

いうまでもなく、ここでの時間は、同時期の『時間と自己』と交差する。またここで、最後の部分で「聴く」と「聞く」両方の漢字がつかわれていることに気づく。この文章は対話を文字におこしたものだから、この漢字の違いは語っている人物みずからによるものと判断できよう。音は「聴く」そして、その時間は「聞く」。耳をかたむけて、その目的としての音は聴くだが、そのむこうにあるものは、「聞く」となる。たとえ誤植や勘違いであってもかまわない。こちらがそう読ませてしまうものがある。

また『あいだ』よりずっと後、檜垣立哉との『生命と現実――木村敏との対話』（河出書房新社、二〇〇六年）を、木村敏の思考をたどるひじょうに意味のある本としてみることができる。この本のなかではその後の木村敏の思考のキーワードとなるものについて多くのことばが費やされている反面、音楽についてい言及はあまりない。そのなかからひとつ引く。

［引用者註――たとえば三人でトリオをやり、それがうまく息があっている、そんなとき］これはもちろんひとつの錯覚なんだけど、私はピアノしか弾いてないのに、ヴァイオリンもチェロも私自身が弾いてるんじゃないかという錯覚が起こるんです。そうじゃないと次の音が出せない。次の音へと向けた私の行動の方向は、合奏全体のそれまでの流れによって決まってくるわけだから。だから、もちろん私は自分の指を動かして弾いてるんだけども、指を動かしている主体というのか行為者というのか、いったい実際に音を出しているのは誰なのか、それが不明確になる。どういうことかというと、ひとつのアンサンブルの音の流れが私の指をいわば動かして次の音を弾かせるわけでしょ。これは分裂症の作為体験に非常に近いわけです。自分の行動のい

ちいちが他人によって操られているんだという……。私が人と人とのあいだなんていうことで後になって考えるようになった、その原型みたいなものは、漠然とですけれども、おそらく合奏をやりながらずっと経験していたんですね。(『生命と現実』三二一―三二二頁)

ここには、『あいだ』から抜け落ちてしまった、いや、記されなかった自らの合奏の体験と、「分裂症の作為体験」へのつながりをみることができ、貴重だ。たとえば木村敏が合奏による音楽の体験からべつのところへ、精神医学の、臨床の領域へと想像・創造的に飛躍していることを、逆に、音楽の側にかえす、音楽する身体にかえす、音楽＝生命へともどすことはできないだろうか。いささか無謀ではあるにしても。

あわせて、これは「あいだ」とも音楽ともはなれた脱線ではあるのだが、ひとつ木村敏の医師としての考えがみえるところがあるので、記しておきたい。哲学者は精神科医が「薬の配合師」になっているのではないか、と問いをむける。すると木村敏は「困ったこと」と応え、また質問者の「それである種の治療されるべき本質というのが見逃されるということ」なのか、とのつづけての問いに、こんなふうに応えるのである――「ほんとの治療というのは、対話のなかにしかないだろうと思うものですから。薬は補助的なものだろうと思うわけです。しかしさっきも言ったように、薬を否定するわけではなくて、むしろ積極的に使いますけど、やはりあくまで補助なんです」(『生命と現実』一四七頁)。

『あいだ』をはじめて手にしたとき、わたしは一般企業に勤めていた。そんなふうにはじめのほうでも記した。製薬企業にだった。わたし自身は医学も薬学もさっぱりわからない。ただ、薬剤をめぐる業界にいることで知ることもないわけではなかった。そうしたなかで、少なからぬ衝撃をうけたことのひとつに、まわりの「理系」の人たちにとって、それは研究であったり開発であったり、あるいは医師を訪れるMRであったりしてもなのだが、精神医学、対話的な治療といったものにほとんどまったく関心など持ってはいない、ということだった。文系とはいえ、R・D・レイン——これも近藤譲の音楽作品《結ぼれ》で知った——やフーコーに、あるいはフロイトにラカンにわからないにしても関心を持っていた身としては、いわゆる精神疾患というのは当然、医学や薬学をしごとにしている以上、気にならざるをえないものだと考えていたからだ。正常であるとはふつうであり、異常がおかしいということ。それらはまるでべつのところにあると考えていること。それは心身の奥にある問題として考えられるというよりも、脳の機能としてとらえられてしまうこと。『異常が正常をあばくとき』（朝日出版社、一九七二年）と著書のタイトルをつけた白井健三郎に師事していた身からすれば、何とも異質な文化にいると感じずにはいられなかったし、いま現在、カウンセリングがかつてよりはるかに広くおこなわれていながら、そのことに気づかないし無関心のままでいる人が少なくない事実に、ある居心地の悪さをおぼえずにはいられない。それはまた、音楽を、その組成の客観的数値化とマーケティング的な数値化の二重性の数値化でとらえる風潮——もちろんそれだけではないにしろ——におなじ薄気味悪さを感じてしまう。そうしたときに『あいだ』は、その難しさともども、人や音楽の奥深さを、わからなさそのものをことばでどうにかしようとする姿勢と表現によって、たちかえる本でありつづける。

木村　敏（きむら・びん）一九三一年生まれ、精神科医、精神病理学者。京都大学、名古屋市立大学教授等を歴任。『あいだ』（弘文堂、一九八八年、のちに新版（ちくま学芸文庫）二〇〇五年）、その他『偶然性の精神病理』（岩波書店、一九九四年、のちに新版（岩波現代文庫）二〇〇〇年）、また『木村敏著作集』が刊行されている（全八巻、弘文堂、二〇〇一年）。

若桑みどり『薔薇のイコノロジー』

美術は「みた」ままのものでありつつ、そのままのものではない。謎を、問いをかけてくる。描かれているものはもちろん、さらにその奥へ、べつの時空へ、べつの意味へ、「読め」と迫ってくる。そして「読む」とはひじょうに多層的ないとなみだ。

人はどれだけみているのか。みえているのか。逆に、どれだけみおとしているのか。たとえば一九七〇年代の後半、動いている映像を、映画をめぐって気づかされた経験が、わたしには、ある。だが、動いてなどいなくても、静止していたところで、隅から隅まで舐めるようにしてみていっても、みおとしてしまう、またみていても気づかない、気づいていても意識にはいってこない。そんなことはいくらもある。もしかしたら映画史や美術史などの講義や演習のなかで視線が鍛えられていれば違ったかもしれないが、そんな欠落に気づかされたのは、たとえば若桑みどりの文章だった。

『薔薇のイコノロジー』（青土社）が雑誌『ユリイカ』に連載（一九八三年一月号―八四年四月号までの全十五回。ただし、八四年三月号は休載）され、単行本として刊行されたのは一九八四年（新装版二〇〇三年）。現在からすると三十年以上前になるが、これを一九七〇年代から一九八〇年代におけるこの列島文脈においてみなおしてみるとどうか。

エルヴィン・パノフスキー『イコノロジー研究――ルネサンス美術における人文主義の諸テーマ』（浅野徹ほか訳、美術出版社）の翻訳刊行は一九七一年。ボッティチェルリを主人公に据えた辻邦生の歴史小説『春の戴冠』（新潮社）は一九七七年。澁澤龍彦がバルトルシャイティスにふれながら『悪魔の中世――西洋美術史の暗黒』（桃源堂）を著したのは一九七九年。そして若桑みどり自身の『マニエリスム芸術論』（岩崎美術社）は一九八〇年であった。併せてみるなら、ヨーゼフ・ボイス展が池袋の西武美術館で開催され、アーティスト自身が来日したのは、『薔薇のイコノロジー』が刊行された一九八四年。ホールらによる「象徴哲学体系」や、「ヘルメス文書」の人文書院あるいは朝日出版社からの翻訳も同時期である。それまでの西洋美術、西洋美術史についてより深い掘り下げが、また造形上の美のみではない精神史や思想史と結びつきながらの意味が一般的にも知られてくる時期と言えるかもしれない。

『薔薇のイコノロジー』はたしかに薔薇についての記述も少なくない。とはいえ、十五の章としめくくりの「終章」とからなる本書の構成をみると、そのなかで薔薇という文字が中心的にみえるのは三つの章のみである。とすれば、ここにおいて薔薇は花なるもの、植物の象徴であると言ってもいいのだろう。本全体の内容を指し示すものとして、だ。植物、動物のように目の前では動かない、静的な存在をさししめすものとしての薔薇。つまりは、先ばしってしまうなら、動かないからこそ、造形の対象とされてきたかもしれないものの。

この本には実際「著者自装」としてボッティチェリ「プリマヴェーラ」のヴィーナスがあしらわれているし、薔薇からつながってくる花は、西洋絵画における花の表象にとどまらず、彫刻や建築、デザイン、さらには最後に「いけばな」へと広範な世界をめぐる。学的であっても一般的であってもいいが、枠としてある美術を中心にはしながら、その外縁を大きく広げ、いわば人にとっての植物（として）のイメージと意味が扱われる。

「人間は、恐らく、幾何学だけの空間には、生きることができないのであろう」（三一四頁）とある。「Ⅷ　石の花――反古典主義的空間の根源」という章での記述、ゴシックからバロックの聖堂の曲線を、また、繁茂する植物を検討した後に、だ。おなじ章の締めくくりに、十九世紀末のガウディを引きながら、こんなふうに記される――

一九世紀末における非幾何学的空間の再生は何を意味するのであろうか。それは、ゴシックとバロックになぜそれがあったかという考察を誘う。いずれの時代においても、人間中心主義的な規矩がもはや世界を包含しなくなり、幾何学がその世界像を説明しなくなっていた。異なった世界が侵入し、世界は秩序によってよりも、むしろ豊饒さと混乱によって感じ取られるようになっていた。人間は、自分が説明し得ない自然界の一部であることを捕え直そうとした。人間的な秩序と体系と調和の中ではなく、自然のカオスと混乱と生命

力の中に住処を見つけた。そこに、このグロッタやボスコが再生する。（三一八頁）

本書をとおして示されているのは、「自然」について、人がいかにこの地球という環境に身をおき、すべてのことどもにこの「自然」の影響をうけているかだ。通史としてではなく各地でのあらわれをみてゆく。そうしたあらわれがときに美術と呼ばれ、ときに文様と呼ばれ、ときに紋章、ときにデザインとなる。「自然」にふれての、「植物」にふれての人の感応・官能がそれをまた造形してゆく。萎れてしまうものではなく、半永久的な素材で再現・表象してゆく。それをヨーロッパの作品からはじめて世界のイメージにふれながら確認してゆく若桑みどりの作業が、まさに高度成長期を過ぎ、列島全体が中流意識を抱くに至るとともに、一九七〇年代から八〇年代にかけて聴覚的に電子的な音響がだんだんと生活のなかで一般化していった時代――カラオケがありテレヴィゲームがありウォークマンがあり――だったことも（くりかえしになるが）想起しておきたい。さらに一層、自然とは何か、何が自然かと問われ、人工的なものが自然になりつつある二十一世紀現在に本書を手にとると、人類の過去の自然とのかかわり、自然がどれほど人のイメージそのもの、イメージの生成にかかわってきたのかをふりかえるきっかけになるはずなのだ。

「Ⅵ　花の道」のしめくくりとしてつぎのような段落がくる。

以上の考察をもって、私は世界のいたるところに生育する果実が、最古の文明であるエジプトならびにメソポタミアが生み出したあるパターンと結合しつつ地球上に文様の系譜を作り出したと推論する。古い伝統は各々の大地のネイティヴな果実にその形式をあてがいつつ、たえずその意味を更新してきた。「文様」は装飾ではない。その民族にとってきわめて意味ふかい聖なる意味をもつ何ものかの象徴として生まれた。それはさながら地球上に生える植物のように自生し、かつ伝播し、聖なる意味をもって生きながら伝播しつづける普遍的な記号である。（一四六頁）

ここに「すべての文様には「自然」に自生していた生きたものの記憶がある」、あるいは、「文様とは、その「自然」の秩序だてに他ならない」「文様は常に〈自然〉と〈幾何学〉の独自な和合の産物なのだ」（三二五頁）という「XIV　花の復権」でのことばを接続できることをみても、著者の意志を読みとることは可能だろう。

本書の扱っている範囲は広大だ。植物の、自然のイメージとひと言でまとめたようなふりをすることは容易だが、地理的な、そして時間的なひろがりは比類ない。またそれだけのひろがりがなければみえてこないものもある。ひとつの章で扱われていることどもをさらに克明に、深く掘り下げて記述することも可能だろう。だが、著者はそれをよしとしない。これだけのひろさによってこそ垣間みえることがある。敷衍できることもあるかもしれない。もしかしたら、一部にしか興味を持たない人でも、ああ、こういうことなのか、こうやってイメージというものは連鎖してゆくのか、こういう翻訳を経るのか、と納得できるかもこともあるだろう。

たとえば花の表象といって集めてくるだけというしごとは、いまの時代、インターネットを介すればかつてよりはるかに容易にできよう。それだけでも意味はある。あるはずだ。だが、花から石の建物へ、装飾へ、ということになるとただ検索をかけて蒐集するだけでは難しい、変形や抽象、何らかの飛躍も必要になるだろう。そしてその飛躍によってこそ浮かびあがってくるものがある。

もちろん、誰でもが抱く美術史的な疑問への回答もある。

なぜ十六世紀末にヨーロッパ全域にわたって花の絵が独立し、一枚の画布を占有するに至ったかを、アルガンやヴェントゥーリを引きながら検証しつつ、こんなふうに記す。

一見リアリズムとは矛盾するかにみえるアレゴリズムの成熟、これこそ静物画の独立の決定的な原因である。すなわち、静物画が物語絵から独立したのは、物語絵の一部をなしていた静物的モティーフのアレゴリー的主題が充分に成熟し、一般に受け入れられ、価値高いものとなったからである。それは、一六世紀に咲きほこった寓意の伝統がひとつの帰結点を見い出したからであって、自然主義の高まりがその鍵を握っていたのではなく、むしろこれが拍車をかけたのである。つまり、奇妙なことだが、リアリズムの成熟とアレゴリズムの成熟の双方の因子が、花のモティーフを聖母のモティーフと同列の高みにまで引きあげたのであった。

（二五九頁）

また、フランドルとオランダの静物画について、後者では聖像画が禁じられ、前者では禁じられていなかったという背景を指摘する。

プロテスタントの人々は、日常の事物の中に聖なるものを象徴させることの必要を痛感した。それは、宗教的生を超越的なものとして考えず、日常の労働の中に見るという彼らの信条にもかなっていたであろう。［……］聖母マリアをユリや薔薇として描くということは、聖母そのものを描くことができなくなったオランダ人にとっては当然のはけ口となったと思われる。しかし、さらに重要なことは、一七世紀のオランダ画家は、果物を「腐り易いもの」、花を「枯れ易いもの」のメタファーとして描いた、ということである。そして彼らの静物画では、これらの花や果物の「はかない」ものの対立物として、必ず聖なる酒や命の水を入れた「永久の」もの、すなわち金属や土器によるたしかなものが描き合わされている。（二六五頁）

このように通常の「美術」「美術史」からはともすればこぼれおちそうになることどもに、すでにすこしふれたように、たとえば紋章や装飾まで射程にはいっていることも重要だ。おそらくは美術・美術史という分野においては、あくまで一般の人にとっては、だけれど、いささか異質とされるものをひとつところに置くことも、刺戟的ではないか。たとえば紋章については「XII　刻印された〈詩〉」で——一六、一七世紀にあっては、紋章（エムブレム、インプレーゼ）は「芸術作品」と掛け離れていなかった。「絵は字のごとく」正しく意味を伝達する記号だったのだ。われわれがこれらの絵を理解するときには、銘文を読み解くように、その意味を探らなければならない。（二九六頁）

たとえば手工芸について、「XIV　花の復権——ウィリアム・モリスのパターン・デザイン」では、オーエン・ジョーンズやモリスが産業革命のなかで手工芸の復活、美と生との再統一を目指したことを指摘しながら、こう述べる。

だがその文化史的意義は、あるいは第一のそして肝要な動機より、はるかに広大で深刻なものであった。彼らは、一七世紀から一九世紀までつづいた西欧中心の合理主義と現実主義（これが政治的、社会的に翻訳されるならば、資本主義といえるだろう）の文明に亀裂を入れていたのである。人体表現中心、タブロー中心主義、様式における古典主義と写実主義、アカデミズム、これらは固定化した支配階級の造形上の好みの現われであった。一見中世復活という反動的、保守的なものと見なされ、あるいはまた、役に立たぬユートピア主義としてきわめてしばしば解釈される彼らの運動は、じつのところ、彼らが「人体」ではなく、〈ひな菊〉や〈セ

> イヨウトチノキ〉をたずさえてくることによって、ルネサンス以来の伝統的な芸術についての観念を転倒させる力さえも持っているほど、革新的なものだった。（三三二―三三三頁）

この「ルネサンス以来の伝統的な芸術についての観念を転倒させる力」を、もうすこし先ではさらに「〈世界の転換〉のきざし」（三三四頁、強調は原文、以下同じ）とも言い換える。この章に先立つ「XIII 石の花――反古典主義的空間の根源」の章ではゴシック教会における「石の花」、その石の森についてが記されるのだが、ふと、こんな記述があるのだ。すなわち、ゴシック教会に入るとすぐ気づく天上や柱の石でできた植物から「グロッタ（洞窟）」「ボスコ（森）」とロマン主義者のインスピレーションを喚起する。そしてすぐその後で、著者は防空壕の体験を、唐突に、語るのである。

> そこ［引用者註・防空壕］には木の根が頭上近くにはみ出ていることがあって、頭上を覆っているのは木材であった。もし人類が最初に穴を掘り、あるいは森の木を切りとってきて小屋を作ったのであれば、建築はその発生の起源をどこかに残し持っているに違いない。非再現芸術である建築における真の意味での自然模倣《ミメーシス》とは、じつはこのような自然的生の体験をのこし持った建築的要素もしくは空間的要素のことであろう。（二九八頁）

個人的なことは大著のなかでごくわずかにしかあらわれない。それでいながら、「XIII　石の花」「XIV　花の復権」には、戦時中のエピソードが、顔をだす。後者では、小野二郎のウィリアム・モリス研究（『ウィリアム・モリス――ラディカル・デザインの思想』中央公論社、一九七三年）にふれた後――若桑みどりは父についておもいをはせる（小野二郎についてひと言。このイギリス文学者／出版人は、一九八二年、五三歳で亡くなった。『薔薇のイコノロジー』の連載がなされている時期である）。父親が戦時中にベラミとバトラーの本を訳していたのに出版できるときにはすでにこの世の人ではなくなっていたこと、またすぐれた庭師でもあったことを。また自身のいけばなの体験や、正月風俗の竹や松についての信仰についての言及を、戦時中のエピソードもまじえながら「終章　生きている花――残らない芸術のために」でおこなっている。

すこし自分にひきつけてみようか。

「I　薔薇の聖母」と題された章ではじめにふれられるのはパルミジァニーノの同名の作品で、おなじ作者による「首の長い聖母」と共通した特徴として「異様に細長いプロポーションと、くねった姿態（いわゆる蛇状《セルペンティナータ》の）と、長い白鳥のような首筋と、繊細に波打つ金髪、卵型の顔立ち、伏せた眼、そしてごく長く細い指をもつ優美な手」（八頁）が指摘される。本文が始まる最初のページにあるふりがな（ルビ）はこの「セルペンティナータ」で、ページを開くと小さな文字で組まれていてもすぐ視界にそれとわかり、また同時に、「フィーグラ・セルペンティナータ」という語、それを知った二十代はじめの頃、そのかたちを笑いながら真似してみせたりした友人のことなどが一挙に甦ってくる。

ぼんやりと絵や彫刻をみて、好きだ嫌いだと、また時代ごとの様式やアーティストのスタイルを何とはなしにわかるようになったところに、本書はおよそべつの見方を示してくれた。『ユリイカ』に連載中は一回ごとがとても長く、部分部分をちゃんと理解できないまま、息切れしそうになったし、さらに各回ごとに想いがけないつながりがもたらされ、それ自体が驚異の連続だった。題材、描き方や色彩、遠近法やプロポーション、あるいは、スタンダードなというよりは通俗的な美術史の区分け、アーティストをめぐるほんとも嘘もいっしょになった伝記的エピソード、等など。十七・十八世紀以前の西洋美術にはごく一般的な知識しか持ちあわせず、もっぱら近代から現代に関心を集中させていたところへ、西洋美術史の同級生と親しくなって展覧会に足をはこぶことが日常となった。先にも引いたが、『春の戴冠』を読んだのも、『イコノロジー研究』という本を知ったのもその頃だった。

Ⅰ章からⅩⅣ章、そして「終章」までの全十五章のうち、「グロテスクの系譜」と題された章が三つつづいている。扱われているのは十六世紀。その最後「グロテスクの系譜三――花となった人間」のなかで、若桑みどりはフェルディナン・アルキエ『シュルレアリスムの哲学』の一部を解説して、このように述べる――

つまり、詩的洞察力のみが、かつて人類が所有していた宇宙と自我との合一をふたたび夢みることができるのである。ここで重要なことは、人間は自分が永遠なるものにたずさわっていると感じなければ決して幸福ではない、という真理を思い出すことである。聖樹や聖山、聖水の信仰はまさにその現われであった。（二四四頁）

たしかにこれはグロテスクの系譜で十六世紀からシュルレアリスムへと視野を広げ、そこに通底するものをみているわけだけれども、この背景にあるのは言うまでもなくマニエリスムだ。マニエリスムは若桑みどりの最初の著書のテーマであったし、また後年大きな意味をもつことになる「クアトロ・ラガッツィ」の時代でもあったことはあらためて強調するまでもない（若桑みどり『クアトロ・ラガッツィ――天正少年使節と世界帝国』集英社、二〇〇三年）。人にとって「見えるまま」「そのまま」とは何か、「まま」は（トートロジーになるが）ままとしてありえるか。「まま」とはいいながらそれは再現＝表象であり別のものである。シュルレアリスムへの言及は、もっと前、「V　美しき女庭師」にもある（マックス・エルンスト「美しき女庭師の帰還」は一九七七年西武美術館での「マックス・エルンスト展」に展示されていたように記憶するから、そのエコーとして読めるかもしれない）。そして、この美術史家が、表に対する裏として「グロテスク」に注目したことは、そのまま直線に対する曲線、蔓草文（一七〇頁）、男性中心主義に対する大地母神、さらには本書では顕在化していないが、若桑みどりがジェンダー問題へと関心を広げていくことの萌芽を読みとることができるのではないか。
たしかに本書をはじめて通読した当時は、冒頭に「パルミジァニーノの聖母」について、女性が指摘されていることに特に注目していなかった。ただ、キリスト教社会における聖母マリアがふつうに描かれているだけだとおもっていた。だが、このように大きな本の、いや雑誌連載時ならそのはじめにあたる部分に、聖母について、こう記されていることを、いまだったらただそうおかれているとだけは考えないにちがいない。無言だしさりげないながらもことさらに戦略的な導入として。

このように、異教世界とキリスト教世界の象徴の体系の中で、ヴィーナスと聖母の共通のアトリビュート（付属物）となったこの花の特権は、それがそもそもから女性と、その創造性の秘儀のシンボルとなっていたからである。（一一頁）

そもそも「イコノロジー」なる語も、本のタイトルとして掲げられていながら、「I」章のほぼ最後の部分でようやくあらわれる。いまのように誰でもが知っているというような語ではなかったし、それこそ著者はのちに「イコノロジー入門」（若桑みどり『絵画を読む――イコノロジー入門』NHKブックス、一九九三年）というようなタイトルの本を執筆するより前に、こうした先見性、あるいは、挑戦、挑発について、どれだけ気づくことができたかどうか。いまのわたしはただ、顔を下にしてもそもそするばかりだ。

もうすこし記したい。

「Ⅶ　菊と蓮」で、正倉院における蓮と唐草の関係を指摘してすぐ、

……この頃の日本の文化には、世界文化の流れを呼吸する自由闊達な気風がみなぎっていたに違いないのである。

馴染みの花をもつ仏たちや蓮座などが、あらためて遠くエジプトのナイル、インドのガンジスにつらなっていると知ることは、日本文化の成立の世界性を感じさせる。思えば、日本美術の狭隘なナショナリズムに息がつまる思いがして背を向けたのだったが、日本美術史の頁をひもとけば、それは若年の思いこみに過ぎず、つねに日本美術が世界に向けて開かれてきたことを知る。（一五三―五四頁）

とある。この本を構成する連載から単行本になった一九八〇年代のことを想起してみてもいい。

じつは『マニエリスム芸術論』（岩崎美術社、一九八〇年）のなかに、はやくも「世界化」ということばがでてくる。一九八〇年の刊行の本に、だ。いまでこそ「グローバリゼーション globalization」や、「モンディアリザシオン mondialization」という言い方も一般的になってきて、というより、いささか

もうあたりまえになりすぎてあらためてそんな語をださなくてもという風潮もあろうが、当時は一九七〇・八〇年代、まだ「国際/国際化 international/internationalization」が云々されていた時期である。「国際化」の語には「national」があり、それぞれの国家が前提とされている。その時代にどの程度まで「世界化」が腑に落ちていたことか。ちなみに、世界音楽・ワールドミュージックという語が学会に登場してきたのは一九五〇年代、音楽マーケットにおけるワールドミュージックというジャンルの登場は七〇年代から八〇年代である。前者は西洋中心主義的な音楽観と民族・民俗音楽という対立ではなく、どの音楽もそれぞれに価値を持つという方向性から「ミュージック」の複数形「ミュージックス musics」として打ちだされもした（そう、この原稿を打っているワープロソフトWORDでは、いまだスペルチェックでこの「musics」には赤く波打った下線があらわれる。その使い方、ちょっとおかしいんじゃないの？というわけだ）。後者はロックのサウンド、ロックのビートが世界に広がってくるなかで、そうしたサウンド/ビートとローカルなイディオムとが結びついて生まれたポピュラー・ミュージックをさすものだった。現在はといえば、後者のニュアンスを保ちつつも、世界のさまざまな音楽というようなニュアンスを持っていると言ったらいいだろうか。

若桑みどりは十五世紀末の「世界の権力の枠組の変化」を、具体的にはチェーザレ・ボルジアによるイタリアの戦国状態への導き、コロンブスの第一回航海、フランス王のイタリア侵攻といったことどもをもって、「この世界化した枠組」（『マニエリスム芸術論』四三頁）と少し先で言い換える。そしてこの枠組みへの意識は、当然、天正使節団を扱った大著『クアトロ・ラガッツィ』へとつながってくる。さらに言うなら、この『クアトロ・ラガッツィ』が、個人的にはヨハン・セバスチャン・バッハの《ゴルトベルク変奏曲》をめぐって書いた本――小沼純一『バッハ『ゴルトベルク変奏曲』――世界・音楽・メディア』（みすず書房、二〇〇六年）――につよくインスピレーションを与えることになる。とてもプライヴェートな依頼によって作曲された、たったひとつの楽器のための楽曲を、その個人邸宅からその地域へ、文化圏へ、さらに海を越えての極東までの視野のなかでみてみるとどうなるかを示唆してくれたのは、まさにこの「クアトロ・ラガッツィ」（四人の少年）だった。

「終章」のひとつ前、実質的な締めくくりとなる「XIV　花の復権――ウィリアム・モリスのパターン・デザイン」において、つい、というところなのかもしれないし、ここまで故意に抑えていたものをだしてしまおうということなのかもしれないが、著者の現代の工業デザインへの批判が噴出する。しかもアンビヴァレントなかたちで。「レース編み花模様のコピーをプラスティックで作ったテーブル・クロスや木目らしいパターンを打ち出した壁紙などには嘔吐していた」（三二一頁）と言いながら、若桑みどりはつぶやく。

この種のにせものの、きたならしく安っぽい工業製品は美しくてここちよい製品よりははるかに多く、われわれの生活をこの上なく醜くし、ガラクタでいっぱいにし、嫌悪で息ずま《〔ママ〕》らせようとしている。だが一方では、それは感動的でさえある。なぜ、かれらはこれほどにしてまで、プラスティックでタケノコの皮や笹の葉をコピーしつづけるのか。なぜ植物的形体もその機能さえもっていないマホービンや家電製品にまでデイジーや薔薇や百合を付けようとするのか。かれらはそれをルーティーンでやっているのか、あるいはまた、われわれは、これほどまでに、かつてわれわれを取り巻いていた〝自然〟と植物的世界を必須のものとしているのであろうか。（三二一頁）

あらためてこうした若桑みどりのことばを読んでみるとき、いま、わたしたちのまわりはどうなっているのか、さまざまなレヴェルで、考えてみるべきものが多数あることに気づく。デザインだけではない。自然なるものについての発想はどうか。鶴岡真弓『ケルト　装飾的思考』（筑摩書房）が出版されるのは一九八九年。これまでとは異なったかたちでケルトなるものが、装飾なるものがすこし世のなかで、また私的に射程にはいってきたのもこの頃だった。だが、そのときには若桑みどりの『薔薇のイコノロジー』はあまり意識できないでいた。それがはっきりしてくるまではまだすこし時間が必要だった。二十一世紀にはいって、天野知香（『装飾／芸術―一九―二〇世紀フランスにおける「芸術」の位相』ブリュッケ、二〇〇一年）が登場し、その頃にやっとべつべつにあったものが結びついてきた、とでも言ったらいいか。バイオテクノロジーや遺伝子工学、サイボーグについてまで含めて、自然と植物、表象＝再現とのからみあいを探ること。

そして、あらためておもうのだ。なぜ人は自然を描くのか。描いたのか。「何か」を「描く」とはなにか。ただ「みる」だけではなく、なぜ「描く」ことになったのか。それが芸術と呼ばれるかどうかはともかく、外界にあるものをなぜわざわざべつのかたちで写しとろうとしたのか。直接にそう問いかけはしないかもしれない。でも、「みる・みえる」から「描く・描ける」へとつなげてゆく欲望をみようとする、たとえ無謀であってもそんな試みを刺戟する芸術論がこうしたかたちでありうるということ。

まさにそうしたことを若桑みどりは意識していたからだろう、「終章」の最後に「生きている花」の記述を置くのだ。

このように本来のいけばなは演奏のごときもの、踊りのごときものであり、しかもわずか数日間、その草木の齢のあるかぎり〈形式〉の中で生きつづける〈自然〉であった。だがかれらは口伝をもってその〈形式〉を伝え、数百年にわたって同じ形式の花のいけかたを伝承した。これもまた、演奏と同様である。このようにしていけばなは〈人工〉と〈自然〉との、〈瞬間〉と〈永劫〉との、あやういが、火花を散らす拮抗と均衡（おそらくは瞬時の）に成立しうるライヴ・アートとなった。（三四八頁）

ここで「演奏のごときもの」といわれる。比喩である。「踊りのごときもの」も同様だ。ともに生の身体が、動くからこそ、いや、動くし静止する、成りたつパフォーマンスだからこそのもの言いだ。美術は生きたものを描く・造る。描く・造ることができる。そうした創作物があるからこそ逆に、自然を、生きたものを人はあらためて見ることができる。同様にして、だ、生身が演奏する音が音楽になる、音楽を聴く、というところから、さらに録音したり電子的な音で音楽を組みたてたりすることがごくあたりまえにあるから、あらためてその場で、瞬間瞬間に生起する音で織りなされる音楽が認識できるところに、「いま」、達しているとしたら、どうか。生の、ライヴの音楽が音楽であり、録音されたものは「録楽」と呼んでみる、そうした作曲家・三輪眞弘のたった一語の導入で、考え方が、認識が変わりうる。若桑みどりの『薔薇のイコノロジー』は、生きていて、静止している植物を描く、そのかたちと意味をめぐって書かれている。その最後にある「生きている花」から、音楽や舞踊や、あるいは演劇といった広義のパフォーマンスへと、ぐるっと視野を広げさせられる。本書の射程は、たしかに美術の広い範囲のみならず、もっともっと広い。

最後に「あとがき」にふれておきたい。若桑みどりはここで「個人的な感慨」として小泉文夫の名を引き、「地球の規模で芸術を」考えた小泉から、「きわめて素朴な、生に密着したイメージほど全人類に共通し、人類を結ぶものであることを示唆された」とある。音楽学者・小泉文夫と若桑みどりは東京藝術大学においておなじ時期に在職していた。「世界を聴いた男」――岡田真紀の評伝のタイトル――が亡くなったのは一九八三年、本書出版の前年であった。

若桑みどり（わかくわ・みどり）、一九三五年生まれ、二〇〇七年逝去、美術史学、千葉大学教授等を歴任。『薔薇のイコノロジー』（一九八四年、青土社、芸術選奨文部大臣賞）ほか、『マニエリスム芸術論』『光彩の芸術』『象徴としての女性像』『クアトロ・ラガッツィ』（二〇〇四年、大佛次郎賞）など多数。

川瀬敏郎『花は野にあるように──「なげいれ」のすすめ』

亡き父とつながりのあった方が病院にはいり、お見舞いに何かをと考えた。文字を読むより、眼を楽しませるものがいいと、川瀬敏郎『一日一花』（新潮社、二〇一二年）を選び、果物の詰め合わせと病院へむかった。だが、ともに病院から持ち帰ってくることになった。すでにこれらが不要になってしまったからだった。果物はお宅へと送り、本は手元にのこった。床にある人に、およそ気のきかないものを、とずっと後悔しつづけた。飾ってでもおいてくれればとおもっていたのだったが、何よりもまず本は重い。

東日本に起きた震災の後、毎日花をうつわにさして（写真を撮る）、がまとめられた、『一日一花』。ぱらぱらとめくるのではない。二日に一回、開くページをかえて、そのままにしておく。そんなふうにしばらく過ごした。

「いけばな」──とりあえずこう呼んでおく──をたしなみとして習う人がそばにいる。そんな時代に子ども時代をおくった。習熟するかどうかはべつに、一年とか二年とか、「池坊」「古流」「草月流」「小原流」などなどの教室にかよい、いくらかは器が揃えられたりもする。同級生の親御さんには免許を持っている人もいた。かようのをやめてしまっても、玄関先や床の間には、ごく稀にだったりするかもしれないが、花がいけられている。玄関先に「何々流師範」「何々流教室」と掲げられている家もよくみかけた。いまは、どうなのだろう。あまり眼にはいってこない。かよう人はどうだろう。いけばなの教室にかようことはなくとも、フラワー・アレンジメントに足をはこぶ人はいる。いけばなとフラワー・アレンジメントをおなじということはできない。できないけれども、花にふれ、花をかざる、というところではつながりがないとはいえない。

子どもとしては、葉や茎をおとしたり、花のむきを変えたりするのにいささか暴力を感じないではなかった。茎や枝を切る、ハナバサミの黒い曲線を描くかたちや音、その力のいれぐあい。そのくせ、鉄でできた剣山の幾種類もの大きさやかたち、ちくちくする針をおっかなびっくりさわったりするのは、ちょっとした楽しみでもあった。

川瀬敏郎が「いけばな」といわず、「なげいれ」と呼んでいるのを知ったのは、すでに習慣として花をいけることがなくなってしまった、わざわざ花器を押し入れからひっぱりだすのが億劫になってしまった、親がそうした年齢になった頃だろうか。『花は野にあるように』（淡交社）を手にとってみたときだった。奥付は昭和五九年六月、西暦なら一九八四年、わたしが大学を卒業した時期にあたる。長いこと本そのものを持つことはなかった。どこかで見掛けると立ち読みをするだけだった。そばに置くようになったのは最近のことだ。

ほとんどのページは川瀬敏郎の「作品」の写真となっている。「作品」集であり、「写真」集。文章は多くない。はじめとさいごに何ページかあるだけだ。

> 花の愉しみ方は人それぞれですが、私は、日々の暮しに生かす花は、一つの流派にとらわれたようなものや、装飾過剰なものではなく、気に入った器に、これまた気に入った花をさりげなく、というのがもっともふさわしいと考えています。（「はじめに」七頁）

「はじめに」の冒頭の文章を引いた。端的である。そして、たぶん、もうその時期――高度成長期をすぎ、すでにバブル期にはいっている――でも、何々流の「いけばな」ではなく、校庭やキャンパス、路上に植えられている木や草に咲くちょっとした花にこそ親しみがあるという人も少なくなかったようにおもわれる。すでに三十年以上前だが、二一世紀の十年代と比較してみれば、一戸建てや庭のある家がはるかに多くあった。そうしたところから、いけばな、とはべつのはなしだが、都市や住居、家族のかたちというのも、ぼんやりとうかびあがってくる。それから後、急速に家のかたち、住居の間取りは変わっていった。古い家か旅館にでも行かなければ、床の間などなかなかお目にかかれない。そんなふうに。

「はじめに」につづいて、八ページばかりの「私論茶花考——花は野にあるように」がある。仏前に供える「立花《たてはな》」のことを「重い花」と呼び、対して「軽い花」を「抛入」と呼ぶ。そして、日本人は「「床の間」という、世界に類をみない聖空間を常設し」、この床の間は「ものがその本来の姿のままに荘厳される場所」（九頁）であるという。

> 立花《たてはな》は、この床の間にあって、自然の全宇宙を荘厳することを目的としていました。ですから花の取合せも、強く大きな木から弱々とした小さな一草にいたる全自然を一瓶に取り込み、花器にこみ（剣山の基となった藁を束ねたもの）をつめて大地と見做し、生命の源である水を湛えました。そしてその中心に心強きしんを、あたかも草木が大地に生えている姿のようにしかと立て、そのまわりには寄り添うように下草を立て下し、すべての根を一つにし、書院のハレの席を飾るにふさわしい姿に形式を整えていきました。（九—一〇頁、強調は原文、以下同じ）

抛入は主従関係をもたない、もっと私的なものだ。場所も床の間に限定されない。まだ利休の時代にははっきりと〈入れる花＝抛入〉と〈いける花＝いけばな〉の明確な理念はなかった。むしろ、剣入の成立は立花の大成はおなじことだ。

もちろん花の取合せは、立花《たてはな》が公的な全宇宙を荘厳したのに対して、主従の関係をもたない、心入れした一種か二種の花でもって、私的な宇宙を荘厳したものでした。（一〇―一一頁）

思えば、書院も草庵茶室も本来同じ城郭の中に成立したものでした。いわば両者は一対のものだったのです。つまり立花《たてはな》も抛入《なげいれ》も互いが互いを支え、生かし合っていたものだということです。それがのちに建築が書院と草庵茶室を折衷（せっちゅう）した数寄屋（すきや）に移行するのに伴い、花も立花《たてはな》と抛入《なげいれ》を折衷していけばなの誕生をみるようになります。ここにはじめて、いける理念の確立をみたのですが、このいけばなはその折衷のさせ方によって無数の流派を生み、流派いけばなとなって花の代名詞にまでなりました。（一二頁）

茶の湯は〈草案茶室＝抛入〉、花は〈書院＝立花〉をそれぞれ理念とする芸道となる。

が、しかし、侘が対立概念である以上、侘が侘でありつづけるためには、常に一方に現世極まりない「華」を必要としたのでした。侘への希求（ききゅう）が激しければ激しいほど、華は侘が切り捨てていった華麗・

装飾性といった諸々を一手に引き受けて、これまた一方の極となったのです。茶室が四畳半から一畳台目へとその空間を純化していったのに反比例して、書院はますます雄渾（ゆうこん）華麗な濃厚な空間となって、桃山の絢爛（けんらん）豪華な「華」となりました。（一四頁）

途中、花の形式に人間関係の推移をみるところもある。立花を生み育んだ「縦社会」と、現在の「主とか従といった上下の関係をもっていない」「盛花《もりばな》」（一〇頁）との対比が示されるのだ。いや、その部分はけっして単なる挿入ではない。むしろここに示されていることのほうが全体のなかでみれば大きな意味を持っている。花についての美学や歴史的な背景が語られても、それはあくまで現在の、当時なら二〇世紀末の川瀬敏郎の行為を語ることに、また現在時での花をいけることの状況をこそ、示すことにほかならないのだから。

いや、そもそもこうして著者の文章を追っていくばかりでは能がない。なさすぎる。この短い文章のなかの終りのところに、暴挙であることを重々承知しながら、跳んでしまおう。

しかし自然を文化の基盤とした日本の芸能の奥の深さは、人間自身に到達した茶・花・能・香がそのもの自体で完結するのではなく、もう一度その母体である自然となって、自然のへそとしての茶・花・能・香となった時、はじめてこの虚なる自然は実なる自然の中に「私」を確立することが出来るという循環を有するところにあるのです。「花は野にあるように」という言葉が象徴するものは、ですからこの「私」と同義語です。ということは佗茶の湯の花は「私」の花だということです。（一五頁）

つづく結論部分では、この列島での人のあり方と抛入とがともに変化のなかにあることを指摘し、この行為そのものがひとつの確固としたかたちではないことを提起し、むすぶ。

はじめに、『一日一花』を自宅に持ち帰って、と記した。

写真集のページが部屋の片隅で開いている。小さな飾りもののそばに、壁にたてかけられて、開いている。特に不思議とはおもっていなかった。ここから、わたしのおもいは、川瀬敏郎の、というよりも、花をいける、からべつのところへとながれはじめていた――。

いけばなは、どういう「作品」なんだろうか。

ここにある花と器が生みだすものを「みる」なら、造形的な作品になる。すでにある花と器を結びつける「人」を想像的にみるなら、おなじ造形的なといえるかもしれないが、またべつの作品だろう。何らかのきっかけで壊されたりしなければ永続的な器と、生きものとしての花とのコントラスト、あるいは、緊張をみる。かぎりある生を生きている人が、やはりかぎりある生の花をいける、そのひじょうに時間的にかぎられたさまを、そのときだけ「みる・みることができる」。だとすると、造形的な作品、美術作品を「みる」というよりはむしろ、音楽を「きく」ことのほうにより近い、かなり似た体験ということにならないか。

花を愛でるのに洋の東西はない。ないのだろう。花をどうみるかについて文化人類学的な調査があるのかどうか、寡聞にして、知らない。花の咲かないところがあり、咲き乱れるところがあり、ある季節にだけ姿をあらわすところがある。花は植物にとって生であり性であるとは誰もがよく知っている。この花を、咲いているところで見掛ける、から、見る、へ、愛でる、へ、となり、咲いているところから切り離し、べつのところに持っていく、べつのところで愛でる、となる。切り離すことができるものがありできないものがある。どんな花でも愛でられるわけではなく、何らかの基準がその人その人や共同体や文化によって好みが変わってきたりする。視覚性からだけではなく、触覚性や嗅覚性とつながってもいて。

写真集にある花をたてておくこと。写真で花をみること。いや、人によってはパソコンの待ち受け画面に花があることだってあるだろう。いま、わたしはさまざまな花のあり方を故意に混同している。フラワー・アレンジメントも、フラワーショップで買ってきた小さな一束をそのまま小さな瓶にさしておくのも、抛入も。

川瀬敏郎のいけた日々の花を、こちらも日ごとにページをめくって、変えてゆく。それは、しかし、いうまでもなく、写真だ。川瀬敏郎が摘み、うつわを選び、いける。背景もあわせ。写真家がそれを撮る。光や影のバランスのなかで。

ひとつひとつの花。萼があり茎があり葉がある。うつわとうつわがおかれている場所、位置。そばにあるもの。たまたまそばにあったもの。しかもこれらの花は、植物は、「自然」のなかにあるところから、もともとあった文脈から切り離されている。それでいて、「自然」にみえるということ。「自然」と、「自然」だと受けいれられること。

ただ、もともとのところから切り離してくること。それは「切った」のだから、生身ではない。かといって、それは死んではいない。水を吸い、呼吸し、ときには蕾が花を咲かせる。「自然」状態から切り離されているし、違った状態にあるけれども、ここでもまたべつのかたちで生きている。もしかしたら、もとのままだったらもっと長く生きていたかもしれないけれど、逆に、切り離されて人の眼の届くところにあることによって、その生のさま、衰えてゆく、尽きてゆくさまがみてとれる、気づかれるところにもまた意味があるとしたら。能の、世阿弥の「花」の意味、その咲いていることの、短さの寓意としての花だけではなく、それが朽ちてゆくことをも含みこんでのものだとしたら。それは、ほかでもない、人や動物ではないかもしれないけれど、植物という生きものの生、その生のくずおれたさまを確かめることだったとしたら。いや、こうした花は、朽ちてきたのをそのままにしておいたりはしない。しないのだけれども、この短さ、かぎりある生のありようをこそ、ある限定的なかたちで提示しているとしたなら。

こんなふうに生につなげてでなくても、花と葉、茎といったところから、蕾、そして実、花なのかそうでないのか区別ができない実や蕾もあるだろう。草なのか木なのか、も。こうしていけられている花からはなれていって、人が「自然」のなかで苔の美しさを、茸のかわいさや毒々しさを見出したり、あるいはそうしたところから、盆栽のようなべつの宇宙、コスモロジーが連想されたり。

生の時間を区切って、ひとつの「作品」にすること。「作品」として提示し、鑑賞すること。写真はその瞬間的な姿を切りとってくる。たとえば川瀬敏郎の花を、いけられたものをわたし・わたしたちはじかにみることができないけれど、じかにみようとしてもさまざまな制約によって難しかったりする。それを写真でかろうじてみる。あくまで写真であることを知りながら、みる。みたかったけれども、それにまにあうことはなかっただろうし、写真になっているからには、もうこの状態ではおそらくないこともわかっている。

写真についてはすでに多く語られていることがある。「ここにないもの」が写真にはある。「決定的瞬間」がある。事件性を欠いているかにみえながら、花を撮った写真もまた、その花の咲き方や枝のかたち、実のつき方、といったものは、近いものはあるかもしれないが、くりかえされるものではない。花でなく、木ならばどうだろう。木は枯れてもかたちを残す。モノとしては、生を断たれてこそ「役に立」ったり、あるいは彫刻の素材になったりもしよう。そうした二次的三次的な使用価値ではなく、そのものとして、その生のありようとして、みつづけること。そこに、音楽をみることには無理があるだろうか。

奏でられているときにしかありえない音・音楽。音楽＝作品という枠、時間的制約と、音楽＝作品という生。いけられている花。その相同性。しかも、地面に生えている植物だって長いあいだには朽ちることがある植物は、その文脈を断たれ、場所を移し替えられることで、その生をさらにかぎられてしまう。音楽は、作品というかたちでなければ、もっともっと長くありうるのかもしれない。たとえそれはユートピックだったとしても。それを、作品というかたちにすることで、日常的に奏でられ鑑賞されうるとしたら。いけられた花を映す写真に対し、レコードやテープやデータといった二次的三次的な録音・再生のテクノロジーがあり、それらは人におけるクローンや臓器移植やサイボーグとけっして切れたものではありえない。そうしたとき、写真に映された花は、再生される音楽は、クローンになった人は、それぞれそのままもとのままの名称で呼び得るか否か。

花、ではないけれど、植物ということで想いだすものがある。

きかん気の子どもが宿題を放りだし母親に反抗、夕飯はなしよ！と叱られる。子どもは「逆ギレ」するのだが、部屋にあるモノたち、動植物たちが声をあげ、日頃の仕打ちを訴え、責める。モーリス・ラヴェルがコレットのテクストで書いた《子どもと魔法》はこんなオペラだ。後半、戸外にでた子どもは空気をおもいっきり吸って、文字どおり「息をつく」のだが、それもつかの間、樹が「傷が……、傷が……」と呻きはじめるのだ。何の傷？と尋ねる子ども。おまえがナイフでつけた傷だ、と応える――。

《子どもと魔法》では樹液が傷から滲みだしているのだが、しばしば、植物は声をあげない、と言われてしまう。動物たちも人の理不尽な暴力にさらされるが、その動きが、眼差しが、声がある。植物はただ黙っているから、人が傷つけても、わからない。想像力がはたらかないと、これは生きているんだと、気づけもしない。それでいながら、植物はただ育ってゆくままになっていればいいかというと、かならずしもそうとはかぎらない。剪定が必要な場合もあるし、間引きが必要な場合もある。植物たちは植物たちで生きるための闘争を静かにおこなっているし、敵は人や動物だけではない。微生物が、気候が、環境が敵にも味方にもなる。人とおなじだ、変わらない、と正しいひと言でまとめてしまうのが正しいのかどうなのか。

どこかで「自然」状態で咲いている花をみる、みかける。それを手折る。いける。それを暴力ととらえるかどうか。それもまた、そうした行為がずっと「文化」としておこなってきたからこそわかることではないのか。いま、むしろ、花がいけられ、それをみるとき、ふれるとき、二一世紀現在のさまざまな問題系を重ねることに、そこから気づけることがあるのか、ないのか。

> 日本の芸能は、日本の文化が歴史的に自然を母体としたことから、自然という様相を帯びていますが、ただ単に自然を模倣（もほう）したものではありません。自然は一見誰の目にもとらえやすそうに映じていますが、目に見えている自然の実体をいくら追いつづけても、自然は刻々と変化しつづけて手中から逃げていきます。自然をとらえるとは、自然が自ら顧（かえり）みることをしなかった、自然を動かしている扇の要（かなめ）のような自然の「虚眼」を、人間の「自然」とすることなのです。この虚なる自然とは人間自身のことであって、茶も花も能も香も、人間自身にいたる道です。（一五頁）

安易な人間中心主義ではなく、植物を、動物を、とおして、介して、あらためてみずからの種へと戻ってきたときに気づけることが、あるのかもしれない。それはまた、ただ花がいけてあるのをみるだけではなく、視覚メディアや、ほかの美や知を介してでこそ、であってもきっとおかしくない。

川瀬敏郎（かわせ・としろう）、一九四八年生まれ。花人、池坊で華道を岡田幸三に師事、その後特定の流派に属さずに活動する。『花は野にあるように――「なげいれ」のすすめ』は淡交社から、一九八四年に刊行。その他の著書に、『花会記――四季の心とかたち』（淡交社、一九九〇年）、『私の花』（講談社、一九九六年）、『今様花伝書』（新潮社、二〇〇二年）、『一日一花』（新潮社、二〇一二年）、ほか。

勅使川原三郎
『骨と空気』

全九章、たとえばランダムにいくつか引くなら、「平らな冬が——風呂を凍らせる」「消えた太陽——レレレ」「犬はなけなけ——雪の降る町に」というように、ダッシュを介して、前後のことばがつながっているのかいないのか、ともかくならべられているのが、章のタイトルとなっている。書名はといえば、第九章の「骨と空気——水は楽しく」からとられているのがわかる。

序も結びもない。あとがきもない。これらの文章がどんな機会に書かれたのかを示すものは何ひとつない。あるのは帯のみ。それさえも、本文から抜きだした短い文章、それからコピー「精神と身体のマニフェスト」だけ。

たしかに「マニフェスト」なのかもしれない、「マニフェスト」なのだろう。そうでなければ何と呼んでいいのかわからない。いや、出版社も、編集者も、どのようにして提示するかを考えて、きっとこれに落ち着いたにちがいない。ここでようやく、そうか、「マニフェスト」なのか、とすこし腑に落ちた気になってくる。ほかにどう呼ぶべきか、どう分類すべきか、わからない。書店でなら、ダンスの棚におかれる。おかれるはずだ。でも、エッセイなのか、論考なのか。どちらでもない。やはり「マニフェスト」か。相応しいか。想いおこしてみればいい、過去になされてきたいくつかの「マニフェスト」を。

刊行は一九九四年十月、白水社。「著者略歴」には「舞踊家」と、「ダンスグループ「KARAS」主宰」とある。

読み始め、読みすすめるなかで、これは読めない本なのではないかとわたしはおもいはじめる。読めないとは、一冊がまとまってひとつを提示してくる、あるいは、ストーリーとなるものではない、というような意味だ。

そもそもこんな文章もあるではないか。

　私にとって踊りは神秘的な方向や古代に向かうものではない。あるいはファンタジーや物語性に向かうものでもない。人間の苦悩といった心理的な方に行きすぎてしまうと、ダンサー自体がもっている純粋性が失われてしまう。私は踊りを踊ること、動くことのおもしろさや発見、まわりから感じるエネルギーや不可思議さを大切にしたいと思う。踊りをつくることは身体の冒険である。自分自身を、道具を扱うように生かしていくことが、私の踊りである。それは使い古された人間という身体を新たな発見によって、旅に向かわせることだ。（二〇五頁）

本の目的について述べられているわけではない。あくまで「私にとっての踊り」が、「私」と語っている人物がしている（らしい）「踊り」もまたこの本のように「ファンタジーや物語性」に向かわないというのだ。本のありようは、どこか、この「私」にとっての踊りと重なるところがあるようだ。それでも、先に引いた文章はわかる。何を言いたいのかはっきりしている。他方で、故意なのかそうでないのかもわからない、シンタックスそのものがもはやしっかりとはとることが難しい文章が、ときに、紛れこんでくる。

目や口のない生き物に水という流れるものをかけ与えられて、貧困の地に夢の舞踊を絵としか見ない人々。ゆるめられた化粧の内心の十字架の忘却。

色違いの指先に何かを語らせようとしても死人の嘘を信じることぐらいのメートルをいかにも演技したところでなんになろう。はしゃぎすぎる足の変容には笑い声ひとつ出ない。夕焼けは裏や表のない言葉と魂という私情に作曲できる豚が脳震盪を起こして倒れて苦い米の砂糖漬けを吐いた。（四六―四七頁）

シュルレアリスムような文章、だろうか。また、ところによって、詩のように行分けになっているところ、アフォリスムのようなところもある。

建築を拒否する鉄骨
鳥の翼が空から舞い降りてくる　鳥など一羽も飛んでいなかったのに
ひどく歪んだ三角形が僕の体の周りに数多く飛び回っている（一二五頁）

この本はどう読んだらいいのだろう、とあらためておもう。さまざまな文章がまじりあっているところ、かなりのところに、踊ること、音楽のことがあるので、また行分けだったりアフォリスム風だったりするところにニーチェを想起したりしつつ。

とはいえ、そんなことはかまわない。そうした本がありうることなど重々承知している。身体をつかう、さまざまなかたちでのイメージをつかうアーティストはそもそもことばに、通常のシンタックスに収まりきらないことをやろうとしているのだし、そこからあらためて日常的なことばを語りうるかといったら、逆にそれは嘘に、嘘のようにみえてしまう。いや、むしろ、二十一世紀になって、誰もがそれなりにわかりやすいことばを語ってしまい、また語らなくてはならないかのような状態になっていることが苛だたしいし、『骨と空気』にある文章を読むと、それでこそことばを手段としていない人の、それゆえの特権をさえ、おもってしまう。まるで違うけれども、おなじように身体をとおして作品をつくっていた舞踏の人たちのことばも、ことばにならないものをことばにしようと試みるところを多分に持っていたのではなかったか。土方巽『病める舞姫』でも、笠井叡『精霊舞踏』でも、大野一雄『御殿、空を飛ぶ』、でも。

あることが言われ、またかなり経ったところで、おなじことがでてきたりもする。そうしたところを拾いながら、自分なりにつなげてゆく。わたしは付箋をつかわないので、べつのところたとえばメモ帳や目次の余白にページ数を記しながら。

いくつか「ダンスは」と、主語になっている部分を抜き書きしてみよう。

ダンスは彫刻だ。空気の彫刻。場所の彫刻。時間の彫刻。体がありもうひとつの体がある。その間には空気または物質がある。心理的に何があるかではなく、関係のドラマツルギーではなく、どんな質的変化があるかという言語化できない事象を見つけなければならない。（六二頁）

ダンスは、僕にとって精神と形の問題でしかなく、失われていく時間、揮発性の愛という超表現なのである。（一二三頁）

ダンスは存在しない「もの」だ。不在の物質的出来事、あるいは作業であり、精神の形という別な言い方にすると「生命」という手によって摑むことのできない振動を起こさせようとするものでもある。（一八七頁）

ダンスは、身体、物体、音、空気といった物質的なものが空間内に溶けあい、同一の価値をもつことである。（二〇四頁）

ダンスは時間がつくる芸術である。何かが進行していく芸術。とどまるのではなく。彫刻や何か物理的なもの、オブジェそのものは、「動き」としてとどまろうとすることなのだけど。静止する彫刻やオブジェは時間を止めようとしている、あるいは「止まった時間」である。ダンスの場合、時間が湧き出てくるものと考える。全体が溶け合う新たな質感。そこにダンスの可能性を私は思う。（二一〇頁）

実際、さまざまな文体で書き散らされたことばたちから何かまとまったものを見いだすためには、読み手みずからが抜き書きして、テーマごとにならべかえてみるのがいいのかもしれない。わたし自身、すこしそれに近いことをしてみることで、ぼんやりとこの本のなかのことばが織りなす風景に遠近感を、グラデーションをつくりだせるようになってくる。

あるところでは、僕といい私という。です・ますも入り混じる。断言がありエピソードがある。先にもふれたように詩のように行分け、分かち書きになり、ときに台本のようにみえるところもある。自らが行為することを、たとえば踊ることを、まわりにある空気や音や音楽を定義しようと、あるいはとりあえず定義するしぐさを試み、またべつのところではずらし、迷い、遠ざける。エピソードを語り、罵倒し、そっけなく振る舞う。もちろん、ことばゆえに。自らは踊ればいい。いいはずだが、この身体の、空気のまわりにも、ことばはある。ことばは無用でありつつ有用であり、ことばはとりあえずあらしめられ、過剰し飽和することで、ダンスを包囲する。ダンスを包囲することで逆にことばはダンスに包囲される。ダンスはダンスがあればいいか、といえば、けっしてそれだけではないのだ。ダンスがダンスであるためにもことばは必要不可欠であり、相補的に、「ダンス」をつくる。

勅使川原三郎自身は「言語」についてこんなふうに書く。

> 言語化できないことを踊るということを考える。そして言語を踊るということを考える。踊ることの言語化を考える。
> 私にとって文字、書き言葉というのは自動的に浮かんでくることを文字化する、あるいは文字が勝手に顕れてくるといった方がいいのか。（一六三頁）

この列島の一九八〇年代はバブルと重ねられることがしばしばだ。あまり関係はなかったとはいえ、わたし自身もその空気を確実に呼吸していた。大学の四年間があり就職があった。日々の勤務と解放された夜の自由といったくりかえしのなか、それまで知っていたことはそのまま習慣のように継続する一方、いくつか未知のことにふれる機会があった。最大のものが勅使川原三郎のダンスだった――と言ったら誇張だろうか。木佐貫邦子や黒沢美香といった人たちとともにこのダンサー＝コレオグラファーの名に出会い、『月は水銀』（一九八七年）をみた。およそからだを動かすことに関心を持たなかった、いや、演劇やバレエや舞踏の舞台はみていても自分の身体とつなげて思考することのなかった身に、この作品の、からだに埋めこまれたかのようにみえるガラス片――なのだろうか？　――が光を反射しながら激しくまたゆっくりと身を動かし、しばしば、がつんと倒れる、ふいっと立ちあがり、また倒れる、そのさまは文字どおりフィジカルなものを、痛みや衝撃を想像裡に、だがほとんどじかに、伝えてきた。プログラムにはさみこんであったワークショップが気になって、じかに電話をかけ、問い合わせをし、何年か通うなどとはまるで予想していなかった。

私は踊りたいのだ。まわりはあまりに遅すぎる。私は宇宙の一人として踊るのみで、私の思想は単に個人的な趣味で終わるものではない。私は心苦しい。いろいろな本当に多くのことが心の中にあるので書き表わすことはできない。だから私は踊るしかない。
絵を描くしかない私は詩を書かなければ。宇宙は詩に語りかける。私は音楽をつくらなければ。宇宙は音楽に近づいてくる。私は踊らなければ。宇宙はダンスを見ている。ダンスを作りに降りてくる私は絵を描きたい。（一一〇頁）

ここにあるのはおそらくレトリックではない。美術にむかうのか、ダンスをするのか、話者は、若い勅使川原三郎は、迷っていた、のだろうとおもう。たとえばいま荻窪にあるスタジオ、KARAS APA-RATUSの、待合室に行くと、あ、これは?とおもわせられる絵を、デッサンをみることができる。勅使川原三郎の描いたものだ。こうした「手」の作業が可能である身体、それが、みずからの身体を、みるものに対して、造形する、とでも形容したらいいだろうか、そんなふうにおもうと、この文章が、動きなるものを、より具体的に感じられてくる。

動きは時間を作る。ものが動きを作る。ものが時間を作る。時間はなにも作らない。時間の役割はなにか。差である。存在するすべては一定ではない。すべて変化することによって存在する。動きの無いものは時間をもたない。動きとは差の連続である。その差には目盛りのような段階はなくゆるやかな変化や推移である。であるから時間は見えない存在しないものなのだ。質的変化によって時間が現れる。質的変化も動きである。速度変化と質的変化。加速（減速）と時間。（七四―七五頁）

何の身体的経験もないまま、どころか、からだを動かすことについてコンプレックス以外の何ものも持っていなかった身が、経験のあるなしにかかわらず、ほかの近い年齢の人たちとスタジオに集まって、からだを動かす。振りとか、何かをあらわす、とか、表現する、とか、一切ない。ただ、力をぬく。空気を吸って、吐く。力をぬく。空気を感じながら小走りにスタジオの隅から反対側にむかってゆく。むこうからもおなじようにやってくる人がいて、でも、けっしてふれるのではなく、空気と、その相手の存在を感じながら、すれちがう。力をぬく。あるいは。あたまに一本の細い糸がついていて、自分は宙に吊り下がっている。あしうらが地面から一センチ、五センチ、十センチ、さらに一メートル、五メートル、二十メートルとはなれてゆくイメージから、今度は逆に、だんだんと近づいてゆく。五センチ、一センチ、五ミリ、一ミリ、〇・五ミリ、〇・三ミリ、足の皮一枚だけで地面にふれている状態……。あるいは。自分が石膏でできていると考える。あたまの一点にひびがはいる。ひびがだんだんと全身に広がってゆき、こわれる、くずおれる……。

私は、人間も一種の人形として考える。それは人間は、地上にも空にも属していない、その中間にいるものだからだ。独特な人形的なあり方をしているということが、その内面的な意識によって、そして重心というものが常に意識によって移動するものであるということによって、徐々に分かってくる。意識というものは、常に軽いものでも重いものでもない。重心が示す意識のあり方によって、身体のありようは変わってくる。その体内に飛んでいる細かい夢の粒のようなものは、それこそが、人間の存在の仕方を変えるはずだ。ダンスとはそもそもそういうものである。だから人形のふりをするというよりは、むしろ人間は、ふりをしなくてもすでに人形である。人間をそんなに信じるな、私が人形でないとだれが言える。人間は人間にとどまることで満たされるものではない。これが人間の本質ではないだろうか。［……］人間は、地面が必要な人形だ。作られた人形との違いは、地面が必要かどうかの違いではないか、ということだ。（一九八頁）

こうした文章に、わたしは、ワークショップで発せられた勅使川原三郎のことばを重ねている。『骨と空気』の刊行は、わたしがワークショップに通っていた頃からかなりあとだったけれども。もし参加期間がずっと、ずっと、長きにわたっていたなら、身体をずっと、ずっと、動かしていたなら、またもっと、感じとれることは異なっていただろう。こうしたことばを、また自分がからだを実際に動かしてみたことで、わたしは勅使川原三郎のみならず、ほかのダンスを、演劇の舞台にたつ役者を、さらには演奏する音楽家への見方はかなり変わった、そうでなくとも、変わった、とおもっている。

逆に、ワークショップから、勅使川原三郎の舞台からしばらくはなれ、この本を手にし、というときになって、またあらためてその舞台や身体に接してみたとき、「語られなかったことや手の中に摑みきれなかったことが、私の身のすぐ周りにいつもついて回っている。聞き取れなかった音や声や音楽が耳元でささやいているのを感じる」（一〇〇頁）といったことばが、ひとりで自室やオフィスにいて、骨が、筋肉が、皮膚が、からだが、感覚器官ともども、いわゆる「作品」ではなく、「作品」とはべつに、ごくごくふつうに生活している、生きているなかで、感じられる。そうだ、こういうことなんだな、と気づいたりする、そんなことが起こってくる。

勅使川原三郎のダンスをすこしでも知っているなら、作品のインスピレーションが多くの文学や音楽に由来していることに気がつくだろう。だが、『骨と空気』のなかにはそうした名を見いだすことはできない。日夏耿之介も宮澤賢治も稲垣足穂もフアン・ラモス・ヒメネスもない。ドビュッシーもストラヴィンスキーも武満徹も、ジャンゴ・ラインハルトもない。せいぜい「春の祭典」が、固有名なのか一般名詞なのか、どちらでも良いようにでてくるくらいだ。ここで固有名は余計なもの、固有名は文章のスピードのなかではじかれてゆく。遅さと速さは、ともに、勅使川原三郎のダンスにあるものだが、それは本のなかにもある。ただ、読み手がそうしたテンポを感じとれるかどうかは、その人その人にかかってくる。楽譜のように、本はテンポを指示できないから。

音楽や音についてかつてよりよく考えるようになって、『骨と空気』もまた、相貌を変えることになる。はじめはワークショップに通っていたことをどこかにかさねる、あるいは引っ張られるところがあったのが、それはもちろんあったとしてもより客観的になり、あらためてべつの要素に気づくようになる。

音は物質的である。空気も物質的でありうるし、数字も物質的でありうる。音も物質的でありうる。身体も物質的でありうる。

音を、物理的に捉えた粒子、粒と考える。低周波や高周波の聞こえない音も含めた音、我々はその聞こえない音に囲まれて生きているとも言えるだろう。今ダンスを捉える上で、その空気 - ノイズを知覚するということが大きな問題なのである。人間の思いあるいは精神も、空気中に飛びかっている。それは目に見えないもの、しかし確かな感覚が、踊ることによって、目に見えない粒子を感じることができる。それは私にとってダンスである。（二〇六頁）

音も波で、それは空気を介して伝わる。音と空気は密接につながれている。物質と音も密接につながっている。物質が擦れ合うことで音が生まれる。そして、それは空気によって伝えられる。そこには何もないのではなくて、確かに何かが存在してるはずだ。目には見えないけれど、私はそれを粒子という。（二〇九頁）

「粒子」――。

まだきこえていない音を予感する。

身体にとって音楽とは、すでに作曲されたものではなくて、まだ現われていない音が次々にきこえてくる連続のことを言う。目を開けた時目は何かを識別・選別しようとしはじめる。耳はいろいろな音の中からある音を区別しはじめる。耳はつねにきき分けようとしている。鼻や口は息を止めることで空気や煙が体内に入るのをふせぐ。口のまわりに沈黙の温度を保つ。しかし耳は指で穴をふさがないかぎり、音をきくのを拒否することはとても難しい。耳はつねにきいている。鼓膜の向こう側で低く響く記憶の音が消えたとしても、現実の音をきいている。（一八四頁）

いいや、わかる、などとはいえない。ただ、こうしたことばのように、勅使川原三郎は、というよりも、この文章を書いているからだのことばは、ある。ワークショップで用いられていた音楽やステージで踊るときの音楽を想起し喚起するのではない。もっとべつの、いや、もっと抽象的な何らかの音楽が、音が、ひびいている。

音が音楽になる。だが他方、ダンスの音楽、身体の奏でる音楽というのがある。ダンスのために奏でられる音楽ではない。身体のための音楽ではない。身体そのものが奏でる、音としては聞こえないかもしれないが、音楽としか呼べないもの、メタファーと呼ぶ人もいるかもしれないが、それはそれでかまわない、ただもっと直接的なもの、直接的な音楽。リズムがありメロディーがありハーモニーがあり音色がそれぞれべつに置き換えられ、空間と時間のなかで展開されるものとして。そうしたことを気づいたのは、勅使川原三郎の身体とダンスであり、この本にあることばからだった——そうおもっているのだが。

勅使川原三郎（てしがわら・さぶろう）、一九五三年生まれ。ダンサー、振付家、演出家、俳優。ダンスカンパニーKARAS設立（一九八五年）。立教大学教授、多摩美術大学教授を歴任。『骨と空気』は白水社から一九九四年に刊行。その他の書籍に『青い隕石 BLUE METEORITE』（一九八九年、求龍堂、写真撮影・荒木経惟）。

戸井田道三『食べることの思想』

「おふくろの味」と本のはじめにある章に記されている。つい、ごくごくふつうのノスタルジックな文章かと錯覚してしまう。なつかしさという語があり、昔の生活と無意識とおもいでとが、味覚のなかにあらわれるとの記述もある。つづいて、子どもの頃のおもいでがあって、生母の、継母の、父のことがすこしずつあらわれてとなったら、他愛ないエッセイと性急に判断することもないではなかろう。事実「おふくろの味」が喚起される。最後には「私」の恋しがっている「おふくろの味」が、「末期の母の姿」がことばとなってあらわれる。タイトルどおりの、タイトルと異なることのない内容の文章に間違いはない。とはいえ、ここでの「おふくろの味」は、母がつくってくれた料理のことではない。母の乳、生きものがごくあたりまえに口にする乳なのだ。この章だけ単独で読んでいたら、乳というもの、あるいは、人が、生きものが「食べる」ということについて、ここから始める意味に、気づかなかったかもしれない。これは、もしかしたら、罠なんだろうか。

「おふくろの味」につづくのは「おしゃぶり」だ。ならべてみれば浮かびあがってくるものがある。

自分で食べものをとることのできない未熟な、与えられるもの、それも固形物ではなく液体とも固体ともつかないような状態のものを口し、呑みこんでゆく赤ん坊の、口唇的な、あるいは、舌と内頬にふれてくるものが意識されている。つづく章のタイトルだけいくつか引いておこうか。「料理と割烹」「歯固め」「おもゆの事など」「いない、いない、ばー」「火の昔」「かまどの焚き口」などとつづいてゆき、全体は十五ほど。

戸井田道三『食べることの思想』（筑摩書房）が刊行されたのは一九八八年十月。同年の三月に著者は世を去っているから、最後の著作だ。生まれは一九〇九年なので、元号でいえば明治四二年。これらの文章を書いていた時期は七十代の終わりで、バブルの最中である。すでに飽食なる語がつかわれはじめてもいたろう。いまではさらに進んで、「(阿）呆食」とまで言われたりしているが。そうした時期に、敢えて、赤ん坊が吸う乳から、おもゆ、といったことをめぐって文章を書く。いや、その頃はまだ充分、とはいえずとも、つうじるとの判断があったのかもしれない。次第次第に忘れられつつある現代―以前のことどものことを語っても、何とか、というような。あるいは、早いうちから不具合を抱えてきた身で、しかも先はあまり長くないとのおもいのなかで、語っておくべきと考えていたろうか。

食にまつわるエッセイを、ある作家が書きはじめたのは、ほかでもない、からだをこわして、もうおもうように好きなものが食べられなくなってからだ、というのを読んだことがある。ほんとうかどうかは知らない。ただわたし自身が体調管理のために多少なりとも食事制限をしなくてはならなくなって、そのときにごくごくふつうに食べていたものを想いおこすのが甘美だったり嫉妬だったり苦痛だったりというようなことを経験したなか、戸井田道三は何をおもっていたろうか、と、考えつづけることになっていた。初版の頃から、ずっと時間が経ってから、ではあったが。

わざと、終わりのほうの文章から引く。本の最後におかれた「太鼓焼き」からだ。

一本の矢が空中を飛んで目標の毛物に当る。飛ぶ矢は命中するまで線をひいてゆく。それは糸をぴんと張っていくようなものである。矢が毛物を即死させることは少い。傷ついた毛物は点々と血痕を地上に残して逃げ去る。猟師はその跡を辿って追跡する。つまり糸をつなぐようにして筋を辿るのだ。

銅鐸にかかれた絵はまさにこの筋である。輪廓を線でつなぎつつ対象にせまる。幼児用の「ぬり絵」の輪廓と似ているが、違うのはここなのである。ただの線ではなく、つなぐ筋なのだ。

かかれているとき、線は生きて成長し、生きることによって語っている。だから筋はリズムを感じさせるにとどまらず、「語り」の筋《ストーリー》でもある。つまりつなぐは筋を読むことである。そして読むことは呪術者の態度と違って視る立場にいなければ不可能である。（「太鼓焼き」、一九七—九八頁、強調は原文、以下同じ）

子どものころにみていた巴焼、太鼓焼、いまでいう今川焼をつくるおやじの手つきを想いだし、あらためてことばで鮮やかに描きだしながら、戸井田道三ははなしをつぎつぎに飛躍させてゆく。太鼓焼の皮の表面には巴があったことから、銅鐸が引きだされる。銅鐸も「ゆ」をながしこんで成型するから。この青銅をながしこむ、水に溶かした粘土と埴汁と砂をまぜた型を惣形と呼ぶ。銅鐸の表面には図像があるけれども、これは雛形に彫られたものが浮きだしてのもの。ここでふたたび子どものころが想起される。石蹴りは道に蠟石で「かいて」やった遊びだった。しかし、と註釈がはいる。「昔はただの遊びというのではなかった。たとえば狩りを遊猟といったが、あそびは呪術であったからにほかならない」（一九二頁）と。そして今度は『古事記』へと一気に跳んで、アマテラスが岩屋戸の奥に籠り、アメノウズメが舞い踊るところへと着地する。

注意がむけられるのは、アメノウズメが桶のうえで踊ったこと。桶のうえ、とは、台座があること。現在、立体作品でも舞台でも、一段高いところ、台座がふつうになってしまい、もしかしたら慣れて特に意識されないかもしれないが、ここには異次元感覚があるのだ、と。ではつかわれた桶はどんなものだったのか。上で跳ねても底がぬけないものだったのではないか。ここで呼びだされるのは九州の臼太鼓。村の子どもたちが叩くリズムと、「タ」行と「ラ」行の音が何度もくりかえしあらわれるうたである。

そして引かれるのはこんな一節である。

銅鐸の絵の二人の人物が一つ臼をついている図が、われわれに伝えているのも、ドスンコドスンコとか、ペッタンコペッタンコとかいう音の形成するリズムである。ただ臼をついていることだけを提示しているのではない。提示と同時に伝えているものがある。（「太鼓焼き」、一九六頁）

さらに銅鐸の絵柄にひと言述べてから、文字なるものが生きものと連結され、古代のうたのなかにある「ツナグ」の語が、じつに矢で射ったけもののあとを追うことを意味したことを示し、そうして、先に提示した引用——一本の矢が空中を飛んで毛物に当る——へとつながってくる。つまり子どものころに出会い、いまでも売られている菓子——太鼓焼、今川焼——が、何らかの「型」でつくられていること、それは遙か昔の銅鐸に、いやそれ以前の狩猟につながっていること、他方、呪術をおこなう者とそれを「視る」者との分離がある、との。

私は自分の皮膚に爪を立てて線をひいてみる。線は皮膚の上を筋となって延びてゆく。筋は一度皮膚の表面から少し沈みこんでへこみ、延びてゆくにつれてもとに戻り、やがて赤く脹れてくる。それは単なる時間の経過ではない。いってみれば皮膚の厚みでもある。

雌型と中型のあいだに流しこんだゆにによってできた銅鐸の厚みが、皮膚の厚さなのだ。そういう厚さが太鼓の皮にもある。太鼓の皮は毛物の皮であった。狩りの歴史がその厚みの中にある。（「太鼓焼き」、一九九頁）

「毛物の皮」「太鼓」「銅鐸」。こうした連鎖は、もうひとつ前の章、「臼と杵」の反響でもある。子どものときに過ごした伯父の家では、正月が近づくと何とはなしに忙しくなってきて、そんななか、餅つきがおこなわれるエピソード。男性と女性がペアになって餅を搗く。杵をつくのは男性で、女性は水を手につけて——戸井田道三は「こねどり」という語をつかう——こねる。ペアの役割分担とその調節と意味、感覚の鋭敏さについてふれ、さらに『古事記』における出雲の国譲りの段に登場する火をおこす道具の名、「ヒキリキネ／ヒキリウス」を挙げ、「キネ・杵／ウス・臼」であることを、「ヒキリキネをヒキリウスに挿入して摩擦により発火させるそのこと自体が、陰と陽との合体という内的経験を野生の思考が象徴へと外化したのである」（「臼と杵」、一七八頁）ことを指摘する（どうでもいいことだが、ここに「内的経験」や「野生の思考」という語がつかわれていることとか、「ヒキリキネ／ヒキリウス」が何となく古代ギリシャ・ローマの哲人らしき名を連想させられて可笑しい）。ここで、その性的な、そして誕生のメタファーと、太鼓や銅鐸といったものの「打つ」道具＝楽器の意味・作用については特に強調するまでもなかろう。

それにしても、だ。いまはこうした餅を搗くというようなこともすっかり立ち会うことが減ってしまっている。そうした風習がないとは、モノがない、身ぶりが、動作が、身体感覚がないこと、身体に即したリズムが、節まわしがないこと、食べものが、食べることが変わってしまったことを意味する。ことばが風化するなかで、この列島のことばが捨てられたり、まったくべつの語、べつの文法体系に置き換わってしまうのは、避け難いことなのかもしれない。

もうすこし記そう。

おにぎりといい、おむすびという。いまでもごく日常的につかっていることばだし、にぎるとむすぶという動詞に由来しているということくらいは誰でもわかる。では、なぜ、にぎるであり、むすぶなのか。にぎるとは、むすぶとは、何なのか。その全体像にふれるにはあまりに多くなってしまうので、部分的にのみ紹介してみたい。

戸井田道三は「にぎりめし」と「年玉と言霊」の二つの章のなかで、ほとんどおなじような言い方をしている。

> ごはんの多数の粒が各自一つでありながら、手の中でにぎられ、それぞれが粘着力を出して団結してにぎりめしになる。そこに産霊《むすひ》という作用を見たのであろう。そして、そのことはコト（語）の差異と連結とであった。それでなくてはコトタマという言葉も生まれるはずがなかったのである。（「にぎりめし」、一三九頁）

握飯はそのかたちだけが問題なのではなかった。それを構成する一粒一粒のめしつぶが個でありながら、握られることで相互にくっつきあって一個に握飯になること自体が、おそらくは大事なのであったろう。女の人が手に水をつけ、ごはんをむすぶ感覚の内部から霊《タマ》は生まれたのだ。内部から生きられ、外在性を失った存在、たとえばウツハの内部は円《まる》（鋺《まり》）であるほかないのである。（「年玉と言霊」、一五六頁）

ここで、先に引いた銅鐸に描かれた臼を搗く二人の人物、餅を搗く男性／女性を重ねることができるし、さらにはこれらの行為をするなかでも擬音語・擬態語――こうしたことばの発生についてここでは引かないながらも、「蛤のおまもり」にとてもおもしろい考察が記されているのを書き留めておきたい――たるドスンコドスンコだのペッタンコペッタンコだののリズム、ただ明確なひとつひとつの音がはっきりした拍を、タン・タン・タン・タンというようにそれぞれの音を切断しながらもつなげてゆくのではなくて、ドスン-コとかペッタン-コとかのどこか粘り気のある音のオノマトペであることを、つまりは「ン」音によって切れながらつぎにつながっていくことを示す。さらには、もっと前の章になるのだが、「貝の中」で、アイヌの熊おくりにふれる箇所を以下のように重ねることができる。戸井田道三は、この儀式を映画でみたと、きちんと熊の部分部分が掛けられていくのだと記す。そして、こんなふうに書くのだ。

それを見ているうちに、私はわかるということが身体的な何か、あるいは構造といっていいのかも知れないものと対応しているらしいことがわかった。それは空間を直観的に了解するしかたが直観的にわかったということらしかった。飛躍したいいかたになるが、つまり身体は一つの宇宙なのである。頭・性器・両手・臓器・両足という諸部分が全部結合され統一的に身体を形成していたとしても、それはただ外に在るものの算術的（かぞえられる）合計にすぎない。宇宙であるためには、ただ在るだけではなく、つねに宇宙に成る何かでなければならない。それを直観し同一化したらしい。（「貝の中」、一一八頁）

これはまた、行ったり来たりになるのを承知のうえで、さっきの「年玉と言霊」のなかの以下の部分と呼応する。

心臓や肝臓や胃や胆は一つずつ数えられる。それらの総てを集めても生きた身体にはならない。人間も個体が幾人か集合しただけでは生きた生活体にはならない。共同体が個々人の生活と同時にあったはずで、それがタマの力《ちから》と認められたのだ。臓腑を相互に生きて関連させること、つまり共同に働いて、ひとりの人が生きるには、関連させる力が前提としてあった。人と人とを関連させ結合させて共に生きさせるのがコトダマであり、ひとりの人の臓腑を関連させて働くのがチカラ（血・乳）であった。コトバ遊びか語呂あわせをしているように感じるが、それがコトがわかる事であり、コトバの機能としてコトバが自身を知ることであった。（「年玉と言霊」、一四五―四六頁）

また、こんなこともつけ加えておこう、「まんまるなもの」への直観である。戸井田道三は、「眼の玉のようにまんまるなものは、人間が生きることにとって、けっしておろそかにできない何かである」（「にぎりめし」、一三四頁）と書き、これを「精神的にゆゆしいもの」であるとし、だからこそ魂のかたちは玉なのだと述べる――他方、多田智満子『魂のかたちについて』（白水社）を参照したくなるのだが――。そこから、ごはんをよそうシャモジが杓子であり、スモジやカヒ、またオタマとつなげてゆき、主婦たちが社会的な運動をするときの標識としてつかわれるのがシャモジだと指摘、その重要性を強調する。どういうことなのかといえば、こうある。

家族のひとりひとりに、ごはんをもることがだいじだったからである。貧しい家では家族の成員がとぼしい食糧を平等に食べなければならなかったがゆえに、主婦がそれを均分する権限をもたねばならなかったろう。しかし、それは結果からの説明にすぎない。その以前に家族成員のひとりひとりが個体であることの確認がなければならなかった。だから食糧の各自への均分というより、ひとりひとりの大小や健康状態にあわせた処置としての分配が考慮され、それは貧富にかかわりなかったはずである。（「にぎりめし」、一三七頁）

この箇所から、先に引いたにぎりめしにつながるのはごくごく自然だ。あくまで「にぎりめし」であって、「つかみめし」ではない。爪とかかわる「つまむ」「つまみ食い」につながる語ではなく、「指をタナゴコロへしっかり折りこんでジャンケンの石をつくるようにする」（「にぎりめし」、一三九頁）ものだ。戸井田道三はまた、みずからがまだ子どもだった時分、大正のはじめの頃には、ごはんを杓子でよそうのに「やかましい作法」（「年玉と言霊」、一四九頁）があったことも想いおこす。茶碗にはかならず一杯に二度杓子をつかう。杓子を茶碗のふちでこさらない。払い飯を家長にもってはいけない。こういった作法は、行儀見習いという名目の女中さんに母がしていたものだ。だが、

その［代々つたわってきたもの――引用者註］伝承は、一つ鍋や釜をともにする人たちが、どんなかたちで個別的に分配されるかの幾変遷をかさねつつ、その変遷の中を貫いて相続されて来たのである。つまり人々の間柄を変化させるものは食べかたの変化であり、変化は器のつかいかたの変遷によって考えられるのである。（「年玉と言霊」、一四九頁）

わかる、むすぶ、にぎるといった動詞と、そこから生まれてくるまるいかたち。それをつないでゆく炊かれ、粘り気をもった米。個々のからだと家族、共同体のなかでの食べること、そのかたちの時代による変遷、変化。プラスティック製になり、表面にぼつぼつと突起がでているシャモジを手にすることがあるいまの家族の、共同体の、ひとりひとりのあり方の違いを重ねてみること。

ここで、たとえば、べつの内外の哲学者のことばとの交差をみられたらと考える。古事記や万葉集を、

あるいは、能や狂言をめぐって考察した戸井田道三が、この列島で何百年も前につかわれていた語をとおして、ひとつの身体論を、宇宙論をみいだしていることに、そうしたなかで、食べることがおかれていることを強調できるといいのだけれども——。

多くの人が食の文章を書く。多くは、味のこと、味覚のこと、文化のことだ。どこで、何を、どのように料理し、どのように食べるか、であり、個人に引きつけて、食べたか、の経験だ。戸井田道三は、自らの経験や過去、生きてきた時代、記憶を語りながら、より根源的なところに達しようとする。生まれて育つ。もし乳を与えられなかったらどうなのか。何か与えられても、喉をとおらなかったら、咀嚼できなかったら、どうなのか。食べられることがあたりまえではなく、食べることが食べられないことと背中あわせになっているなかで、食べるを思考すること。それは、だから、現代から近代、より遡って、食べること、食べられることがかならずしもあたりまえではなく、文字どおり死活問題であるところと踵を接していることを意識する。想起されるのは古事記や万葉集なのかもしれないし、銅鐸の時代だったりするのかもしれないが、同時に、第二次世界大戦や明治期、あるいは古代から江戸時代に至るさまざまな戦さの状態を、飢饉の状態を、書かれぬまま、余白のままに、提起する。

戸井田道三は味のことをあまり書かない。まったくないわけではないが、あまりない。舌にかかわることよりも、もっと口とか手とかの触感が強調されているようにみえる。五感は、ともすれば何か刺激が通り過ぎてゆくことに、その瞬間性のクロースアップにみえてしまうことがある。その通過は、ときに、忘れられるし、ときに、気づかれなかったりさえする。食べる、はそれ以上に、とりこみ、拒否することもあろうが、養分とする、「内にいれる」、ことだろう。そこで想いだされるのは、たとえば日高敏隆『動物という文化』（講談社学術文庫、一九八八年）だ。この本が文庫化されたのは、『食べることの思想』とおなじ一九八八年なのだが、この生物学者は、「生物が生きていくために必要なことは、本質的にはどの生物でも同じである。まずエネルギー源をとりいれること」（「動物のさまざまな文化」、三四頁）と記す。そして、生物はそのとりいれ方の違いによって個々の「文化」をつくっている、と。生きものたちは、それぞれに外界の何かをとりいれ、消化し、吸収し、排泄する。その違いで文化をつくっていて、人は、その意味では世界中、口からとりいれるということでは変わらないかもしれないが、口までのプロセスやそのことばの使い方で、文化を、あるいは、分化を、つくっている。ここで、あらためて先に記したことをくりかえすなら、「わける／わかる」ことが文化であり分化であるのだろう。

食の思想でも、食べものの思想でも、ない。あくまで『食べることの思想』だというのを確認しておきたい。名詞化された食でも、食べられるモノについてでもない。動詞としての「食べる」を「こと」と名詞化している。ちょうど本書が店頭にならんだとき、わたしは会社で開発管理の部署にいた。周囲の多くが理系の研究者だったなかで感じたり気づいたり学んだりしたことは多いが、そんななかでこの本や日高敏隆の本を読みながら、消化・吸収。・排泄といったのを略したＡＤＭＥ（吸収／Absorption・分布／Distribution・代謝／Metabolism・排泄／Excretion）なんていう略語をおぼえたり、重ねたりしていたことを想いだす。

もうひとつ。

食べることを音楽に置き換えたらどうなのか。わかりやすいのは料理で、それは作曲だったり演奏だったりするだろう。編曲（arrangement/transcription）、でもいいかもしれない。食べものは楽曲なんだろうか。何も手を加えていないなら、自然音・具体音？　さらに、食べることは演奏だろうか。音楽そのものの発見や、音楽そのものを問う、は、ここにははいってこないか。もし本書のありようを音楽に、となったら、どうなのか。これが食べられる／食べられない、音楽となりうるか否か。それはどこで決まるのか。脱線はつづく。

373　戸井田道三『食べることの思想』

戸井田道三（といだ・みちぞう）、一九〇九年生まれ、一九八八年逝去。能・狂言の評論家。『食べることの思想』は筑摩書房から一九八八年刊行。その他主要な著書（単著）に、『能芸論』（伊藤書店、一九四八年）、『観阿弥と世阿弥』（岩波新書、一九六九年、のちに同時代ライブラリー版、一九九四年）、『忘れの構造』（筑摩書房、一九八四年、のちちくま文庫、一九八七年）。今福龍太の編で『戸井田道三の本1—4』（筑摩書房、一九九三年）が刊行されている。

太田省吾『動詞の陰翳——演出手帖』

レインコートを着た役者が舞台下手に立っていた。片手をコートのポケットへ入れ、片手にバッグを持った彼は、やがて、小説でよく〈私〉が語るようなセリフをやりだした。

私は、この芝居の冒頭を見て、これはだめだと思った。芝居はその通りで、だめなものだった。この時私は、そんな判断をセリフによってというより、役者の立っている姿でしていた。

役者の立っている姿を見れば、その芝居はわかる。結論的にわかるものである。人間の立ち方にそんなにちがいがあるものかと思われるかもしれないが、セリフを聞いてわかりだすもの以上に、立つ姿でわかるものがある。

彼が立とうとしていたのは、おおよそ、普段われわれがなに気なく立っている立ち方である。それができればよいという立ち方である。それは、あの〈十五メートル範囲〉の、個別性に人間を閉ざした立ち方である。(「立つａ」九〇—九一頁)

「立つa」という文章の「3」の冒頭から引いた。この前に、身体は個体であるのは確かだけれど、同時に類的なものであり、そのことが疎かになっている。もっと自覚的でなくてはならない。そういったことが村瀬学の文章を引きながら導きだされ、一旦切れてから、転調して、この「3」となっている。山括弧で示される「十五メートル範囲」とは、さらに前、「1」の部分にでてくることとつながる。こんな状況である。

われわれは、遠くの人を見ようとすることをあまりしなくなった。そう気づいたのは、先日、新宿駅でそのよほどの偶然にめぐまれ、三本目のホームの人を見ることができたからであった。私は、久しぶりに遠くの人を見たと感じたのだった。
そのホームにも、むろん多勢の人が立っていたのだが、私の目の中心に入ってきたのは、黒っぽい背広を着た中年の男の人だった。その人に、なにか目を引きつける理由があったわけではなく、ただ、私がぼんやり向けていた目の中心がその人に当たっていたのだ。(「立つa」八二頁)

著者は、特に都会においては、人を至近距離でしか「見合ったりしていない」と言う。せいぜい半径五、六メートル。「隣のホームまでの距離を十五メートルとすれば、それはもう遠い部類に属すると言っていいほどである。」(八三頁「立つa」)そして、「われわれが普段人を見、人と対しているこの十五

メートルとは、人の容貌が見え、服装や持物や表情がまだ細部まで見える距離である。」（「立つa」八三頁）

十五メートルを変えてみたらどうか。著者は仮定する。もし五十メートルあったら、それは五メートルや十五メートルの延長なのか、と。「［……］五十メートルとは、〈かれ〉の容貌や服装や持物や表情の細部が見えなくなる距離である。そこにいる〈かれ〉は、そのことによって個別性を失い、おおまかな存在となっている。」（「立つa」八四頁）

「立つa」という文章は、新宿駅で見掛けた男の人のことから、遠くの人を最近はあまり見ていないのではないかとの問いに、さらには人との距離に人なるものの「個別性」と「類性」を見、これらはひとつの「二重性」としてみなくてはならないと指摘する。そこではじめに引いた「レインコートを着た役者」へとつながってくる。はなしの筋をこのように逆転させたことでわかりにくくなったかもしれない。そのうえで、わたしがこの文章のなかでなお気になっているところがつぎのところにあって、そこに結びつけてみたかったのだ。冒頭の引用につづくパラグラフはこうである。

彼の目は、なに気なく開かれ、背骨と腰は、〈自然〉にゆるめられている。それがリアルであると考えられている。たしかに、たとえば新宿駅ではわれわれはそうして立っている。だが、舞台は新宿駅ではない。（「立つa」九一頁）

「自然」という。ここでの「自然」は、ネイチャーとかナテュールの翻訳語として以上に、「自然に」という状態、副詞的な状態をさしているのは誰にでもわかる。だが、身体が「自然」にふるまっている、「自然」に立っている、とは何なのか。人は立てと言われれば立つし、そんなことを指示されなくても、呼び鈴がなればいま座っているデスクの前の椅子から立ち、ドアにむかって、歩く。それは「自然」な動作であり、「「自然」である」はずだ。だが一方で、どこかの応接間に行って人と対面するとき、どうぞ自然になさってくださいと言われる、あるいは、医師や療法士の前で「自然に」と指示されるとき、その語にふさわしい身体のかたちがとれるか、どうか。「自然に」のことばに引っ掛かってかえってぎくしゃくすることはないか。「自然に」とは何なのかと、つい、みずからのうち反問していることがないか。それがさらに、舞台であるとしたら、どうか。舞台は自然ではない。しかし自然なふるまいが要求されることがあったりなかったりする。本書のここにはでてこないけれども、癖、はどうだろう。立ち方や歩き方の癖。左右が不安定である、片方の肩をおとしぎみに立つ、というような。こうした癖がもしあったとして、それを見えないように、気づかないようにすることは、一種の矯正であり、それは自然ではない、はずだ。それでいながら、矯「正」によって「自然」が変ってしまうことだってある。「現在の劇は、〈自然〉を身体的常識としている。おおざっぱに、リアリズムを常識としている」（「立つ」九一頁）と著者は書く。だが、リアリズムなんてものはごく最近なのであり、演劇の歴史はむしろ様式的なところから現実の姿に似せる方向にむかったのだ。そう指摘する。こうしたなかでふたたび

「類性」への着目が、「個性」への、「モノローグ偏重」への疑念が提起され、結論部で記される。

われわれが舞台に〈立つ〉とは、人間がこの世界に立つように、〈個・類〉の二重性として立つという、われわれの存在仕方に沿っていいのであり、その時強調されなければならないのは、現在、〈類性〉であると言わなければならないのである。（「立つａ」九二頁）

二重性として立つ。片方ではなく、両方を引き受ける。片方だけで、もう片方を忘れてしまったりなおざりにしたりするのではない。そこまではよくわかる。そのうえで、「沿っていい」と、意外にもやわらかなニュアンスのもの言いがあるところが気にはなる。その「沿っていい」ところで、しかも、強調されるものがあること、それこそがここでの重心として読めようか。先に「自然」の語にこだわったことと結びつけてみるなら、自然なるものと「類性」との重なりをみることもできる。個々の身体はたしかにある。わたしの身体はわたしの身体だ。それでいて、ヒトとしての、遺伝形質を伝える媒体としての、生物種としての、モノとしての、というところでは、どうか。何かを拾うときには身体をかたむけ手をのばす、その否応なくおなじになってしまう行動のおなじさとしての類性。それがまた、「動詞」として、ひとつの語として括られるということでもある、か。

ひとつところで堂々めぐりをしすぎてしまったかもしれない。引いたのは、劇作家・演出家、太田省吾の『動詞の陰翳――演出手帖』（白水社）から。奥付は一九八三年一二月二〇日発行となっている。かなりの部分は雑誌「新劇」に発表。全二十一篇のうち九つが『新劇』、七つが「書き下ろし」（一部発表済みを含む）、その他がほかの雑誌や新聞での掲載である。一番はじめに発表されたのが一九八〇年十月、最後が一九八三年四月。あいだの一九八一年に『新劇』でいくつか連載として書いたか。

初出とタイトルを変え、順番を入れ替えて、「在る」「立つ」「黙る」の三篇はそれぞれaとbの二つを持つ。全体はⅠからⅣまで四つの部分から。Ⅰが「在る」、Ⅱが五感、Ⅲが行為――誰かが、誰かが何かをしているのを、行為を見ている、も含みつつ。そしてⅣはこれら三つからはずれるものだろうか。Ⅳについてもうすこし加えておくなら、もともとはこうした動詞をタイトルに据えて書かれたものではなく、たとえばムンクの展覧会、たとえばタルコフスキーの映画、について書かれたものをそれぞれ「描く」「出会う」というふうに変えて収めている。それぞれの文章は、大抵は三つの部分からなるが、なかには特に分けられていないもの、四つになっているものもある。

『動詞の陰翳』に三年ほど先だって、二冊目の演劇論集『裸形の劇場』（而立書房）が一九八〇年八月に刊行されている（ちなみに著者はじめての論集は『飛翔と懸垂』而立書房、一九七五年）。『裸形の劇場』収録の文章は一九七四年から七九年にかけて発表。これら二冊とは異なって、『動詞の陰翳』は演劇論集とは呼ばれず、演出手帖。そこには論にあるポレミックな側面というよりは、実際に劇作をし、演出をするにあたって思考し試行してゆくものを、自分のためにもまた他者にむけても、ことばで言い表してみる、役者が身体を動かすときに生じてくること、稽古場や舞台でのことと日常とのこととを結びつけたり切ったりしながら、結節点としての動詞をあぶりだし、考察をすすめてみる――とでも言ってみたらいいか。著者自身、「あとがき」で、「エッセイ集のもっているゆとりのようなものが、演劇という目標を意識に入れている分、欠けているように感じ、そうは名乗れないように思えた」(「あとがき」二一四頁)と記している。

大雑把であることを重々承知のうえでいってしまうと、演劇論という大上段にかまえたことばというよりは、演劇にはもちろんながら、演技・演戯から日常、身体を行ったり来たりすることができるミニマムな動詞を、演劇に携わる人物が扱っている。それが刺激的だった、との記憶を持っている。太田省吾自身はといえば、『小町風伝』(一九七七年)から『裸足のフーガ』(一九八〇年)、そして『水の駅』(一九八一年)と重ねられる時期。『水の駅』が構想されている前後、あるいは並行して『動詞の陰翳』がある。そんなふうにみていた。

『水の駅』の舞台をみたのは初演から何年かして、たぶん一九八五年だった、とおもう。通勤につかっていたメトロの、自宅からいくつか先の駅に、転形劇場T2スタジオが開設され、気軽に足をはこぶことができたからだ。

この有名な作品にはセリフがない。無言劇、いや、沈黙劇である。はたしてこれがどのように書かれたものか当時ずっと気になっていたのだが、いまでは『太田省吾劇テクスト集』（早月堂書房、二〇〇七年）で読むことができる。とはいうものの、太田省吾自身、こうしたものをどうやって記したらいいのか「見当がつかなかった」と書いているのだ。本人のことばでは「大雑把な行動の指示」と二つの「資料」とを並行させるものが、『テクスト集』には掲載されている（『テクスト集』には『水の駅──2』と『水の駅──3』も収録されているが、こちらにはふれない）。

『水の駅』のテクスト。ページは三段に分かれている。一番上は「場面──A」、まんなかは「場面──B」、最下段は「演出指定」。

少女が／一人／薄い光の中／バスケットを手に／歩いてくる／／小さな坂の途中／／少女の足が　ふと止る／／歩いている　少女の背中／／歩いている　少女の背中／ねじれる首／やってきた道へ／遠いひろがりへ　向く顔（『劇テクスト集』「水の駅」二三七頁）

これが一ページ目の「場面──A」。

ひとつ下の「場面──B」には舞台の平面図があり、ページをめくると舞台上の少女の写真があったり、「場面──A」とは異なった位置にいる人物＝役者の様子があったり。

そして、三段目の「演出指定」には、「まだ明るい観客席。水音／席に着いた観客の目に、少女。」、あいだをおいて、「暗くなっていく観客席。／舞台には、少女の姿と、遠く隔たって細く立っている水道の影。／上手前から舞台奥へ向こう途中のスロープ。」（『劇テクスト集』「水の駅」二三七頁）そのさらに下に、「水・音・音楽」の指示があり、「水音」が線（とやじるし）でずっと引かれている。

みたとき、わたしは、スコアだ、とおもった。何人も登場人物がいるから、オーケストラの、それぞれのパートが指示されている、スコア。時間軸のうえに、複数の空間があり、役者がいて、音・音楽がある。それぞれのキュー、入りとやるべき、なすべきことが書かれている。そこにいない人のことは書かれていないから、記されていない休止符、か。ことばを発するのではないから、通常の戯曲ではないというより、戯曲にはなりえない。ならば、どのように記述が可能なのか。いまさっき、楽譜、オーケストラ・スコアといった。セリフのない劇を、舞台をテクストとして残す。他者にもある程度伝達できるようにする。そのことは逆に、音楽を書く、二次元の紙に記すにはどうしたらいいのか、という問いにもなってこよう。

舞台としての『水の駅』をみて何年か後、「劇テクスト」は知る由もなかったが、吉増剛造の厚い詩集『螺旋歌』（河出書房新社、一九九〇年）を読んでいた。そのとき、これはスコアだ、とおもった、おもっていた。さまざまな声がさまざまに記され、読み手がそれらの声をみずから脳内でパフォームするためのもの。あるいは、詩人自身が朗読するときに依拠するためのもの。

閑話休題。

『水の駅』に先だつ『小町風伝』の「劇テクスト」をみる。冒頭、「老婆」のセリフ――「……夜が、あたしの鎧が脱げていく時なんだもの、夜明けがいちばん冷えるのさ。闇が、あたしの楯がとけていくんだもの。夢が、あたしの槍が……。／あれは……星……よね。消えていないんだね、まだひとつ。（……）」（一三六頁）

モノローグ。「老婆」がアミ掛けになっているのはわざと、原文どおり。このアミ掛けは何かといえば、それは前のページにある「はじめに」で説明されている。ここにはふつうの戯曲からすると、およそ驚くようなことが記されている。

この台本において、老婆、少尉、男、子供たち、の台詞（及び■印のある台詞体のト書き）はすべて沈黙のうちにあって、〈台詞〉として外化されることがない。［……］／沈黙のための台詞というのは、おかしなことのように思われるかもしれない。しかし、考えてみると、わたしたちは応々にして、直接ことばにしていることを、内的にもそのまま語っているわけではないし、また、沈黙のうちにあったとしても、それは内的にも無言であることをかならずしも意味してはいない。／つまり、現実においては、われわれはむしろこういった矛盾する言語的事態を常態として生きているのであるといってよいように思われるのである。（『劇テクスト集』「小町風伝」一三五頁）

登場人物は何人かいるが、老婆のセリフは膨大である。延々とアミ掛け、つまり無言で、役者はそのセリフを記憶して「内的」に語るのみ。とはいえ、わざわざ言わずとも、役者はそのことばを導きにしてしぐさをする。何もないのとは大きく違う。だから逆に、『水の駅』のほうが抽象度が高い、演奏＝解釈の幅が広いと言えるかもしれない。ことばでの指示にないものを、そのときどきで変えることも可能だ。それは演出家のしごとであると同時に役者のしごととしてある。

『小町風伝』の「はじめに」にあるような沈黙、「現実においては、われわれはむしろこういった矛盾する言語的事態を常態として生きている」こととほとんどおなじことを、『動詞の陰翳』の「黙るｂ」で太田省吾は書いている。「私は、沈黙というものをそういうもの〔神秘的だったり厳かであったり意味深さだったり日常から特殊な距たりをもったり——引用者〕としては考えず、きわめて現実的なものとして考えているように思うのだ」（「黙るｂ」一三六頁）と。そして、こんな言い方をする。

> われわれは、一日に二時間ほどしゃべる者であるとは、一日に二時間だけ沈黙の外へ出る者であるということであり、二十二時間を沈黙のうちに過ごしている者であるということになる。そういう一日一日の加算されたものとして生涯というものを考えるとするなら、われわれは生涯の九割以上を沈黙のうちにすごすことになる。（「黙るｂ」一三六—一三八頁）

考えてみれば、あたりまえのことだ。にもかかわらず、そうおもえないのはどうしてなのか。外化していないでも、自分のなかではつねに話しつづけているからではないのか。それだけではない。まわりにはことばがあふれている。声ではなくても、モノがあり、文字があり、イメージがある。それらに人は何らかのかたちで反応し、そのときどきにはことばが介在している。それは発されなくても充分うるさい。逆に、たとえば広いオフィスにはいって、しんとして少なからぬ人たちがしごとをしている。そのさまを「黙々と」というようにとらえるにはそれに面し、耳をむけ、知らず知らずのうちに聴・聞いているからだ。かならずしも能動的に「聴・聞」いているからではない。太田省吾は「聴く」ではなく「聞く」という字をつかうのだが、耳には瞼がないとのことば――「サウンドスケープ」の提唱者、カナダの作曲家、マリー・R・シェーファーが『世界の調律　サウンドスケープとはなにか』（平凡社）のなかの有名な一文――を引いたあと、音にかたむける耳から、「聞く」の語がべつの感覚まで広がって用いられるさまの奥にあるものをこのようにして見出す。

われわれが耳を傾けるのは、対象が、そうしなければとらえにくい時である。小さくてとらえにくかったり、明瞭さを欠く場合、われわれはそのとらえにくさに耳を傾けるのである。〈香を聞〉き、〈酒の味を聞〉き、〈人間の内側を聞く〉のは、それらがとらえにくいものだからであり、壁の向こうへ耳を寄せるのも同じことである。（「聞く」五六頁）

「立つ」から「黙る」「聞く」へとここで移行してきたのは、戯曲ではないかたちで演劇のテクストを書くことを蝶番にして、音・音楽と重ねてみられると考えたからだ。それはまた、「佇む」ではテンポの問題としてあらわれもする。「テンポがある／ない」という言い方で何かを褒める・貶すことを記し、「テンポとは、進行速度の基準であるが、現在では価値基準としての意味をもっているのだ」（「佇む」一一四頁）と指摘する太田省吾は、先に引いた「劇テクスト」『水の駅』の、「台本について」の最後のところで「なお、これらの劇の基本テンポは、二メートルを五分で歩くほどのものとなった」（『劇テクスト集』「水の駅」二三五頁）とあるように、とても緩慢であり、観る者はその緩慢さによって日常とはおよそ隔たった時間＝空間を体感することになる。そこであらためて「佇む」を読みかえしてみるなら、こんな文章を読むことができるだろう。

ここで気づくのは、あるテンポは、他のテンポの世界で存在するものを存在させることができないということである。そういうことが起こりうるのだ。言いかえれば、早いテンポの世界では存在しえないものが、遅くひきのばされたテンポの世界では存在しうるということである。（「佇む」一一五頁）

太田省吾はこの文章を指揮者、セルジュ・チェリビダッケの演奏から導きだしてくるのだが、音楽からはなれて論が展開するなかでは、「しゃがむ」や「佇む」が、本書の書かれた二十世紀後半にはめず

らしくなったことが指摘される。「佇むとは、ふと立ち止まるという行動を引きのばしたもの」と言い、さらに、

われわれが、ふと立ち止まる時、他人にはわからない、そして往々にして自分でもわからないような内的な動きがそうさせているのであり、それは外的な刺激に対しての反応とは区別してよい行動である。私は、思いがけない場所でだれかと出会ったとしても、ふと立ち止まらないのであり、思わず立ち止まるのである。つまり、それは内的な動きによっている行動であり、外の世界の事情と独立して、〈ふと〉なのである。（「佇む」一一七頁）

ひとつひとつの動詞とそれについての言及を読んでいくと、これがまた「動」詞と呼ばれていることをあらためて想起せずにはいられない。（また英語 verb やフランス語 verbe にそうしたニュアンスがないことに）佇むのは動きの停止かもしれないが、それはある時間のながれのなかにある。動詞とは、ほかでもない、動くことであり、時間のながれに沿ってなされることだ。時間の持続のなかで変化がある場合もあるし、ない場合もあろう。どちらかといえば、ここで挙げられている動詞たちは、その変化が乏しい。乏しいというよりも、そうしたことを停止させている、宙吊りにしている、そう言い換えたほうがいいだろうか。

そのうえで、たとえば、「触れる」についてもみてみよう。触れる、つまり触覚である。それは「触れた瞬間」の感覚から、「つけている」という状態へとすぐ移行してしまう。「つけている」とは停止であり、変化を伴っていないのはいいとして、「触れる」ことの事件性を脱落させている。「触れる」が「触れる」の継続へ、「触れつづける」という動詞でありつづけるためには、「触れる」から「撫ぜる」に手立てが要請される。これを、たとえば、楽器に「触れる」ことにつなげてみたらどうか。弓をつかった弦楽器、指ではじく絃楽器、というように。そこで「触れる」ことと「発音する」こと、発音が瞬間であるか持続するか、といったことを。

またさらに、先に引いた「テンポ」を導入してみたらどうか。「触れる」から「撫ぜる」へ、その「撫ぜる」ことのかたち、「撫ぜる」テンポと。テンポによって「触れる」側と「触れられる」側とで変ってくるものがあるのはあらためて強調するまでもない。ソシュールが言語について「シニフィアン／シニフィエ（signifirant/signifié）」を区別したのに倣って、山田登代子が「フェティシアン／フェティシエ（fétichiant/fétiché）」と書いたのを想起しつつ、仮に「トゥシャン／トゥシェ（touchant/touché）」と呼びつつ、浮かびあがってくるもの。

ある対象に触れた瞬間には、その感覚はもちろんたしかに手元にある。だが、やってみればわかることだが、そのつぎの瞬間まで手をそのまま対象の上に置いていたとすると、その手は触れているというより、つけているよと言った方がよい状態となり、感覚も死んだようになって、なにもたらさなくなる。とすると、あの触れた瞬間の感覚をもう一度、あるいはもっと長く感じようとするとすれば、死んだ感覚を更新し、蘇生させなければならない。撫ぜるとは、あの瞬間を連続的に蘇生させ、更新しようとする手立ての動作である。つまり、撫ぜるという手立てが必要になるのは、触れるという感覚があまりに瞬間のものであり、すぐに死ぬ感覚であることによっていると同時に、自分の感覚をわがものにしたいという欲求に基づいていると言ってよいのである。（「触れる」七〇―七一頁）

『動詞の陰翳』のなかから、部分的に、そしてすこしだけつなげながら素描してみると、これはたしかに「演出手帖」ではあろうけれども、それ以上に、人の動作、動詞でとらえられる行為をより立体的に、連関させながら、見据える、それでいながらけっしてただ客観的だったり冷徹だったりするのではない、生々しい眼差しが浮かびあがってくる。

いくつも文章を引いてきた『動詞の陰翳』より十年以上経って、演劇にかならずしもかかわらない文章も含めた、たぶん、エッセイ集なのだろう、『舞台の水』（五柳書院）が一九九四年六月に刊行されている。この本のⅢには、『動詞の陰翳』とは違ったかたちで、十篇の、動詞をタイトルにした文章が収められている。ひとつだけ日本語ではなく英語の動詞・助動詞を掲げた「do と can」があるほかは、「食べる」「嗅ぐ」となっていて、雑誌の連載だったことが初出をみるとわかる。『動詞の陰翳』での書き方とはかなり違う。もっと一般的な読みものと言ったらいいのだろうか、太田省吾のことなどまったく知らなかったとしても、読みやすい。ただ、動詞にかかわる十篇のうち、「嗅ぐ」「味わう」「触れる」の三つは、書かれていることは違っていながらも、二冊の両方にでてくる。それぞれの本にでてくる動詞をすべて挙げ、対照させてみるのもおもしろいかもしれない。そこで浮かびあがってくる、すれちがうもの、乖離するものに、書き手の意識の変化や時代の変化を読みとることもできるかもしれない。『動詞の陰翳』にある、よりファンダメンタルな「在る」、演劇的に重要とみえる「立つ」、太田省吾の問題圏にある「黙る」がそれぞれ「a」と「b」とあり、その意味の重要度を明瞭に示しているのに対し、『舞台の水』での「なる」「do と can」「流れる」「収める」「踊る」は、ファンダメンタルなところからはすこし周辺的であるかもしれない。そんなような。

演劇なのにセリフがない。舞台にサティの音楽をつかった。実際に観に行くと、サティだけではない、アルビノーニがなっていたり、ロジャー・イーノのものだったり、ジョン・アダムスのものだったりもした。舞台にはられている水に身体がふれ、ふつうの舞台だったら、あるいは、そこいらのかわいた道や土地だったらありえないような音が瞬間的に、打撃音をともなったり反響音をともなったりして、ひびいた。水道の蛇口から落ちつづけている水があり、役者が手をさしだして水をうけると、ふと、ながれの音は絶え、時間・空間にやわらかな、でも鋭い亀裂がはいる。そんな音や音楽をつくりだしていた太田省吾だが、作品のなかでの音や音楽について詳しく述べている文章はほとんどない。また、劇場のなか、役者の発声の大小についてはあっても、観客の発する音、たまたまだしてしまう音、音への無頓着さ、といったことにふれられることはない。演劇に行って、ちょっとした隣りの人との会話から、配られたフライヤーが落ちたりこすれたりする音、バッグからだしたのど飴をつつみからだす音、などなど、じつは客席でも音はたくさんある。マナーの問題ということだけでなく、つくり手の側がそうしたものをどんなふうにみているのか、考えているのか、は、太田省吾の文章からは読みとることが、いや、ほかの演劇人の文章にはあるのかもしれないが、できなかったのは、少しく残念ではある。この劇作家・演出家の作品の音・音楽が大切なものであると感じれば感じるほど。

二〇一六年、作曲家の生誕百五十年／歿後九十年を記念に、雑誌『ユリイカ』臨時増刊号で『エリック・サティの世界』を特集した。執筆を依頼するにあたってまっさきに想いうかべまたすぐその不在をあらためて気づきなおし、気落ちした希望執筆者が太田省吾だった。一九八〇年代にサティを舞台でひびかせたこの劇作家が、二十一世紀にこの作曲家の音楽を、この人物を、どう考え、何を語るのか、叶わぬこととはいえ、知りたかったし、いまも知りたい。

393　太田省吾『動詞の陰翳——演出手帖』

太田省吾（おおた・しょうご）、一九三九年生まれ、二〇〇七年逝去。劇作家、演出家。近畿大学教授、京都造形芸術大学教授も歴任。『動詞の陰翳——演出手帖』は白水社から、一九八三年刊行。その他の主要著書（演劇論集）に『飛翔と懸垂』（一九七五年）、『裸形の劇場』（いずれも而立書房、一九八〇年）。『太田省吾劇テクスト集（全）』（早月堂書房、二〇〇七年）が刊行されている。

ポストリュード

読みかえすことが多くなった。新しいものに手をのばすのとはべつに、そういえば、と想いだして、書棚を漁ったり、図書館に行ったり、古書を探したりする。

あいだをおいて読む。あそこにはこんなことが書いてあったはずだと手にとる。あてにしていたことが見つかったり見つからなかったり。すぐ見つかって、確認する。ときに抜き書きし、ときにそのまま閉じる。探しているうちに当該箇所からどんどんはずれ、べつのところに引っ掛かったり、全体を読みかえして、新たな発見をしたりする。それなりの読みをしていたとのおもいこみが、二度三度とあいだをおいて読むなかで、霧散するのもしばしば。むしろ、何を読んでいたんだろうとの落胆のほうが多くなる。

音楽を、作曲をやりたいとおもっていた。諦めたのは二十歳の誕生日で、それまでも一方で馴染んでいた文学に一気に舵を切ることにした。とはいえ、大学に残ってフランス文学をやっていくのは気がすすまなかった。働かざるもの食うべからず、とどこかでおもっていた。何をやるのか。在野で何かできるのか。わからなかったから、気になる本を手にとった。その一端がこの本たちだ。個人的なことどもがときおりあらわれているのは、本に書かれていることと、時代状況とを少しく対照させるため。また、いまのわたしとの距離を想いおこすため、か。

『UP』で長い書評を、と依頼されたときにはよくわかっていなかった。新刊でなくていい。何か一冊を選んでどのように書いてもらってもかまわない。ちゃんと告げられていても、きっとぼんやりしていたのだ。一回目が雑誌に掲載されてようやく何をするべきなのか、一回かぎりでなく何回もつづけるということも含めて、浮かびあがってきたものがあった。反応が鈍い。

二十世紀の、八〇年代から九〇年代にふれ、そのときどきのわたしが学生として、社会人として日常でふれた本。それがいまの中心となっているかにおもえる音や音楽をめぐる思考とどう結びついてくるのか。

音楽についての本は少なからず読んできたものの、ほんとうにうごかされたのは、作曲家によったりするもの以外、あまりない。作曲家はつねに自分のやっているものが音楽なのかそうでないのかの境界にいる。でも、音楽を扱おうとする人は音楽を音楽とした、してしまったところからはじめることが多いので、学ぶことは多々あっても、ふれてくる、ふるえさせてくるものが多くない。多くないように感じている。だからここには音楽を中心に据えた本はない。また、ひとつ例外はあるのだが、文学に、あるいは映画にかかわるものはない。そうしたものをむやみにいれずに、たぶんに遠いところにあるものから刺激をうけた痕跡。いろいろな分野があるのは、やはり八〇年代の風土とその残響だったかどうか。売れない売れないといわれながら、日々新刊はふえてゆく。刺激的なものもうもれてしまう。時間が経てはなおさらに。もしかしたら手に取らなかったり、知らなかったりした何冊かをここで紹介できたなら。すくなくともわたしにはよいものであったと知らせられたら。

外国語で書かれ、翻訳されているものははずした。たしかに自らがふつうにつかい、思考していることばで書かれていても、読んでいればそこには翻訳がはたらいている。べつのことばで書かれたものをはずす必要はない。この列島のことばで書かれたもの、翻訳されたもの、ともにおなじように読んでいる。そのうえで、いざ何かをとなると、無造作にならべることには抵抗があった。その気になればまたべつの機会にと考えた。また、著者がわたしにちかい年代の人たちの著作はよけた。ことばをつかって思考をかたちにする人の本が多くなるのはあたりまえだが、ことばを中心においていない、べつのところでからだや外界のことを相手にする人からでてくることばをそばにおきたい、ともおもった。とてもランダムだけども、こんなふうにして、少しずつ扱うものをかぎっていった。

読んでいて、引用が文章のながれを阻害することがある。引用をとばしても書き手の向かいたいところがしっかりみえることもある。逆に、引用があれば地の文などあまり必要ないことだってある。いや、これがおもしろかったんだよ、刺激をうけたんだよ、と本を差しだすとき、何かべつのことばが必要なのかどうか。ここだよ、ここ。指がページを、行をさしている。ここにある引用はほとんどそういうものだ。だから必要以上に多くなる。しょうがない。それでいいとおもっている。ほかにも扱いたい本はたくさんあった。たとえば宮川淳。でも、何か言えることがあるだろうか。それでなくても、引用が少なくない本を前にして。

ここまで書いたところで、ほぼ二年が経過した。諸般の事情で刊行が遅れ、校正の束を前に、さいきんの文章とすくなからぬクセのちがいが気になってしょうがない。おもうところはいくらもあるが、これを二〇一〇年代の記録のひとつとして提出してしまおう。本を手に取ってほしい人たちに届けるためにも。

さいごのさいごにエピグラフを加えた。ルイジ・ノーノの文章を読みかえすなか、晩年のものから。

手のかかる執筆者を相手に、辛抱してくれた後藤健介さんに感謝を。

二〇一九年九月　利賀村

小沼純一

［初出一覧］

鷲田清一『「聴く」ことの力――臨床哲学試論』（『ＵＰ』（東京大学出版会）五一三号、二〇一五年七月、初出時タイトル「「聴く」力をかたちづくる」）、白川　静『漢字――生い立ちとその背景』（『ＵＰ』五一九号、二〇一六年一月）、井筒俊彦『意識と本質――精神的東洋を索めて』（『ＵＰ』五二五号、二〇一六年七月）、下村寅太郎『数理哲学・科学史の哲学』（『ＵＰ』五三一号、二〇一七年一月）、西江雅之『アフリカのことば――アフリカ／言語ノート集成』（『ＵＰ』五三七号、二〇一七年七月）、若桑みどり『薔薇のイコノロジー』（『ＵＰ』五四三号、二〇一八年一月）。これら以外はすべて本書のための書下ろし。

小沼純一（こぬま・じゅんいち）
一九五九年生まれ、早稲田大学文学学術院教授、詩人、批評家
主要著訳書、詩集、編著に、『しあわせ』（思潮社、一九八九年）、『アルベルティーヌ・コンプレックス』（七月堂、一九九二年）、『いと、はじまりの』（思潮社、一九九四年）、デュラス『廊下で座っているおとこ』（書肆山田、一九九四年）、『ミニマル・ミュージック』（青土社、一九九七年、増補新版二〇〇八年）『武満徹　音・ことば・イメージ』（青土社、一九九九年）、『パリのプーランク』（春秋社、一九九九年）、『バッハ「ゴルトベルク変奏曲」世界・音楽・メディア』（みすず書房、二〇〇六年）、『サイゴンのシド・チャリシー』（書肆山田、二〇〇六年）、『魅せられた身体』（青土社、二〇〇七年）、『無伴奏　イザイ、バッハ、そしてフィドルの記憶へ』（アルテス、二〇〇八年）、『武満徹対談選』『武満徹エッセイ選』（いずれもちくま学芸文庫、二〇〇八年）、『ジョン・ケージ著作選』（ちくま学芸文庫、二〇〇九年）、『高橋悠治対談選』（ちくま学芸文庫、二〇一〇年）、『映画に耳を』（DU BOOKS、二〇一三年）、『柴田南雄著作集』（全三巻、国書刊行会、二〇一五年）

本を弾く
来るべき音楽のための読書ノート

2019年9月30日　初　版

[検印廃止]

著　者　小沼純一

発行所　一般財団法人　東京大学出版会
代表者　吉見俊哉
153-0041 東京都目黒区駒場 4-5-29
http://www.utp.or.jp/
電話 03-6407-1069　Fax 03-6407-1991
振替 00160-6-59964

印刷所　大日本法令印刷株式会社
製本所　大日本法令印刷株式会社

ISBN 978-4-13-083078-2 Printed in Japan